AMERIKA
MIT DEM FAHRRAD

Thomas Meixner

AMERIKA
MIT DEM FAHRRAD

Abenteuer zwischen Alaska und Feuerland

mitteldeutscher verlag

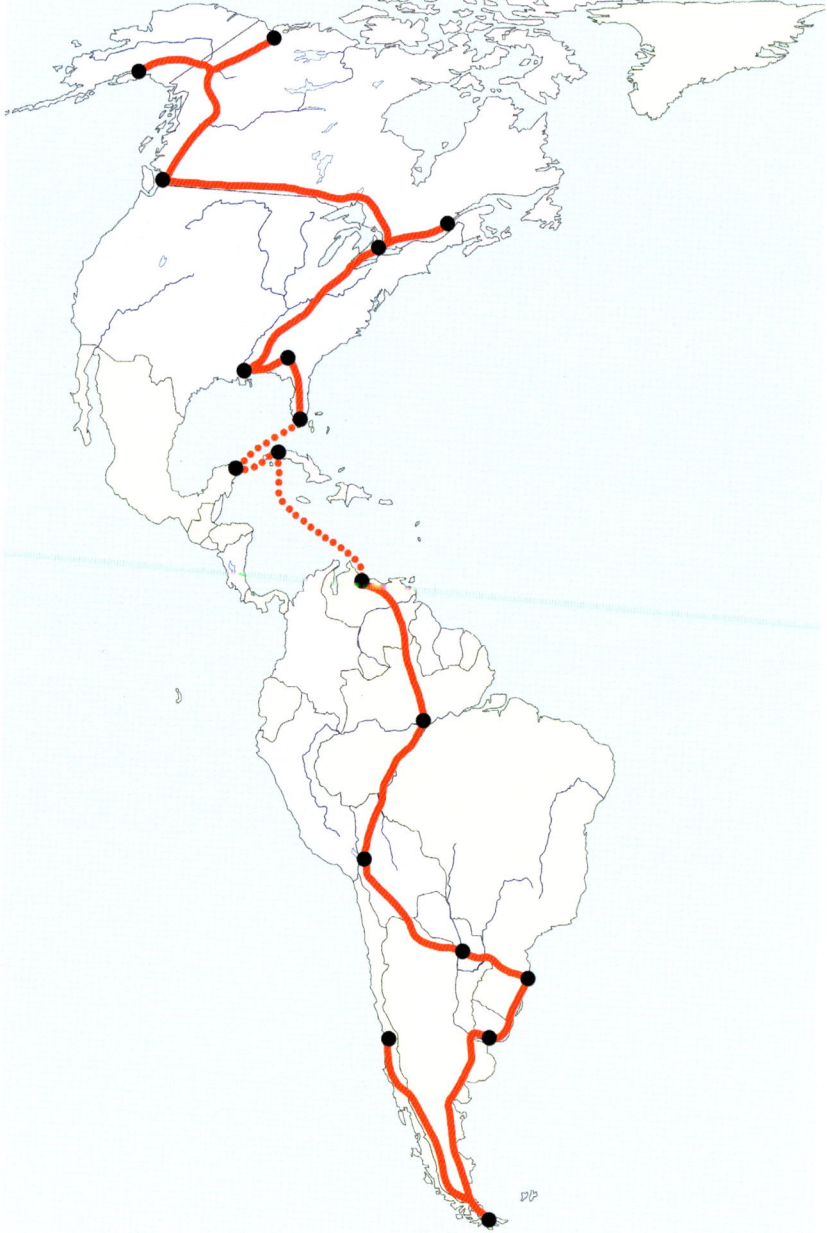

Inhalt

Und wieder geht es los

Feuerland, was für ein Wort. Da denkt man vielleicht an Hitze und Flammen, vielleicht auch an Vulkane. Doch der Name „Feuerland" bezeichnet die Südspitze Lateinamerikas, wo Amerika sein südliches Ende findet. Es ist „nur" eine Inselgruppe, die durch die Magellanstraße vom amerikanischen Festland getrennt ist. Eine schnelle Google-Suche sagte mir, von Hitze wäre da eher wenig zu spüren. Das Wetter wäre rau und windig, meistens viel zu kalt. Trotzdem ließ mich dieser entlegene Teil unserer Mutter Erde seit meiner Weltumrundung mit meinem Fahrrad „Else" nicht mehr in Ruhe. Nach meiner ersten Megatour gab es zwar noch einige schöne und auch lange Reisen mit dem Fahrrad. So war ich zum Beispiel am Nordkap, durchquerte Afrika, durchrollte die Mongolei und durchkurbelte Osteuropa und Asien bis Japan – aber immer wieder musste ich an Feuerland denken. Warum?

Ich weiß es nicht so genau. Es wird wohl auch daran liegen, dass ich meine Rückreise aus Australien in Santiago de Chile startete und gleich mit der

Vor dem Start im Garten

Atacamawüste startete, wodurch ich den wilden und grünen, von fantastischer Berglandschaft geprägten Süden auslieiß. Für das Jahr 2013 entschied ich mich daher für das Ziel Tierra del Fuego (Land des Feuers). Dem Pedaleur tut sich hier allerdings ein sehr begrenztes Zeitfenster auf, nämlich nur ein paar wenige Monate um die Jahreswende. Um diese nutzen zu können, opferte ich eine ganze Vortragssaison. Ich dachte mir: wenn schon, dann gleich richtig.

Also wollte ich ganz klassisch oben auf der Landkarte starten, in Alaskas größter Stadt, Anchorage. Dort sollte der Flieger landen, der direkt aus Deutschland, aus Frankfurt (Main), einschwebte. Flugzeuge stehen für mich zwar als Verkehrsmittel ganz hintenan, aber anders ging es diesmal nicht. Manch ungeliebter Kompromiss lässt sich eben nicht umgehen oder umfahren. Ich würde also für zwei Winter auf die Einnahmen aus Dia-Show und Buchverkäufen verzichten. Dafür gab es, so die Erwartung, eine schöne und interessante Tour.

Obwohl ich schon ein wenig vorbelastet war: Auf meiner Tour im Jahr 2000 wurde ich in Ecuador von drei mit Maschinenpistolen bewaffneten Banditen an einer einsamen Stelle der sogenannten „Panamerikana" überfallen. Dabei hätte ich gut und gerne draufgehen können, wären da nicht ein paar mutige Männer aufgetaucht, die die Verbrecher in die Flucht schlagen konnten. Gedanken an solche Erlebnisse muss man wegschieben. Das ist zwar meist leichter gesagt als getan. Aber man denkt ja auch nicht ständig an einen schweren Unfall, wenn man auf deutschen Autobahnen unterwegs ist. Damit versuchte ich mich wenigstens ein bisschen zu beruhigen. Ganz ohne Risiko ging es, wie bei fast allen Dingen im Leben, eben doch nicht.

Und noch ein Grund fiel mir ein, Nord- und Südamerika noch einmal zu besuchen: Der Trip würde wohl kein Eiltempo haben wie meine letzte große Fahrt nach Wladiwostok und Japan. Denn auf dieser Reise kam ich mir manchmal vor wie ein gehetztes Kaninchen: Da waren der kurze sibirische Sommer und das äußerst knappe Visum für Russland, das die gestrampelten Kilometer eines Monats nicht selten auf mehr als 4.000 steigen ließ.

Für Amerika, egal für welches Land, benötigte der Besitzer eines roten Passes mit dem goldenen Adler auf dem Deckel, also ein deutscher Staatsbürger, nach meinem Wissensstand keine Einreisegenehmigung, die man sich irgendwo auf einer Botschaft mühevoll besorgen müsste. Ich könnte demnach mit sehr wenigen Ausnahmen in jedem Land mindestens drei Monate die Räder drehen lassen. Kanada gewährt seinen Besuchern sogar sechs Monate Zeit. Es versprach also, eine Reise ganz ohne großen Zeitdruck zu werden. Nur die Jahreszeiten

Abschied von den Eltern

hatte ich zu beachten. Aber die kippen ja nicht vom einen auf den anderen Tag von heiß nach kalt.

Die Vorbereitungen hielten sich auch in Grenzen. In den wenigen freien Stunden zwischen den Terminen der letzten Vortragssaison besorgte ich mir das Kartenmaterial (insgesamt circa zwei Kilogramm) für den Reisekorridor, den ich im Visier hatte. Dann trieb ich die restlichen Ausrüstungsteile auf, die teilweise von meinen Partnern zur Verfügung gestellt wurden, wie etwa das 1,9 Kilogramm schwere Ein-Mann-Zelt, die Packtaschen, Packsäcke, Reifen … Ach ja, das Fahrrad stammte auch von einem neuen Sponsor, einer kleinen Fahrradschmiede aus Leipzig, mit der ich seit zwei Jahren geschäftlich Kontakt hatte. 3.000 Radkilometer Probefahrt hatte es jedenfalls mit Bravour bestanden. Im vorigen Sommer strampelte ich durch Deutschland und Dänemark hoch in den Norden und besuchte auch noch die Färöer-Inseln und Island. Danach tauschte ich noch einmal die Verschleißteile aus, um bei der nun anstehenden Fahrt technisch die maximale Leistung herausholen zu können. Bei regelmäßigem Wechsel der Kette (alle 2.000 Kilometer) müsste ich erst einmal 20.000 bis 25.000 Kilometer weit kommen. Somit hätte ich dann fast die gesamte Reise „im Sack". Ich rechnete mit circa 30.000 Kurbel-Kilometern.

Dann gab es als Vorbereitung natürlich noch das übliche bürokratische Gewusel wie die Abmeldung meines Autos, der gesetzlichen Krankenversicherung, dafür den Abschluss einer privaten, und nicht zuletzt noch die auch schon für die Beamten unseres Finanzamts gewohnte Absprache über meine beiden Jahresabschlüsse. Maximal zwei Jahre könne ich fahren, so hieß es. „Mehr habe ich auch nicht geplant", konnte ich antworten. „Dann ist ja alles gut", kam es zufrieden zurück.

Das war schon nicht einfach, mal wieder den Absprung zu schaffen. Man musste einen starken Willen aufwenden und auch ein wenig dickköpfig sein. Aber aus der Erfahrung meiner Reisen wusste ich nur zu gut, dass das alles, wenn die Räder erst einmal anrollten, völlig vergessen sein würde. Und darauf freute sich der Halbnomade aus Sachsen-Anhalt. Denn dann hieß es wieder „unterwegs sein", „On the Road", wie ein Buchtitel aus den fünfziger Jahren heißt, geschrieben von Jack Kerouac aus den USA. Allerdings würde ich nicht wie damals per Anhalter und Auto unterwegs sein, sondern zeitgemäß und umweltfreundlich mit meinem Drahtesel, getauft auf den Namen „Nasreddin" (Hoca).

In der Warteschleife

Irgendwie schlich ich an einem Vormittag im Mai 2013 mit meinem Fahrrad hoch nach Wolfen-Nord. Ich glaube, es war das vierte Mal, dass ich mich vor den Toren der Stadtwerke offiziell verabschiedete, noch etwas geschlaucht von den vielen Vorträgen in diesem Winter, der zu meinen Gunsten sehr hart und sehr lang war – denn so kamen immerhin reichlich Gäste zu meinen Vorträgen. Dadurch blieb auch nicht viel Zeit für die Vorbereitungen und kaum Gelegenheit, mich auf Amerika einzustimmen. Ich fühlte mich ein wenig aus Zeit und Raum gerissen. Als Halbnomade pendelte man doch immer zwischen zwei Welten. Das stabile Basislager meiner Heimatstadt tauschte ich nun gegen das flexible Lager, das ich in Nord- und Südamerika fast täglich an anderer Stelle aufschlagen würde.

Am Startpunkt angekommen, stellte ich fest: Ich war zu früh. Oder waren die anderen zu spät? Doch dann ging alles schnell. Ein Pavillon wurde errichtet, eine Mikrofonanlage installiert. Geübt baute ich mein kleines Zelt anschaulich auf, stellte einen Kocher davor. Dann kamen Vertreter von Presse und Fernsehen, kramten ihr Werkzeug hervor und fingen an, mir Fragen zu stellen und mein Rad zu filmen. Dann hielt ein Auto, aus dem mit jugendlichem Schwung – unglaublich – „Täve" Schur, die ostdeutsche Radlegende, fast schon heraussprang. Er hatte es sich nicht nehmen lassen, mich zu verabschieden. Wenn ich das richtig in Erinnerung habe, war er damals zweiundachtzig Jahre alt und fuhr immer noch fast täglich Rennrad. Tja, Bewegung ist halt alles ... Ich freute mich jedenfalls auf meine nichtolympische Disziplin: Fahrrad-Touristik. Ohne Begleitfahrzeug, ohne Werkstattwagen, ohne Koch und Masseure. Doch das macht ja gerade den Reiz aus, dachte ich bei mir.

Mit leichter Verspätung knallte ein Schuss aus der Startpistole, die Täve in der Hand hielt. Es war soweit. Die Räder rollten, aber nur bis zur ehemaligen Residenzstadt Dessau in Sachsen-Anhalt. Eine kleine Schar Radfahrer begleitete mich. In Dessau wurde ich von meinem langjährigen Freund Steffen in dessen Haus erwartet, schlief ein paar Stunden und schwang mich Punkt fünf Uhr in seinen Dienstwagen. Die Reise ging nach Kassel, dort sollte es mit dem Zug weiter nach Frankfurt (Main) gehen. Obwohl ein Fahrschein der Deutschen Bahn

Mit der Radlegende Täve Schur

im Flugticket enthalten war, nahm ich die Einladung für die Autofahrt gern an. Auf der Strecke gab es gerade vor Halle reichlich (Bahn-)Baustellen und eventuelle (Zug-)Verspätungen hätten sich leicht zur Katastrophe ausweiten können, schließlich würde der Flieger nach Alaska nicht auf mich warten.

Hessen war an diesem Tag verregnet und im Zugabteil saßen mir ein betagtes Pärchen und ein älterer Mann gegenüber. Man unterhielt sich auf Russisch, das war leicht zu hören, wenn man wie ich Russisch in der Schule gelernt und einige Reisen in diesem riesigen Land absolviert hatte. Ich mischte mich vorsichtig ins Gespräch ein. Positiv verwundert wurde ich betrachtet. Dann fuhr ich meinen kleinen Laptop hoch und zeigte den netten Menschen die Bilder, die aus ihrer jeweiligen Heimat stammten: Fotos aus Kasachstan und Russland, die auf der Tour nach Wladiwostok und Japan entstanden waren. Andächtig, ja fast wehmütig starrten alle auf den Bildschirm. In der Bankenhauptstadt trennten sich dann unsere Wege wieder, wahrscheinlich für immer. Irgendwie traurig, aber das kannte ich ja nicht anders als Reisender.

Mehr als pünktlich schob ich mein Rad in die Halle, in der schon tausende Passagiere auf den Abflug warteten. Frankfurt hat einen der größten Flughäfen weltweit, hier ist man logischerweise nie alleine. Schnell verzehrte ich noch zwei Streuselschnecken und tauschte die letzten Euros in Dollars um, für einen schlechten Kurs. Auf dem Gepäckträger die gefaltete Box, im Fahrradladen in Wolfen abgestaubt, trottete ich in den mit dem Buchstaben C gekennzeichneten Bereich und fand dort den Schalter der Condor-Fluggesellschaft. „Passt irgendwie zu Amerika. Hoffentlich sehe ich einen dieser Vögel im nächsten Jahr in Südamerika", ging es mir durch den Kopf. Dann begannen die so oft vollzogenen Handgriffe vor einem Flug mit dem Fahrrad: Das Vehikel kam in die Kiste, nachdem ich die Reifen ihrer Luft entledigt, die Pedalen nach innen montiert und den Lenker so gedreht hatte, dass er parallel zur Laufrichtung zeigte. Der Rest kam in einen Plastiksack, den ich zwischen Wassertank und Lenkertasche klemmte. Mit breitem Klebeband gegen das Herausfallen gesichert, kam alles aufs Band. Nur etwas Übergewicht. Die Dame lächelte und alles war erledigt, Rad und Sack verschwanden im Bauch der Boeing 767. Nachdem ich durchleuchtet war, befand ich mich dann im zollfreien Raum und bald darauf in dem großen stählernen Vogel, der unser Duo schon bald im hohen Norden Amerikas, in Anchorage (Alaska), ausspucken sollte.

Pünktlich flogen wir ab und nur 700 Kilometer am Nordpol vorbei. Während der neun Stunden in der Luft gab es dreimal das typische, in reichlich Plastik

Die Stadt Anchorage

verpackte Bordessen. Das Begleitpersonal schien ganz schön gestresst und übermüdet zu sein. „Die Zeiten, in denen der Beruf einer Stewardess etwas Elitäres war, sind lange vorbei", dachte ich. Dann kam noch ein Aufruf über die Lautsprecher: „Die Gruppenbildung vor den Toiletten und in den Gängen ist verboten. Neue Vorschriften von den Sicherheitsbehörden der USA." Ich musste mir das Lachen verkneifen. Kurz vor halb sechs Ortszeit waren wir am Boden.

Erst ging es zu den Einreisebehörden. Brav stand jeder in einer langen Schlange vor den drei Glaskästen, hinter denen jeweils ein Beamter in Uniform saß. Nachdem mein Vordermann aus Serbien ein wenig Probleme mit der Verständigung und wahrscheinlich auch mit den Papieren hatte – es dauerte eine gefühlte Ewigkeit –, war ich endlich an der Reihe. Mit meinem One-Way-Ticket hatte ich nicht die besten Chancen, das wusste ich. Deshalb stand ich mit einem mulmigen Gefühl im Bauch vor der Frau, die über meine Einreise entscheiden sollte. Alle Fingerabdrücke wurden genommen, ein Foto vom Weltenradler geschossen, noch ein paar Fragen gestellt, auch nach meiner Arbeit und nach meinem Rückflugticket. Ich erläuterte ihr meine Reisepläne. „Wie viel Geld haben Sie dabei?", fragte die Stimme gegenüber. „Über 2.000 Dollar in Reiseschecks und in bar", antwortete ich. Sie war beruhigt und stempelte mir die Einreisegenehmigung in den Pass. „Bis 11. August müssen Sie aber wieder raus sein." Erleichtert sagte ich: „Kein Problem!" Ich war durch, ohne Stress!

Das verpackte Rad und der Plastiksack mit den Packtaschen wurden auf den Wagen geladen, weiter ging es zum Zoll. Der Beamte schlitzte meine Kiste auf und lobte die Sauberkeit des Drahtesels. Er fragte mich auch nach Lebensmitteln. Ehrlich wie ich war, erklärte ich ihm, ich hätte nur zwei Tüten mit Fertignahrung dabei, für den Notfall unterwegs. Er las sich die Zutaten durch, entdeckte, dass das Produkt ein wenig Rindfleisch enthielt und nahm mir die teuren Alu-Tüten weg. Egal – ich war durch und machte mein Rad in der Empfangshalle reisefertig. Schon sprach mich Martin, ein Flugzeugingenieur, an. Ich war für die Nacht eingeladen. Es gab zwei Bier aus Belgien, gegrillten Lachs und ein großes Eis zum Nachtisch. Nach achtundzwanzig Stunden des Wachseins schlief ich vor einem riesigen Fernseher ein, der zum Glück ausgeschaltet war. Der nächste Tag begann nicht zu früh und mit einem wolkigen Himmel. Die Räder rollten los. Erst einmal wollte ich Benzin kaufen, dann noch Lebensmittel für die nächsten Tage, kam aber nur bis zur Tankstelle, wo ich von Dave, einem netten, kleinen Mann in Malerkluft, angesprochen wurde. Er gab mir das Benzin für meinen Kocher, kaufte mir eine heiße Schokolade und bettelte mich förmlich an, doch wenigstens eine Nacht in der Stadt zu bleiben. Ich willigte ein und verlängerte noch für einen Tag, um dann endlich ins Abenteuer zu starten. Mein

Die Elche sind in der Stadt

14

Gastgeber musste noch ein Haus weiterstreichen. Ich sollte nach achtzehn Uhr zu seiner Wohnung kommen.

Den Tag nutzte ich, um ein wenig an der Küste auf einem Radweg zu verkurbeln. An diesem Nachmittag sah ich insgesamt fünf Moose, eine Elchart, die hier in Nordamerika riesige Ausmaße annahm. Das Wetter wurde schlechter und ich war froh, dass ich festes Quartier beziehen konnte. Am nächsten Tag, ich hielt gerade ein wenig Mittagsschlaf, wurde ich mit lauter Stimme geweckt. „Thomas, die Elche sind da", rief Dave in die Wohnstube. „Was, wo?", ich musste erst einmal zu mir kommen und schnappte mir dann meine Kameratasche. Tatsächlich, zwei Elche grasten inmitten der Häuser einer Stadt mit 300.000 Einwohnern, unglaublich. Vor zwölf Jahren war ich viele Wochen in Amerika durch die Wildnis des hohen Nordens geradelt und hatte nicht einen einzigen Elch gesehen. Und jetzt innerhalb von zwei Tagen schon sieben Exemplare!

Aus dem schlechten Wetter wurde heftiger Regen, aus dem Regen Schnee. Ich verlängerte noch ein paar Tage. Die Warteschleife wurde immer größer. Der Reiter schaute immer öfter auf sein Pferd. Das schien auch schon sehnsüchtig zu warten, dass es endlich losging.

Kaltstart in den Norden

Der Abschied von Anchorage fiel mir nicht schwer. Dave, mein Gastgeber, hätte mich gerne noch ein paar Tage dabehalten. Aber der Regen und Schnee der letzten drei Tage war verschwunden. Die Sonne schien. Die Straße rief und mit ihr das Abenteuer. Ich kurbelte mit meinem Drahtesel Nasreddin hinaus aus der Stadt. Kein Wind, doch die Luft machte auch noch keinen sommerlichen Eindruck. Das merkte ich, sobald ich durch schattige Passagen rollte. Die ersten Kilometer konnte unser Duo auf einem neben der vierspurigen Straße gewalztem Asphaltband bewältigen. Die dünne neue Schneeschicht hielt sich beharrlich. Aus vier Spuren wurden zwei, der Verkehr wurde dünn, der Radweg verschwand. Der Winter hielt sich dieses Jahr sehr hartnäckig, das bestätigten mir selbst die Alteingesessenen. Und schon einen Tag später stand die Schneewand bis zu einen Meter hoch und berührte die Straße.

Eine Nacht zeltete ich direkt auf dem Asphalt eines Rastplatzes. Da war ich mit meinem kleinen Zelt gut beraten, das stand nämlich auch ohne Heringe super. An diesem Abend wurde ich zu einer Reisegruppe geladen, deren Mitglieder sich in einer merkwürdig vertrauten Sprache unterhielten. Ich bekam ein riesiges Steak angeboten und sagte „Dankie". Volltreffer! Verblüfft schaute man zu mir. Das war ein Wort auf Afrikaans, einer Sprache, die vorwiegend von den Weißen in Südafrika gesprochen wird. Ich berichtete ein wenig von meinem Reisen. Andächtiges Zuhören. Sie erzählten mir, dass sie schon seit zwölf Jahren in den USA lebten und immer noch keine Staatsangehörigkeit besäßen – trotz mehrerer Anläufe. „Selbst wenn mich die USA bitten würde, Staatsbürger zu werden, so würde ich das Angebot nicht annehmen", dachte ich. Zum Reisen mögen ja die USA für mich nicht schlecht sein, aber zum Leben bevorzuge ich doch Europa und speziell mein Heimatland Deutschland. In der „alten Welt" tickt die Gesellschaft in mancherlei Hinsicht dann doch schon etwas progressiver.

Ich schlich zu meinem Zelt und wollte noch die restlichen gekochten Nudeln verspeisen. Doch ein gefiederter Geselle bediente sich schon redlich an der Kost. Nein, jetzt waren es schon zwei! Das war zu viel. Ich versuchte, die beiden Gray-Jay-Häher zu verscheuchen. Doch sie dachten nicht daran, das Weite zu suchen und kamen immer wieder in die Nähe meines Essens. Also schloss ich den Deckel und kroch in meinen Schlafsack.

Weiter im Norden zeigte sich am nächsten Morgen der Mount McKinley (6.168 Meter), der von der Urbevölkerung auch als Denali – der Hohe, der Große – bezeichnet wird, in seiner vollen Erhabenheit. Dieser Anblick war nicht jedem Reisenden vergönnt, meist versteckte sich der höchste Berg Nordamerikas hinter dicken Wolken. Ich näherte mich der Stelle, an der der Denali Highway nach Osten abzweigte. Dort gab es ein paar Häuser, das Nest nannte sich Cantwell. Der Name kam mir bekannt vor. „Den hast du doch schon mal gehört, oder besser gelesen", dachte ich. Da war doch diese E-Mail von Jörg, einem guten Freund aus Wittenberg, der sich beruflich mit dem Bau von Instrumenten beschäftigte. Er hatte mir kurz vor der Reise noch ein paar Adressen aus Nordamerika übermittelt, wo er neun Monate seines Erdendaseins verlebt hatte. Aber das ist schon ein paar Jahre her. Jedenfalls gab es darunter auch eine Adresse vom sogenannten „Blue Home Bed & Breakfast", das von Raymond, einem Deutschen, betrieben wurde. Ich erkundigte mich nach ihm an der Tankstelle. In einem kleinen Ort wie Cantwell, in dem jeder jeden kannte, fiel es nicht schwer, seine Adresse ausfindig zu machen. So etwas wünschte ich mir auch von großen Städten, wo man als Reisender oft eine Ewigkeit braucht, um die einfachsten Dinge zu finden. Man wies mir den Weg zum Rand der Siedlung.

Der kleine Nudeldieb

Raymond in seiner gemütlichen Küche

Natürlich musste ich auch noch einen Abhang hoch. Dann stand ich vor einem blau angestrichenen Holzhaus, eben dem „Blue Home".

Das Grundstück machte einen sehr aufgeräumten Eindruck – ein deutlicher Hinweis auf einen Deutschen. Das war hier eher die Ausnahme, oftmals glichen die Anwesen, vor allem auf dem Land, eher einer Mischung aus Schrottplatz und Müllhalde. Sogar eine Klingel gab es, die ich auch umgehend betätigte. Hundegebell. Das war eine ganze Menge Hunde, stellte ich fest. Auch Raymond war also ein Hobbymusher, ein Hundeschlittenführer. Das war hier oben kein unüblicher Sport. An der Tür zeigte sich ein älterer Mann mit dünnem, grauem Zopf. Ich wurde mit sächsischem Dialekt begrüßt und eingelassen. Raymond bot mir ein Glas Saft an und erzählte mir seine Geschichte: Er stammte aus Leipzig und wanderte Anfang der achtziger Jahre per Ausreiseantrag in den deutschen Westen aus. Nach der Wende zog es ihn wieder zurück in den Osten. Soweit er zurückdenken konnte, war er schon Wildwest-Fan, bastelte sich seine Sachen selbst. Auch heute verdiente er sich noch etwas dazu, indem er Messerschäfte und Pistolenholster in feiner Handarbeit herstellte. Er war schon viele Jahre hoch in den rauen Norden nach Alaska gefahren, hatte sich hier nicht nur in das Land verliebt und daher vor circa dreizehn Jahren das Haus, in dem ich gerade saß, bezogen.

Während er erzählte, arbeitete ich meine E-Mails ab, denn auch in der entlegensten Hütte schien es hier das beste Internet zu geben. Da hatte Deutschland noch einiges aufzuholen. Ich fragte Raymond, was es mit dem Schild „For Sale" (zu verkaufen) auf sich hätte, das an einer Halterung vor seinem Haus festgenagelt war. „Ach ja, weißt du, Alaska ist ein schönes Land: die Natur, die Einsamkeit, die Schlittenhunde … Aber ich bin jetzt zweiundsechzig Jahre alt und wenn einmal etwas sein sollte mit der Gesundheit, bin ich doch in ‚good old Germany' besser aufgehoben", erklärte er. „Ich habe mir erst ein neues Hüftgelenk einbauen lassen, in Deutschland natürlich, denn hier ist das alles nicht zu bezahlen. Das kostet teilweise das Zehnfache. Ein Häuschen im Erzgebirge habe ich mir auch schon gekauft, gleich an der tschechischen Grenze. Und wenn ich einen Nachfolger für das Haus gefunden habe, ziehe ich zurück nach Deutschland." Die Zeit verflog und ich bekam noch zwei Spiegeleier auf Mischbrot (!) serviert. Meine Gedanken blieben an diesem Abend noch lange bei diesem netten Herrn und bei mir. Wahrscheinlich lag ich doch gar nicht so falsch: Für mich gibt es viele schöne und sehenswerte Länder, die ich zum Reisen toll finde, aber Heimat ist Heimat und die liegt in Deutschland. So bin ich Halbnomade per Rad. Zwar ziehe ich oft für Monate oder sogar Jahre durch unsere interessante und auch schöne Welt, aber mein Basislager steht zu Hause und wartet jedes Mal auf meine Wiederkehr.

Am nächsten Tag drehten sich die Pedale schon wieder. In ein oder zwei Stunden würde ich am Denali-Nationalpark eintreffen. In dem gut gestalteten Besucherzentrum des Nationalparks sah ich mir einen zwanzigminütigen Doku-Streifen an, ließ mir noch einen Stempel ins Tagebuch drücken und zog von dannen. Nur ein paar Meilen weiter in dem Nest Healy stand auf dem Gelände eines Brauhauses mit angeschlossener Bar ein alter Bus mit der Nummer 142. Den hatte man extra aus der Wildnis hierher, an die Hauptstraße geschleppt. In ihm verstarb im August 1992 der Aussteiger Christopher McCandless an Auszehrung. Bekannt geworden ist die Geschichte durch den Film „Into the Wild" von Sean Penn. Das war ein eigenartiges Gefühl, in diesem alten Blechkasten zu stehen … Aber Gefühle hin oder her – weiter ging's. Zu meinem positiven Erstaunen fehlte hier oben, kurz vor Fairbanks, der Schnee vollends und die Lufttemperatur näherte sich der Zwanziger-Marke an, Celsius natürlich. Am Tag vor der vorläufig letzten großen Stadt, Fairbanks, ging es endlich richtig zur Sache:

In diesem Bus verstarb Christopher McCandless

Teilweise kilometerlange Anstiege und Abfahrten ließen mich auch körperlich fühlen, dass ich im gebirgigen Teil Alaskas unterwegs war.

In Fairbanks angekommen, versuchte ich meine Bekannte Karen ausfindig zu machen. Bei ihr hatte ich vor zwölf Jahren mit meinem Wegbegleiter Chris zusammen campiert. Doch da war nichts zu machen, Karen war nirgends zu finden. Wie ich die US-Amerikaner kenne, ist sie schon mehrmals umgezogen seit damals. Hier ist alles immer in Bewegung, so war und ist mein Eindruck von diesem Land der „unbegrenzten Möglichkeiten". Aber dafür ergibt sich erfahrungsgemäß Neues.

Ich kurbelte in Richtung Fox, einem Goldgräberort, in dem heute noch nach dem gelben Edelmetall geschürft wird. Auf dem Weg dahin gab es einen Infopunkt, an dem sich Interessierte die 1.300 Kilometer lange Trans-Alaska-Pipeline ansehen konnten, die von Prudhoe Bay im Norden bis zur Südküste geschweißt wurde. In Fox angekommen, schob ich Nasreddin auf ein Grundstück, um für die kommende Nacht nach einem Stückchen Wiese für mein Zelt zu fra-

Feuer frei

gen. Es war der zweite Anlauf des Abends und ein mehr als erfolgreicher: Drei Kinder begrüßten den Fremden freundlich, die Gastgeberin öffnete die Tür, ich war zum Abendessen eingeladen. Am nächsten Morgen gab es Frühstück und ich durfte Wäsche waschen und das Internet benutzen.

Ich blieb etwas länger als eine Nacht, genauer gesagt drei, und lernte in dieser Zeit erneut die Widersprüchlichkeit dieses Landes kennen. An meinem zweiten Tag kamen einige Menschen zu Besuch. „Wir treffen uns jeden Samstag", sagte meine Gastgeberin. Man aß gemeinsam zu Abend, schrieb seine Wünsche in ein Büchlein und betete anschließend zu Jesus und Gott um die Erfüllung dieser Wünsche. Am nächsten Nachmittag folgte ein für mich ungewöhnliches Erlebnis: Man lud mich in den Garten zu Schießübungen ein. Es gab die Disziplinen 45-mm-Pistole und 16-mm-Pumpgun mit Schrotladung. Beim Benutzen der Schrotflinte kugelte ich mir fast den Arm aus. Dann kam die kleine Tochter herausgerannt. „Papa ich will auch mal!", rief sie. Ich schätzte sie auf höchstens sieben Jahre. Wie selbstverständlich wurden ihr die Ohrschützer aufgesetzt, die Pumpgun wurde geladen und man überreichte ihr das gute Stück! Mit Freude schoss sie auf die Tafel mit der aufgemalten Silhouette eines Mannes.

Was für ein widersprüchliches Land! Einerseits wollten die Menschen hier alle gute Christen sein, andererseits wurden der Umgang mit Waffen und damit auch Krieg, der immer viel Leid für die örtliche Bevölkerung mit sich bringt, scheinbar gefördert. „Thomas, warum dürft ihr in Deutschland keine Waffen haben?", kam es aus dem Mund der Tochter, nachdem sie mit ihrer Schießübung fertig war. „Weil das nicht notwendig ist", antwortete ich.

Klondike-Fieber

Es war Dienstag und ich verbrachte den Memorial Day noch in der Stadt. Auch hier oben in Fairbanks gedachte man am Veteranen-Mahnmal mit Reden und einer Ehrenparade der gefallenen US-„Helden" und -soldaten, die in den unzähligen mehr oder weniger fragwürdigen Auslandseinsätzen ihr Leben ließen. Im Vergnügungsteil der Show spielte die Militärkapelle der hier stationierten Armee. Ich campierte am Stadtrand und kurbelte am Morgen endlich weiter. Sonne, leichter Wind, guter Asphalt – ich legte eine Tagesetappe von 155 Kilometern hin. Auf dieser Strecke kam mir auch der erste Radfahrer, Adam, mit leichtem Gepäck entgegen. Er war in Nevada gestartet und legte jeden Tag 102 Meilen

In Kanada zählt man wieder in Kilometern

(165 Kilometer) zurück. Abends ergatterte ich einen schönen Platz in Straßennähe, hinter ein paar Gewächshäusern mit moderater Mückenpopulation.

Weiter zog die aus Nasreddin und mir bestehende Karawane bis Delta Junction. Hier steht eine Betonsäule, die man als „Monument" bezeichnet und auf der ein paar Fahnen wehen. Dieses Bauwerk zeugt vom Ende des Alaska Highways, der 1942 in einer Rekordzeit von sieben Monaten durch die endlosen Wälder des Nordens gefräst wurde, ein unglaublicher Kraftakt. Vorläufig verabschiedete ich mich von diesem berühmten Asphaltband, denn mein nächstes Etappenziel hieß Dawson City. Und der kürzeste Weg dahin bedeutete, über den Taylor Highway und den Top of the World Highway runter zum Yukon zu kurbeln. Das war erfahrungsgemäß eine Schinderei. Zwölf Jahre zuvor hatte ich schon einmal das Vergnügen, gemeinsam mit dem zweiundzwanzigjährigen holländischen Radfahrer Chris, allerdings in entgegengesetzter Richtung. In Tetlin – hier gab es nur ein paar verlassene Holzhäuser und ein kaputt geschlagenes Autowrack voller Müll, das auf einem Schotterplatz rostete – bog ich zum Taylor

Highway ab. Von Anfang an ging es hier zur Sache, hoch und runter. Und das sollte so bleiben, bis Dawson. Doch bis zu dem fünfzehn Einwohner zählenden Goldgräbernest Chicken (übersetzt: Huhn), das auf dem Weg lag, sollte zumindest der Asphalt gewalzt sein. „Was für ein Luxus", freute ich mich.

In dieser Region musste es in der letzten Zeit einen großen Waldbrand gegeben haben. Die ganze Gegend bestand aus verkohlten Baumstämmen und es sah aus, als seien die Berge gealtert und hätten eine Glatze bekommen. Stundenlang war ich allein auf den Straßen, ganz selten begegnete mir ein Auto oder ein Wohnmobil, ab und zu ein Bus mit „Abenteuertouristen", die in der Regel mit der Küstenfähre von Vancouver aus starteten, in Alaska auf den Bus verladen wurden und über Chicken nach Dawson ratterten. Dementsprechend groß war auch die Staubwolke, die Nasreddin und mich auf den asphaltlosen Abschnitten einhüllte.

Doch das Schlimmste waren nicht der Staub, die Einsamkeit oder der verkohlte Wald, es war der ständige Kampf gegen die Steigungen, die einen gefühlten Neigungswinkel hatten wie die Rampe bei der Erstürmung Jerusalems durch die vier Legionen unter Titus im Jahre 70 unserer Zeitrechnung.

In Chicken machte ich ein paar Stunden Pause, leistete mir eine Cola und zog dann weiter. Der längste Anstieg, kombiniert mit extremer Steilheit, stand mir noch bevor. Als ich ihn bewältigt hatte, stand ich an der Grenze zu Kanada. Der Wind pfiff hier oben auf circa 1.500 Metern Höhe schon empfindlich kalt. Ein älterer kanadischer Beamter schlenderte aus seinem Kontrollpunkt und fuhr mich gleich an: „Ihren Pass!" „Einen Moment", antwortete ich, „ich brauche noch ein paar Sekunden." Seine schlechte Laune war ansteckend und meine dementsprechend auf einem der unteren Plätze angelangt. Doch ich musste mich wie so oft zusammenreißen, benötigte ich doch das volle Programm an Zeit für das riesige Land, in dem ich den ganzen Sommer verbringen wollte. Freundlich lächelnd überreichte ich dem Beamten das rote Reisedokument mit dem goldenen Adler darauf. „Was ist Ihr Beruf und wie viel Geld haben Sie mit?", kam es streng aus seinem Mund. Ich log ein wenig: „Ich bin Fahrradmechaniker und habe mir zwei Jahre Zeit genommen, um nach Südamerika mit dem Rad zu reisen. Und Geld habe ich reichlich mit, auch auf der Bank. Ich könnte noch viel länger reisen als zwei Jahre." Er ging mit meinem Reisedokument in sein Büro. Dann hatte ich einen Stempel mehr im Pass und sechs Monate Zeit für Kanada. Man füllte mir freundlicherweise noch alle Behälter mit Leitungswasser und entließ mich in die bergige Landschaft.

Freundliches Personal auf der Fähre über den Yukon

Noch 107 Kilometer bis Dawson, das zeigte mir ein Schild an der Straßenseite an. Ich blieb noch einen Tag und eine Nacht hier oben auf dem Top of the World Highway. Die Schneereste des letzten kalten und vor allem viel zu langen Winters bedeckten noch bis zu zwei Metern in weißen Fetzen die spektakuläre Szenerie. Einige Stachelschweine spielten am Wegesrand miteinander und nahmen überhaupt keine Notiz von meiner Anwesenheit. Erst als ich mich lautstark bemerkbar machte, zeigten sie mir ihre stachligen Hintern. Ein weißes Schneehuhn schaute schüchtern hinter einem noch blätterlosen Busch hervor und versuchte wahrscheinlich einzuordnen, was es sah, denn Radfahrer strampeln hier nur selten und nur im Sommer entlang.

Schon vor der letzten Abfahrt, die vierzehn Kilometer lang war, stand mit großen Lettern: „Welcome in Dawson City!" Ich rauschte die Piste zum Yukon hinunter, die sich ein paar Kilometer vor der legendären Stadt in Asphalt verwandelte, setzte mit der Fähre über und befand mich zum zweiten Mal in meinem Leben an der Stelle, wo der Klondike River (Fluss) ins Yukon-Gebiet mündet, in Dawson. Obwohl die Stadt heute sehr touristisch ist, umfängt einen doch sofort das Goldgräberfeeling, man wird zurückversetzt in eine Zeit, als tausende Menschen in den hohen Norden aufbrachen, um ihr Glück in Form von

Ein Lebensmittelgeschäft in Dawson City

Gold zu machen. So wurde die Stadt vor ungefähr hundert Jahren von mehr als 30.000 Glücksrittern, Händlern und Bardamen bevölkert. Auch berühmte Schriftsteller wie Robert Service und Jack London hatte es hierher verschlagen. Sie haben zwar nicht viel Gold gefunden, aber ihre Bücher, die den Goldrausch zum Thema hatten, machten sie wohlhabend.

Die Stadt steht heute unter Denkmalschutz und man darf hier nur im historischen Stil bauen. Ein schönes kleines Städtchen. Doch im Umkreis von unzähligen Kilometern findet man nur Wildnis vor. Das merkt der Reisende, besonders der Radfahrer, an den Lebensmittelpreisen. Hier existieren nur zwei Geschäfte, deren Besitzer wissen, dass sie ihre Waren mit hohen Preisen anbieten können.

Auf meinem Reiseplan stand auch die Arktis. Und dorthin kam man von hier aus am besten über den sogenannten Dempster Highway. Das ist eine 700 Kilometer lange Straße ohne Belag, die 40 Kilometer hinter Dawson abzweigt. Ich erkundigte mich im Info-Zentrum, ob die Fahrt überhaupt machbar sei, weil ich gehört hatte, dass die Strecke noch wegen Überflutung gesperrt sei. Auch hier zeigte der harte, lange Winter noch seine Spätfolgen. Etwas niedergeschlagen, dass meine Reisepläne nicht gelingen könnten, trollte ich mich von dannen.

Am nächsten Tag schon verkündete man mir aber mit Freude, dass das Wasser sich zurückziehe, man fieberhaft an den Reparaturen arbeite und es möglich sei, zu starten. Mein Stimmungsbarometer stieg. Ich hatte Gelegenheit, ein Lebensmittelpaket mit Haferflocken, Nudeln, Kondensmilch, Keksen, Müsliriegeln, Zucker und kandierten Erdnüssen fertigzumachen und in der Touristen-Info abzugeben. Das würde man dann für mich mitnehmen und auf der Hälfte meiner Strecke, in Eagle Plains, lagern. Jetzt hatte ich zwar ein kleines Lebensmitteldepot, aber noch kein passendes Wetter für die Reise, denn trotz der hoffnungsfrohen Prognosen der Einheimischen näherte sich eine Schlechtwetterfront. Regen setzte ein. Bei diesem Wetter auf einer Piste mit einem Rad: fast unmöglich.

Begegnung auf dem Dempster Highway

Erst nach zwei Tagen verzogen sich die Regenschauer. Es blieb zwar noch wolkig, aber trocken. Man sagte mir, ich solle doch noch ein paar Tage warten, dann käme auch der Frühling mit all den Blumen in den hohen Norden. Aber ich hielt es nicht länger aus, ich wollte unbedingt los, hoch über den Polarkreis, rauf auf diesen Dempster Highway.

Von Dawson sind es nur 40 Kilometer bis zur Kreuzung, an der der Dempster Highway in die Stadt Inuvik und ins Nord-West-Territorium abzweigt. Schon vor zwölf Jahren war ich – in den letzten Monaten meiner Weltumradlung – hier vorbeigefahren und hatte überlegt, ob ich nicht der Arktis einen Besuch abstatten könne. Aber irgendwie hatte ich damals die mentale Energie nicht, diese weit über 700 Kilometer lange Schotterpiste zu keulen, sondern peilte lieber Fairbanks in Alaska an. Jetzt aber war ich nicht nur mental vorbereitet, sondern auch materiell. Mein Fahrrad war neu, auch die Ausrüstung stand noch am Anfang ihrer Abnutzung. Das Paket mit dem für mich wichtigsten Treibstoff, den Lebensmitteln, war fertig gepackt und lagerte auf halber Strecke in einem Hotel mit Tankstelle in Eagle Plains. Das wäre dann kurz unterhalb des Polarkreises.

Also kurbelte ich los. Es war zwar schon früher Nachmittag, aber die Nacht war hier oben im Juni bereits durchgehend fast taghell. Ich konnte also so lange strampeln, wie ich wollte. Die 40 Kilometer waren schnell in den Waden und die Abzweigung mit dem Schild „Inuvik 735 km" war in Sicht. Noch drei, vier Kilometer Asphalt bei leichter Steigung und ich war drauf auf dem Schotter. Die Piste war zumindest an diesem Nachmittag noch in sehr gutem Zustand

Das Foto entstand genau um Mitternacht

und vor allem trocken. In der Abendsonne entdeckte ich im Gegenlicht einen schwarzen, sich bewegenden Punkt, der sich schnell als kleines Fellbüschel enttarnte: ein Fuchs und nicht einmal scheu. Er lief nicht weg. Ich kramte meine Kamera heraus, schraubte das 180-mm-Teleobjektiv darauf, ging in die Hocke und schoss ein paar Fotos. Der Fuchs war nicht rot, sondern hellbraun und schwarz und kam weiter auf unser Duo zu. Dann wechselte ich zur Videokamera und machte noch ein paar digitale Fotos.

Die Fuchsdame stand jetzt unmittelbar an meinem Rad und schnüffelte an den Packtaschen herum. Ich ging auf sie zu und auch jetzt zeigte sie noch keine Scheu. Sie stand nur wenige Zentimeter von meiner ausgestreckten Hand entfernt. Ohne Tollwutimpfung hätte ich das natürlich nicht gewagt. Aber sie schien ganz gesund zu sein, hatte Milch unter ihren Zitzen. Also mussten irgendwo in der Nähe ihre Jungen versteckt sein. Als sie anfing, in meine robuste Packtasche zu beißen, wurde ich laut und sie ging auf Distanz – aber nicht weit weg, vielleicht zwei Meter, legte sich in die Sonne und beobachtete mich. Ein magischer Moment. Dass man hier oben in der Einsamkeit viele Tiere sieht, wurde mir immer wieder berichtet, aber dass sie Menschen so nah kamen, das war unvorstellbar. Die Nähe zur Tierwelt sollte aber noch extremer werden, das durfte ich ein paar Tage später erleben.

Überhaupt nicht schüchtern war diese Fuchsdame

Doch an diesem Abend stationierte ich mein Zelt auf dem Zeltplatz des Tombstone Territorial Parks („tombstone" heißt auf Deutsch „Grabstein"), machte ein Feuer, kochte meine Nudeln, trank Tee und genoss noch einen kleinen „Sundowner" (Whisky) auf den erlebnisreichen Tag. Am nächsten Morgen kroch ich auf meinem beladenen Nasreddin meinen ersten Pass hoch. Hier oben hatte ich einen atemberaubenden Blick in ein schönes Tal und auf Berge, die zum Teil noch mit Schneeresten bedeckt waren. Auf der langen Fahrt bergab sah ich auf einem Streckenabschnitt ganz ohne Bäume zwei Karibus, eine vor allem in Nordamerika vorkommende Rentierart.

Weiter unten im Tal kam mir ein schwarzer Personenwagen entgegen und stoppte kurz vor mir. Aus ihm stiegen bekannte Gestalten: Es waren die drei netten Menschen, die mich auf eine Kneipennacht in Dawson eingeladen hatten! Sie waren vor mir auf derselben Strecke losgefahren und hatten nicht mitbekommen, dass ich meine Abfahrt verschoben hatte. „Thomas, wir haben uns schon Sorgen gemacht, weil du ewig nicht aufgetaucht bist!" „Ich habe den Regen abgewartet", antwortete ich. Sie schossen noch ein Foto von dem verrückten Deutschen, der es wagte, hier entlangzufahren. Dann kramte man noch einige Lebensmittel hervor und ich wurde mit zusätzlichen Kalorien ausgestattet. Das beruhigte mich und sollte auch später noch sehr von Nutzen sein. Nachdem wir

Das Versorgungspaket ist endlich da

uns voneinander verabschiedet hatten, musste ich noch einen kleinen Anstieg mit kaltem Wind und – wenn auch nur kurz – etwas Regen meistern. Dabei holte mich kurz vorm Gipfel ein weißer Pick-up ein. Die Scheibe senkte sich und zwei amerikanische Ureinwohner saßen darin. „Hey Junge, wir haben dein Paket im Auto. Viel Glück!", kam eine Stimme aus dem Fahrerhaus. Die Scheibe hob sich wieder und die beiden verschwanden über den Berg.

Endlich auf dem Gipfel angekommen, zog ich mir meine Jacke über, um mich vor dem kalten Wind zu schützen – vergaß allerdings, den Packsack anschließend wieder zuzumachen. Nichts Böses ahnend rollte ich dann den Berg hinunter, weiter in ein langes Tal, immer am Peel River entlang. Hunger ließ mich nach etwa zwölf Kilometern wieder stoppen. Ein, zwei Müsliriegel waren an der Reihe. Doch nun sah ich das Malheur, den offenen Packsack! Mit Schrecken stellte ich fest, dass meine lange Radhose und meine Regenhandschuhe wortwörtlich auf der Strecke geblieben waren. „Schei…", schrie ich in die Einsamkeit. Sollte ich jetzt zurückradeln oder auf die Sachen verzichten? Aber die lange Hose war hier oben extrem wichtig. Ich wendete schweren Herzens mein Vehikel und trat zurück. Ein schwarzer Pick-up holte mich ein und wurde von mir durch Heben des rechten Arms angehalten. Ich bat den Fahrer, nach den Sachen Ausschau zu halten und alles einem entgegenkommenden Fahrzeug zu übergeben. „Mache ich", kam als Antwort. Ich setzte mich an den Straßenrand und wartete.

Nach nur zwanzig Minuten kam schon ein Auto. Es war derselbe Mann, er übergab mir die Sachen, wendete und setzte seine Reise fort! Und auch ich konnte meine Reise wieder mit kompletter Garderobe fortsetzen. „Was für freundliche und hilfsbereite Menschen", dachte ich beim Kurbeln in den Nachmittag. Die Kiesstraße hob sich aus dem Tal heraus und wand sich durch bewaldetes Hügelland. Das hieß wieder kurze, giftige Anstiege. Das ist, die Radfahrer werden es kennen, eine sehr nervige und kräftezehrende Dauerübung. Und genau hier in der Abendsonne passierte es: Ich hatte die Sonne im Rücken und sah in einiger Entfernung etwas Großes, Schwarzes langsam auf mich zukommen. Ein Bär!

Ich behielt die Nerven, stieg vom Rad, schraubte mein Teleobjektiv auf die Kamera, ging in die Hocke, stellte scharf und knipste zwei Fotos vom Schwarzbären. Anschließend steckte ich die Kamera wieder in die linke Vorderradtasche, wo auch mein Bärenspray (290 Gramm Spezialpfefferspray, speziell für die großen, behaarten Ungetüme entwickelt) untergebracht war. Der Bär schwankte immer noch in meine Richtung. Mit meinem Rad stand ich genau auf seinem

Der Schwarzbär ist im Anmarsch

Weg und er dachte überhaupt nicht daran, seine Richtung zu ändern. Hier hat eben der Stärkere Vorfahrt. Er stand jetzt unmittelbar am Rad, weniger als einen Meter von mir entfernt, und schaute mich mit seinen kleinen, schwarzen Knopfaugen an. Auch er schnupperte an meinen Packtaschen herum. Blitzschnell hatte ich das Spray in der Hand, zog den kleinen Sicherungshebel aus Kunststoff ab und wollte ihn schon ansprühen, um ihn in die Flucht zu schlagen, da dachte ich: „Das Zeug kostet zweiunddreißig US-Dollar." Also sprayte ich nicht, sondern schrie ihn auf Deutsch an: „Geh weg!" Gottlob schien der Bär deutscher Abstammung zu sein und mich zu verstehen. Langsam trottete er weiter, aber wirklich langsam. Er hätte sicherlich noch gerne länger an meinen Taschen all die leckeren Sachen erschnuppert … Erleichtert und zugleich glücklich über solch einen magischen Moment, rollten die Speichenräder weiter in Richtung Norden, hinauf in die Arktis.

An diesem Abend konnte ich für die Nacht in einem Bohrcamp unterkommen, bekam eine warme Dusche und reichlich Essen verpasst. Die Welt war wieder schwer in Ordnung. Am nächsten Tag rollten die Räder langsam über den Polarkreis, dann über die Grenze zum Nord-West-Territorium über zwei Pässe

Hier setze ich mir die Hörner selber auf

33

in den Richardson-Bergen hinunter zum McKenzie-Delta. Eine Fähre brachte mich über den Peel River, eine andere über den McKenzie River. Dann kam es noch einmal ganz hart. Am vorletzten Tag auf der Piste musste ich notgedrungen 153 Kilometer bewältigen. Ich sah keine Möglichkeit, rechts oder links der Straße zu campieren: alles Sumpf und Bäume oder Sträucher. Außerdem warnte mich eine Frau auch noch vor einem Bären, der hier unterwegs war. Also kämpfte ich mich mit wortwörtlich letzter Kraft zu einem rettenden Zeltplatz, kochte noch nach Mitternacht in der tiefstehenden Sonne meine Nudeln und schlüpfte in meinen Schlafsack.

Am Mittag des 12. Juni 2013 rollte ich ein wenig stolz in Inuvik ein. Übrigens war mein Paket nicht in Eagle Plains angekommen. Die Überbringer hatten es aus Versehen 200 Kilometer weiter nach Fort McPherson gebracht. Doch ein Trucker kam mir netterweise aus Fort McPherson entgegen, machte eine Vollbremsung und übergab mir die wichtige Fracht mitten auf dem staubigen Dempster Highway. Auch das sind Reiseerlebnisse.

Daumen hoch und runter

Auf der Suche nach einem passenden Schraubenzieher verirrte ich mich in den Westteil der kleinen Gemeinde Inuvik und hörte vor einer großen Werkstatt Stimmen. Ich schob mein Vehikel an einen Tisch heran, an dem einige Leute saßen und, wie ich unschwer erkennen konnte, alkoholische Getränke konsumierten. Dort wurde mir umgehend weitergeholfen: Ich bekam einen Schraubenzieher, das kleine technische Problem am Rad war schnell behoben und ich wurde zu selbst gemachtem Wein eingeladen. Als ich nach Mitternacht, die Sonne stand immer noch am Firmament und heizte ganz schön ein, ziemlich angeheitert in meinen Schlafsack kroch, konnte ich noch nicht ahnen, dass mich hier ein paar sehr schöne Tage erwarteten.

Früh am nächsten Morgen tuckerte Greg, den ich am Vorabend kennengelernt hatte, mit seinem Pick-up auf das Grundstück. Wach war ich schon. Die Sonne meinte es schon wieder viel zu gut und trieb mich aus dem Zelt. Mein Kopf brummte – woran das nur lag? „Hello Thomas! Good morning", grüßte Greg, gab mir getrockneten Lachs und lud mich dann noch ins McKenzie-Hotel zum Frühstück ein. So langsam fühlte ich mich besser. Ich trank Tee, aß ein Sandwich mit Pommes. „Kannst du mir am See an meinem Wochenendhaus helfen?",

Die Kirche von Inuvik in Igluform

fragte er mich. „Ich bin mittlerweile sechzig und habe ein paar Probleme mit dem Rücken." Da gab es nicht viel zu überlegen: „Klar, Zeit habe ich genug!"
Wir transportierten Nasreddin zu Gregs Wohnhaus am Rande der 3.000 Seelen zählenden Gemeinde. Ich bekam eine alte Jeanshose, wir luden noch ein paar Bier und Werkzeug auf und ab ging es zum Airport Lake, an dem die Hütte von Greg und seiner Lebensgefährtin stand. Den ganzen Tag transportierten wir Steine, sägten Holzbohlen, hämmerten und nagelten. Zwischendurch gab es immer mal ein Bier. Die Sonne schien und die Mücken waren noch rar. „Was für ein Tag", dachte ich bei mir. Das sind die schönsten „Sehenswürdigkeiten", wenn man ins örtliche Leben eingebunden wird. Insgesamt blieb ich sechs Tage lang in Inuvik im Haus der beiden. Wir tuckerten einen Tag mit einem Pontonboot über die Seen. An einem anderen Tag regnete es und wir machten es uns im Haus bequem. In den Morgenstunden kühlte es sich auf zwei Grad ab. Dann gab es wieder einen Sonnentag und die ganze Chose heizte sich so auf, dass die Sonne auf der Haut brannte. Auch in der Arktis kann es sehr heiß werden. Unglaublich.
Es gab immer etwas zu tun. Auch wenn ich manchmal nur die Küche auf Vordermann brachte, fühlte ich mich gleich besser – denn der Reisende fühlt sich

immer dann besser, wenn er sich revanchieren kann für Unterkunft und gefüllten Kühlschrank. Dann waren da noch die Hündin Moon und eine achtzehnjährige Katze, die beide reichlich Streicheleinheiten von mir bekamen. Moon entfernte ich sogar mehrmals die dichten Winterhaare, das genoss sie sehr. Die Zeit verging wie im Flug.

Plötzlich war schon Montag. Mein Gastgeber fragte mich, wie meine Pläne aussähen. Vielleicht hatte er schon die nächste Aufgabe für mich im Kopf. Aber ich nutzte die Gelegenheit, um ihm zu sagen, dass ich am nächsten Tag versuchen wollte, in den Süden zu trampen, so wie ich es vor zwölf Jahren schon einmal getan hatte. Damals ging es ebenfalls mit voll beladenem Rad an die Straße, ich trampte per Anhalter mit Pick-ups und Trucks die 3.500 Kilometer vom Polarkreis nördlich von Fairbanks bis nach Prinz George, um nicht die gleiche Strecke zurückradeln zu müssen. Das hätte mich damals auch aus dem Rhythmus der günstigsten Jahreszeiten geworfen. Greg wirkte etwas traurig, so las ich es jedenfalls in seinem Gesicht. Egal, ich hatte das Gefühl, dass ich weitermüsste. So ist das, wenn man auf Reisen ist. Es muss auch weitergehen. Sonst wäre es ja keine Reise. Die schönen Tage noch im Kopf, schwang ich mich an einem Dienstagmorgen im späten Mai auf den Sattel meines Rads Nasreddin, fuhr zum Supermarkt und überlegte angesichts der extrem hohen Preise, was ich für den Rücktransport unbedingt benötigte. Ich hatte nur eine vage Vorstellung, wie lange ich unterwegs sein könnte, wahrscheinlich so drei oder vier Tage. Also erst einmal einen Blick auf die Sonderangebote. Denn Lebensmittel, die nahe am Verfallsdatum waren, hatten in der Regel hier nur noch den halben Preis. Da gab es aber nur gesalzene und geröstete Mandeln, die Tüte zu 2,50 Dollar (170 Gramm), das war okay. Ich kaufte fast alle verbliebenen Mandeltüten auf. Dann erstand ich noch ein paar Nudeln mit Käse und war wieder draußen.

Jetzt ging die Fuhre aus der Stadt hinaus, zehn Kilometer bis zur Gabelung Flughafen/Dempster Highway. Hier endete auch der Asphalt. „Jetzt den Daumen hochhalten und ab geht's den Highway runter", dachte ich. Doch es kam erst einmal eine ganze Weile kein Fahrzeug, das ich hätte stoppen können. Alle bogen nur zum Flughafen ab. „Muss wohl ein Flieger gekommen sein oder einer abfliegen", dachte ich. Langsam wurde ich nervös. Warum eigentlich? Ich hatte ja Zeit und wenn alles schief gehen sollte, konnte ich zum Haus von Greg und seiner Lebensgefährtin zurückgehen.

Dann hielt endlich ein Pick-up, mein Rad wurde samt Gepäck auf die Ladefläche gehievt und los ging es im Sauseschritt, mit 100 Stundenkilometern legten wir die 130 Kilometer bis zur Fähre am McKenzie River zurück. Ich setzte über, machte es mir auf meinem Packsack bequem, kramte mein Buch hervor und wartete auf die Fahrzeuge, die mir die Fähre dreimal pro Stunde herüberbrachte. Doch was war jetzt los? Tausende Mücken überfielen mich! Also schnell das Mückenbalsam rausgeholt und ordentlich eingerieben. Nach einer Stunde, es konnten auch zwei gewesen sein, ich hatte schon ein wenig das Zeitgefühl verloren, rollten zwei Autos vom Boot und ein schwarzer Pick-up hielt an. Er war zwar voll beladen, aber irgendwie passte mein Kram noch drauf und ich quetschte mich in die klimatisierte Kabine. Eine Familie der sogenannten „First Nations", der amerikanischen Ureinwohner, hatte sich meiner erbarmt. Man brachte mich 60 Kilometer weiter bis Fort McPherson. Anschließend fand ich eine Mitfahrgelegenheit für die letzten elf Kilometer bis zum Peel River, dann setzte ich noch über und der Tag war gelaufen. Es ging auf Mitternacht zu, die Sonne stand schon tief und ich beschloss, den Tag zu beenden. Die Mücken hatten das wohl noch nicht, ich wurde von den kleinen Biestern ohne Unterlass hart attackiert.

Da kreuzte ein Ureinwohner die staubige Piste. Bei ihm erkundigte ich mich nach einer Stelle zum Campen. Wieder einmal hatte ich Glück: Er lud mich auf sein kleines Grundstück ein. Hier richtete ich mich für die kurze Nacht ein. Wir tranken noch ein, zwei Becher selbst gemachten Weins und philosophierten über die gute alte Zeit, aber auch über die langen Jahre, in denen Indianer nichts galten und von den weißen Eindringlingen unterdrückt wurden. Dabei gewann ich den Eindruck, dass die Angehörigen der First Nations hier in Kanada besser in die Gesellschaft eingebunden und auch eher anerkannt waren als im Nachbarland USA. Vorbei waren die Umerziehungsprogramme, die noch die Menschen vor hundert bis hundertzwanzig Jahren trafen, im Zuge derer Kinder in Internate verschleppt und christlich umerzogen werden sollten. Dort war es den Kindern nicht erlaubt, ihre Muttersprache zu sprechen. Jetzt können wir das Rad der Geschichte zwar nicht mehr zurückdrehen. Aber wir müssen heute nach zeitgemäßen Lösungen für alle suchen, was natürlich nicht immer einfach ist. Das scheint aber Kanada ganz gut zu meistern.

Ich schlief relativ gut und stand pünktlich um neun Uhr an der Kiesstraße, am Dempster Highway, um erneut nach Mitfahrgelegenheiten Ausschau zu halten. Die Fähre setzte sich am gegenüberliegenden Ufer des Flusses in Bewegung und begann, die Seiten zu wechseln. Schon nach kurzer Zeit hielt ein kleiner Kühllaster. Nasreddin wurde in die Kühlkammer gesperrt und zusammen mit verderblichen Lebensmitteln gut konserviert. Wir düsten los. Auch der Lkw, der unterwegs zum Bohrcamp war, das ich schon auf dem Weg in den Norden für eine Nacht kennengelernt hatte, heizte ganz schön über die Piste. Ich fühlte mich etwas mulmig bei der Geschwindigkeit, vertraute aber auf das Können und die Erfahrung meines Fahrers. Er fuhr die Strecke mindestens einmal in der Woche, versicherte er mir.

Zwei Stunden später stand ich vor dem Bohrcamp. Die Fahrt ging sehr schnell, zu schnell für mein Empfinden. Kaum hatte man etwas gesehen, schon war es wieder verschwunden. Da lobe ich mir das Radeln, da ist man sehr viel intensiver unterwegs. Aber die Tour per Anhalter war ja nur Mittel zum Zweck. Eigentlich konnte ich froh sein, dass es so schnell vorwärts ging.

Nun stand ich also in der prallen Sonne, die mich ihre volle Energie spüren ließ. Ein paar Fahrzeuge hielten an, freundliche Leute fragten, ob alles in Ordnung sei und als ich bejahte, tuckerten sie weiter. Dann rollte ein roter Laster heran, so ein typisch amerikanischer Truck mit einer langen Schnauze, und machte eine Vollbremsung. Als sich die riesige Staubwolke verzogen hatte, stieg ein kleiner Mann aus, ich schätzte sein Alter auf etwa sechzig Jahre. Er fragte: „Hast du eine Panne? Brauchst du Hilfe?" Ich verneinte. „Ich trampe nur zurück in den Süden. Die Strecke nach Inuvik habe ich schon in den Waden", antwortete ich. Er überlegte kurz und fragte dann: „Soll ich dich bis Dawson mitnehmen?" „Klar", schoss es aus meinen Mund. Er fuhr einen Kesselwagen und hatte Sprit nach Fort McPherson gebracht. Wir hoben mein schweres Gefährt auf die kleine Fläche hinter dem großen Tank. Nasreddin wurde mit nur einem Riemen festgezurrt und ich stieg in die Fahrerkabine. Auch hier gab es eine Klimaanlage, das konnte ich gleich spüren. Ich setzte mich auf den Beifahrersitz. Luftfederung. Was für ein Luxus. „Der Truck hat 600 PS", sagte der kleine Mann verschmitzt lächelnd.

Er legte den Gang ein und gab Gas – das aber richtig. Das Riesengefährt holperte über den Dempster Highway. 90 Stundenkilometer sind erlaubt, das wusste ich. Er aber raste mit bis zu 110 Stundenkilometern nach Süden, fegte über die Piste wie der Leibhaftige und hinterließ die obligatorische Staubwolke. Ich dachte an mein armes Gefährt, das jetzt wohl eine Staublunge bekommen würde. Dann fiel mir die lapidare Befestigung ein, mit der das Fahrrad gesichert war. „Hoffentlich verlieren wir nichts", rief ich ihm ängstlich zu. „Keine Bange, der Hänger ist luftgefedert. Wenn wir was verlieren, dann sehe ich das im Rückspiegel. Dann wird es halt wieder aufgehoben", antwortete er. „Wenn das

Mit 600 PS auf dem Weg nach Dawson City

Nasreddin war völlig eingestaubt

mal gut geht", dachte ich. Er schien noch mehr Gas zu geben und hatte seinen Spaß am Fahren. Wir rasten weiter. „Jetzt kommen die Tombstone Mountains", rief ich ihm zu. „Die sehe ich am liebsten im Rückspiegel", kam als Antwort. Er schien noch schneller zu werden. „Ich kann den Asphalt schon riechen", er grinste. „Nicht nur die Trucker freuen sich über festen Boden unter den Rädern", dachte ich bei mir.

Kurz vor Dawson City ließ er mich aussteigen. Wir hievten das vollkommen mit einer Staubkruste überzogene Fahrrad vom Hänger. Ich startete eine zweistündige Säuberungsaktion, fuhr noch ein letztes Mal nach Dawson hinein, kaufte in dem kleinen, sehr teuren Lebensmittelladen ein, schlief noch eine letzte Nacht am Ufer des Yukon und machte mich auf den Weg nach Süden.

Von Büffeln und einer gebrochenen Nabe

Nur langsam rollte ich aus Dawson City heraus. Schuld daran war nicht nur der warme Gegenwind, der uns behinderte. Wie schon vor zwölf Jahren sorgte auch die schöne Zeit, die ich hier verlebt hatte dafür, dass die aus Nasreddin und mir bestehende Karawane mit ein wenig Wehmut nur langsam ins Rollen kam. Voller Erwartung auf das Kommende erreichten wir dann aber bald wieder die normale Reisegeschwindigkeit von 15 bis 20 Stundenkilometern. Der Gummi meiner Expeditionsreifen surrte ein wenig auf dem groben Asphalt. Das Auf und Ab der Pedale hatte eine beruhigende Gleichmäßigkeit, die mir nur allzu vertraut war.

Mir kam ein Italiener auf leicht bepacktem Rad entgegen. Er hastete in drei Urlaubswochen durch das Yukon-Gebiet bis nach Alaska hinein. Was für ein Luxus war es doch, viel Zeit zu haben! Ich fühlte mich reich und glücklich. Am ersten Nachtlager, es war ein Zeltplatz mit Schutzhütte, fing es an zu regnen. Mir war klar, dass es ein längerer Aufenthalt werden könnte und ich wollte meine für viel Geld erstandene Regenjacke herauskramen – musste aber mit großem Schrecken zur Kenntnis nehmen, dass sie nicht mehr da war. Die Gedanken kreisten durch meinen Kopf. Meine Vermutung: Sie konnte nur auf dem Weg nach Inuvik zusammen mit der langen Radhose und den Handschuhen verloren gegangen sein. Ich fluchte laut in den Wald hinein. Die Mücken störte das alles nicht, sie umkreisten zu Hunderten den schockierten Radfahrer, die Eichhörnchen schienen zu allem Überdruss auch noch zu lachen. Ich versuchte, mich dennoch zu entspannen und schlief trotz allem ruhig die Nacht durch. Am nächsten Morgen lichteten sich die Wolken. Erst einmal Glück gehabt.

Zügig rollte ich der Hauptstadt des Yukon-Territoriums, Whitehorse, entgegen. Die Stadt mit ihren 26.000 Einwohnern war zu Goldrauschzeiten ein wichtiger Umtauschplatz zur Versorgung der Goldminen im Klondiketal. Heute ist sie mit Abstand die größte Siedlung hier oben und dreht sich, gerade im Sommer, viel um den Tourismus. Seit es von Frankfurt (Main) Direktflüge hierher gibt, tauchen auch immer mehr deutsche Touristen auf. Die Deutschen scheinen das Yukon-Gebiet zu lieben und bereisen es meistens in einem gemieteten Wohnmobil.

Auf der Straße sprach mich Philip an, ein quirliger Mann in meinem Alter, der auf einem selbstgebauten Lastenfahrrad unterwegs war: „Hast du schon eine Bleibe hier in der Stadt?" Ich verneinte und war eingeladen, mein Zelt in seinem mit dutzenden alten Rädern „verzierten" kleinen Garten aufzustellen. Eine Woche campierte ich dort. In diesen Tagen liefen bzw. fuhren mir etliche

Das Wahrzeichen der Stadt Whitehorse

Fernradler über den Weg. Am meisten hat mich Swinde beeindruckt. Sie radelte sich in mehr als zwei Jahren und über 30.000 Kilometer hinweg von Südamerika hier hoch. Mutig: als Frau und alleine! Wir tranken einen Tee zusammen und nutzten die viel zu knappe Zeit für ein kurzes Gespräch, am nächsten Morgen wollte sie alleine weiter, mit dem Kajak auf dem wilden Yukon River bis nach Dawson City.

Als ich am anderen Tag am Fluss entlangschlenderte, saß da ein hochgewachsener, blonder Mann im Gras neben seinem Rad, das auch nach langer Tour aussah. Leen war aus Holland, das konnte ich schnell anhand seines Akzents herausfiltern. Er war ebenfalls bereits zwei Jahre auf den Achsen seines Rades unterwegs. Allerdings war die eine Achse, nämlich die hintere, kaputt. Er zeigte auf die Stelle, an der eine Speiche aus dem Aluminiumgehäuse gerissen war. Es war eine 14-Gang-Schaltungsnabe eines renommierten deutschen Herstellers. „Und das auf den letzten Kilometern meiner Reise", jammerte er. „Tja, das ist Pech", entgegnete ich ihm. Er erklärte mir, man könnte die Nabe nicht selbst reparieren und müsste sie nach Deutschland senden: „Das dauert mindestens drei Wochen, die Versandkosten sind hoch und das bei meiner knappen Reisekasse!" Dass das Geld auf einer mehrjährigen Reise immer knapp ist, sah ich ein, dass man aber die Nabe zum Reparieren nach Übersee schicken musste, nicht unbedingt.

„Zeig mal her. Wir schauen mal, was wir machen können!", sagte ich. Verwundert sah er mich an. „Wenn du willst, kann ich versuchen, den Schaden zu reparieren." Er schaute noch erstaunter: „Geht das denn?" „Ich habe die ersten vierundzwanzig Jahre meines Lebens in der DDR gelebt. Da gab es so gut wie nichts zu kaufen. Viele Sachen wie Packtaschen, ja ganze Räder, wurden kurzerhand selbst gebaut. Ich habe immer noch ein Tandem und ein Liegerad aus eigener Produktion zu Hause. Die rollen genauso wie am ersten Tag." Er schien wieder Hoffnung zu schöpfen.

Mein Vorschlag: Wir entfernen eine Schraube vom Dichtungsflansch und durch das entstehende Loch ziehen wir eine Speiche. Damit wäre das Rad wieder vollständig. Zusätzlich verlöten wir mit dünnem Stahldraht alle Speichenkreuzungen. Das gibt noch mehr Stabilität, diesen Trick kannte ich noch aus dem Bahnradsport. Wir besorgten die Speiche im Radladen, kauften einen Lötkolben und ein Stück Draht im Baumarkt und fuhren zu Philip, meinem Gastgeber. Der hatte eine große Garage mit viel Werkzeug für den Notfall. Ich setzte mich für ungefähr zwei Stunden auf einen Schemel und verrichtete mein Werk. Danach war ich zuversichtlich: „So, das müsste noch bis zum Ende deiner Tour halten.

Mit Leen aus Holland im warmen Wasser

Es sind ja nur noch maximal 4.000 Kilometer." Er lächelte und baute sein Hinterrad wieder ein.

Da der kanadische Nationalfeiertag immer näher rückte, entschieden wir uns, noch zu bleiben und den angekündigten Veranstaltungen beizuwohnen. An jedem 1. Juli feiert die ganze Nation die Bildung Kanadas im Jahre 1867. Hier in Whitehorse gab es einen kleinen Umzug und ein Gummientenrennen im Yukon. Die ersten fünf dieser gelben Dinger, die jeweils eine Nummer trugen, würden 1.000 Dollar gewinnen. Auch wir hatten für einen guten Zweck ein Ticket für fünf Dollar erworben, aber leider waren unsere Enten nicht vorne mit dabei. Zu erwähnen wäre an dieser Stelle noch der Biergarten gleich neben der Bühne, die den Mittelpunkt des Fests bildete. Das war ein mit Bauzäunen eingegittertes Arial, an dessen Eingang das Alter der Durstigen festgestellt wurde. An wackligen Campingtischen wurden Bierdosen geöffnet, der Inhalt wurde in einen Plastebecher gegossen und für sehr viel Geld verkauft. Während des Bier-„Genusses" durfte niemand den Käfig verlassen. Kanadische Gesetze eben. Ich beließ es bei alkoholfreien Getränken und dachte an einen richtigen Biergarten in Deutschland, da lief mir das Wasser im Mund zusammen. Egal, es war trotzdem ein schöner Tag und mein letzter in der Hauptstadt des Yukon-Territoriums.

Die Räder von Leen und mir rollten am nächsten Tag schon wieder weiter, wenn auch in verschiedene Richtungen. Mein Weg ging weiter nach Süden, wieder

Am 1. Juli ist Kanada-Tag

auf den berühmten Alaska Highway. Mit teilweise Rückenwind drehten sich die Speichenräder, vorbei am Marsh Lake (See) oder auch entlang des schlanken, langen Teslin Lake. Manchmal gab es spektakuläre Felskulissen vom Sattel aus zu sehen, meistens blieb es aber eher hügelig. Nach reichlich drei Tagen erreichte ich die letzte größere Siedlung des Yukon-Territoriums, Watson Lake. Hier gab es wieder Möglichkeiten, sich für vernünftige Preise mit Lebensmittelvorräten einzudecken. Nur wenige Kilometer weiter zeigte dann ein riesiges Blechschild an, dass der Reisende sich nun nach British Columbia (B.C.) bewegte. Fast arrogant wirkte der Werbeslogan „B.C. – The Best Place on Earth" (B.C. – der beste Platz auf der Erde). Dass die südwestliche Provinz Kanadas ein schönes Fleckchen Erde war, konnte ich aus eigener Erfahrung bestätigen, erinnerte ich mich doch noch gut an diesen Streckenabschnitt, den ich vor zwölf Jahren bewältigt hatte. Aber der beste Platz der Welt …?

Ein weiteres Blechschild tauchte auf. Auf ihm wurde vor Büffeln gewarnt. Ich hielt das für eine Übertreibung, doch nur etwas später tauchte schon der erste Bulle auf. Ein imposantes Tier mit einem riesigen Schädel graste ganz gemütlich am Straßenrand. Ich stieg vom Rad, beobachtete das Tier, schoss ein paar Fotos und zog gemütlich weiter. Immer mehr Büffel tauchten rechts und links

46

Büffel kommen nicht nur in der Prärie vor

des breiten und sehr gut geteerten Highways auf. Ab und zu flüchtete ein Tier in den Wald. Andere wiederum störte mein Kommen nicht im Geringsten. Auch die Schwarzbären wussten den Klee und das Gras am Straßenrand zu schätzen und fraßen manchmal im Liegen. Sie waren meist unbeeindruckt von Nasreddin und mir.

Einmal bemerkte mich eine kleine, fünfköpfige Büffelherde. Die braunen Riesen schienen zu überlegen, was zu tun sei und entschieden sich für die Flucht vor dem unbekannten Objekt auf zwei Rädern. Die Herde rannte los. Aber nicht etwa auf dem kürzesten Weg in den Wald – nein, sie rannten mit rund 30 Stundenkilometern parallel zur Straße, immer links vor mir her! Da es etwas abschüssig war, rollte ich in gleicher Geschwindigkeit hinter ihnen her. Eine Staubwolke baute sich hinter den Tieren auf.

Die ersten Autofahrer hielten an und beobachteten das Schauspiel. Einer öffnete die Scheibe und scherzte: „Du treibst wohl Büffel?" Doch was sollte ich machen? Würde ich anhalten, so würde die Herde sicherlich auch zum Stehen kommen. Aber irgendwann müsste ich ja weiterfahren. Dann würden die Tiere auch wieder losstürmen. Ich entschied mich fürs Weiterrollen und war selbst gespannt, wie dieser „Film" weitergehen sollte. Da tauchten noch zwei weitere Büffel auf, ebenfalls auf der linken Seite. Sie unterbrachen die Nahrungsaufnahme, sahen erst mich an, dann die fünf anderen und reihten sich in die rennende Herde ein. Jetzt trieb ich sieben Tiere vor mir her. Mir wurde die Situation langsam unheimlich. Was war, wenn die Sache immer größere Ausmaße annähme? Aber irgendwie hatte ich auch ein wenig Spaß, muss ich gestehen. Ich kam mir wie ein Indianer bei der Büffeljagd vor. Es hätten nur noch Pfeil und Bogen gefehlt, dann wäre das Bild perfekt gewesen! Eine ganze Weile trieb ich die Tiere in Richtung Südosten, immer am Highway entlang. Dann endlich, nach sechs Kilometern, entschieden sich die sieben Flüchtenden, auf einen Waldweg abzubiegen, um so Schutz vor dem Radfahrer zu suchen. Ich war erleichtert, musste ein wenig schmunzeln und zog weiter auf dem Alaska Highway nach Fort Nelson, zum nächsten Lebensmittelversorgungspunkt.

Auf dem Kopf des Häuptlings

Die letzten vier Tage auf dem Alaska Highway waren auch gleichzeitig einige der kältesten, die ich im Juli auf der Nordhalbkugel in diesen Breitengraden erleben musste. Es begann mit einem Gewitter kurz vor Fort Nelson. In den kommenden Tagen prägten Wolken und Regenschauer das Bild des Himmels. Und jeden Tag wurde es ein wenig kälter. Der Rekord lag bei zwei Grad in der Nacht und an einem Tag zeigte das kleine Thermometer, das an meiner Lenkertasche baumelte, nur acht Grad als Maximalwert an. Als ich im Regen an einer riesigen Gasaufbereitungsanlage der Firma Spectra Energy meinen Tag beendete, meldete ein Kratzen in der Kehle, dass eine Erkältung im Anmarsch war. So ein Mist! Durchnässt, wie ich war, meldete ich mich an der Pforte des großen Geländes, auf dem das hier gewonnene Erdgas gereinigt und auf die Reise durch ein großes Rohr gen Süden geschickt wurde. Ein Wachmann bot mir den gut geschorenen Rasen vor dem Werksgelände an, warnte mich aber gleichzeitig, dass es hier auch manchmal unangenehm riechen würde. Ich schmunzelte in mich hinein. Wenn der wüsste, wo ich groß geworden war! Meine alte Heimat Bitterfeld im heutigen Sachsen-Anhalt galt in den achtziger Jahren als dreckigste Stadt Europas. Ich nahm das Angebot an, ließ noch meinen Fünf-Liter-Tank mit Wasser auffüllen, spannte zuerst mein Tarp, den zusätzlichen Regenschutz, zwischen zwei Bäumen auf und baute darunter im regenfreien Raum dann mein kleines Zelt auf. Schnell kroch ich in den warmen Schlafsack und schlief relativ gut durch die Nacht. In den kommenden Tagen, bis weit hinter Dawson Creek, begleitete mich dann die erwartete Erkältung, zum Glück ohne Fieber.

Im Norden von British Columbia gibt es unzählige Gas- und Ölförderanlagen, die von vielen tausend Arbeitern und Ingenieuren betreut werden. Ein großer Energieboom – wie es scheint. Dementsprechend viel Verkehr war hier unterwegs. Vor allem die Trucks mit ihrem Dreck und Lärm waren eine leicht nervige Belastung für mich. Erst hinter Dawson Creek wurde es ein wenig ruhiger, als ich in Richtung Prince George strampelte und wieder einmal über die Rocky Mountains fuhr, jetzt von Ost nach West. Die Supermarktdichte erreichte ein sehr angenehmes Maß, so dass ich nicht immer die Packtaschen total mit Lebensmitteln vollstopfen musste. Auch campierte ich fast jeden Abend auf Privatgrund, meist auf einer Wiese mit Golfrasenstandard, und kam oft mit meinen Gastgebern ins Gespräch. Kurz, es war ein sehr angenehmer Streckenabschnitt. Doch eine Begebenheit werde ich nicht so schnell vergessen. Eines Abends ver-

Ein Schotte musiziert in Victoria auf Vancouver Island

49

irrte ich mich in ein kleines, von felsigen Bergen gerahmtes Tal. Eigentlich wollte ich noch weiter, doch als ich auf einem Schild vor meiner Nase sah, dass jetzt mehrere Kilometer mit vierzehn Prozent Steigung kamen, beendete ich den Tag an einem Wochenendhaus in Blockhausform. Nachdem ich mein Lager zwischen den Bäumen errichtet hatte, lud man mich ein, ans Lagerfeuer zu kommen. Mein Gastgeber Marc Patterson, ich schätzte ihn auf Mitte fünfzig, fing an, über die Gegend und das Tal zu berichten: „Das hier ist ein altes Siedlungsgebiet der Ureinwohner, die oberhalb des Fraser Rivers in ihren Sommerlagern lebten, in mit Tierhäuten bespannten Zelten, die zum Teil in die Erde eingegraben waren. Sie ernährten sich von Beeren, Pilzen und reichlich Wild. Auch viele Pumas (Berglöwen) gibt es hier."

Dann erzählte er mir eine unglaubliche Geschichte: Vor ein paar Jahren, es war der 1. August 2007, musste ein zwölfjähriger Junge, der auf dem Grundstück zu Besuch war, dringend austreten und ging zum dreißig Meter entfernten Plumpsklo. Plötzlich war absolute Ruhe. Seine Mutter ahnte Schlimmes und sagte zu Marc, er solle mal nachschauen, irgendetwas stimme da nicht. Marc rannte in Richtung Toilette und hatte die Katastrophe vor Augen. Ein Puma lauerte dem Jungen vom Baum aus auf und sprang ihn plötzlich an. Der Kopf des Zwölfjährigen steckte schon halb im Maul der Großkatze. Alles war voller Blut. Marc überlegte nicht lange und griff den Puma an. Er trat ihn in die Seite und schlug auf ihn ein. Erst als er ihn am Nacken packte, ließ das Raubtier von dem Jungen ab. Jetzt wollte der Puma Marc angreifen. Der Mann machte sich groß und stellte sich mutig vor die Katze. Das Tier gab auf, man konnte den schwer verletzten Jungen bergen und ins Auto bringen. Im nahe gelegenen Clinton holte man ihn mit einem Rettungshubschrauber ab und flog ihn nach Vancouver. Das Leben des Jungen stand auf der Kippe, er hatte unglaublich viel Blut verloren. Aber er hat überlebt und wenn ich eine Woche später gekommen wäre, hätte ich ihn persönlich kennenlernen können. Er war inzwischen achtzehn Jahre alt. Ich war schwer beeindruckt. Marc bekam vier Lebensrettungsmedaillen und war in etlichen Fernsehshows.

Inzwischen war es schon spät geworden, das Lagerfeuer glomm nur noch. Zeit zum Schlafengehen. Bevor ich ins Zelt kroch, leuchtete ich noch einmal in die Bäume und vergewisserte mich, dass auch kein Puma auf mich wartete.

Drei Tage später und etliche tausend Höhenmeter mehr in den Waden, erreichte ich den kleinen Ort Squamish. Ich rollte von dem Skiort Whistler, Austragungsort der Winterspiele 2010, hinunter auf Meeresniveau. Am Ortseingang stand

Links im Bild der Lebensretter Marc Patterson

schon in großen Buchstaben, dass man sich jetzt in der Abenteuerhauptstadt Kanadas befände. Von Bekannten aus der Kletterszene hatte ich schon erfahren, dass es hier unwahrscheinlich hohe Granitwände gab. Und das war nicht zu übersehen. Ein gigantischer Granitfelsen prägte das Stadtbild.

Ich erkundigte mich nach Möglichkeiten für eine Kletterpartie. In einem Bergsportgeschäft gab man mir den Rat, es auf dem Zeltplatz zu versuchen. Als ich dort ankam, sah ich auf dem schattigen Gelände sehr viele kleine Zelte. Junge Leute waren emsig beschäftigt, liefen zum Teil in Klettergurten umher oder sortierten Sicherungsgeräte für den Aufstieg: Offensichtlich war ich in einem der nordamerikanischen Klettermekkas angekommen. Da ich auch hin und wieder klettere, versuchte ich, einen Partner für zumindest ein oder zwei kurze Routen zu bekommen. Doch es ergab sich nichts. Ich kochte mir auf einer Wiese eine heiße Schokolade und plante, noch am selben Abend weiterzuradeln, als ein junger Mann mit lichtem Bart und in kurzen Hosen mich ansprach: „Ich suche einen Kletterpartner. Hast du Lust, mich zu sichern? Du siehst gut in Form aus." Und ob ich das wollte! „Ich habe aber gar nichts mit", antwortete ich ihm. „Ich habe alles, außer einem Sicherungsgurt und Kletterschuhen", sagte er darauf. Wie sich herausstellte, hieß mein Gegenüber Jean und stammte aus der franzö-

Mit Jean auf dem Kopf des Häuptlings

sischen Provinz Québec. Er war bereits seit zwei Monaten unterwegs, um Bäume zu pflanzen, und wollte, nachdem er sich ein wenig in den Klettergebieten des Westens umgesehen hätte, wieder nach Osten fahren und sein Studium in Umweltmanagement fortsetzen.

Wir schwangen uns in seine alte Limousine, fuhren ins Stadtinnere, kauften einen Klettergurt, borgten für mich für acht Dollar ein paar Kletterschuhe aus und waren wenig später schon zusammen an einer dreißig Meter hohen Granitwand unterwegs. Dann erklommen wir noch eine und der Tag war vorüber, die Sonne zauberte schon sehr lange Schatten über das Tal. Auf dem Zeltplatz aßen wir gemeinsam. Ich baute mein Zelt neben seinem auf und stellte vor der Nachtruhe noch den Weckton meiner Armbanduhr auf sechs Uhr, denn der nächste Tag sollte für uns ganz im Zeichen einer fünfhundert Meter hohen Wand stehen.

In der Morgenkühle standen wir um sieben Uhr als erste Anwärter des Tages am Fuße des Chiefs (übersetzt: Häuptling). Ich schaute hinauf und bekam eine Gänsehaut – und daran war bestimmt nicht die Morgenkühle schuld. Wir stiegen los. Schon nach fünfzig bis sechzig Metern Höhe sah Squamish aus wie ein Ort auf einer Eisenbahnplatte. Weiter ging es Seillänge um Seillänge hinauf an der noch schattigen Wand. Jean platzierte als Vorsteiger die Sicherungsgeräte mit geübter Hand in den Felsspalten. Ich fühlte mich sicher und kletterte ohne Schwierigkeiten die moderat schwere Route nach. Kurz vorm Gipfel erreichten

Auf einem Segeltrip mit Willi

wir dann den höchsten Schwierigkeitsgrad, ich hörte auch Jean schon schnaufen. Denn hier heizte bereits die Sonne den Felsen auf. Das ließ den Magnesiaverbrauch etwas ansteigen. Man musste jetzt öfter in den Beutel greifen, um den Schweiß an den Fingern zu binden und eine gute Verbindung von Haut und Gestein zu erhalten. Dann war es geschafft. Wir saßen auf dem Kopf des Häuptlings und genossen bei bestem Wetter den Erfolg, aßen ein paar Nüsse, tranken einen Schluck Wasser und liefen den Wanderweg durch ein schönes Tal zurück zum Zeltplatz. Der Tag ließ Erinnerungen wach werden: Meine längste Route hatte ich damals mit Romulus aus Venezuela in Griechenland mit 250 Metern Länge absolviert. Das war in Meteora gewesen und hatte auf meinem Weg nach Afrika als gute Abwechslung zum Kurbeln gedient.

Wir saßen noch am Zeltplatz, bis der Abend sich näherte und ließen es uns bei einem Bier gut gehen. Ich entschloss mich, noch am selben Abend weiterzufahren und mich noch circa vierzig bis fünfzig Kilometer weiter an Vancouver heranzupirschen. Früh am nächsten Morgen radelte ich dann, noch ein wenig müde von der kurzen Nacht, die ich gleich neben dem Highway verbracht hatte, die letzten Kilometer hinein ins Stadtzentrum dieser großen Metropole am Pazifik, schaute mich ein paar Stunden um und weiter ging es nach Süden, durch den urbanen Koloss hindurch. Mit der 17-Uhr-Fähre verließ ich dann das Festland und fand mich wenig später, frisch geduscht, am reich gedeckten Tisch von

Iris und Willi wieder. Das ist ein nettes Pärchen aus Deutschland, das seit den siebziger Jahren hier im Süden von Vancouver Island sein Zuhause gefunden hat. Vor zwölf Jahren hatte ich hier schon einmal Quartier bezogen und mich ein paar Tage erholt (nachzulesen in meinem Buch „Rundherum – Geschichte einer Weltreise", Kapitel „Bärenspray"). Auch dieses Mal war bei mir eine Pause bitter nötig, war ich doch in den letzten Wochen fast jeden Tag mit meinem schweren Vehikel die Berge hoch- und heruntergekurbelt.

Aufbruch nach Osten

Zehn Tage waren vergangen wie im Flug. Ich genoss die Zeit auf der Insel sehr, ging zweimal mit meinem Gastgeber segeln und sah mir die schöne Gegend vom Wasser aus an. Ansonsten gab es anregende Gespräche am Abend bei einem Gläschen selbst gemachtem Wein. Am Freitag, den 3. August, klingelte der Kurierdienst an der Tür und erkundigte sich nach einem gewissen Thomas Meixner. „Ja, der bin ich", entgegnete ich. „Na, dann unterschreiben Sie mal hier!" Endlich hielt ich einen Umschlag, in der meine neue Visa Karte steckte in der Hand. Lange hatte ich warten mussen. Die Karte, die ich ursprünglich in der Lenkertasche hatte, war zwar neu, aber sie vertrug sich irgendwie nicht mit der PIN-Nummer. Ich konnte mich deshalb nur mit dem Tauschen von Bargeld oder den guten, fast schon historischen Reiseschecks über Wasser halten. Da man als Radreisender nicht viele Ausgaben hat, war das für mich – fast ein Vierteljahr lang – kein Problem gewesen. Doch ohne funktionierende Kreditkarte geht eben im 21. Jahrhundert auf Dauer fast nichts mehr auf dieser Erde.

Der Zeitpunkt meiner Weiterreise stand fest: Am nächsten Tag, also am Samstag, wollte ich nach Osten aufbrechen, um das ganze riesige Land, zumindest bis zur Stadt Québec, zu durchstrampeln. Der Abschied fiel mir nicht leicht. Wahrscheinlich würde ich Iris und Willi nicht wiedersehen, denn Nordamerika stand bei mir in den nächsten Jahren nicht auf dem Reiseplan und die beiden waren nicht mehr die Jüngsten. Aber man weiß ja bekanntlich nie, was die Zukunft bringt und das ist auch gut so.

Die Fähre brachte mich wieder aufs Festland. Ich hielt ein paar hundert Meter hinterm Fährhafen an, um mich mit Brombeeren zu sättigen, die es hier überall in Hülle und Fülle gab und für die sich keiner außer dem Radfahrer aus Deutschland zu interessieren schien. Dann folgte ich noch einmal dem Tal

Im Hintergrund das bergige British Columbia

des Fraser Rivers – ohne den Fluss jedoch zu sehen –, zog vorbei an den vielen Obstplantagen, die meist von Indern aus der Region Punjab betrieben wurden und den Großraum Vancouver mit Vitaminen versorgten, und campierte noch ein letztes Mal in der Ebene. Doch ich sah schon die Silhouette der Berge und konnte mich mental auf die gigantischen Anstiege einstimmen, die in den nächsten Tagen auf mich warteten.

Ich wählte den südlichsten Weg durch die Berge, immer an der Grenze zur USA entlang. Das war eine neue Route, um die Great Plains (große Ebene) und die Prärie zu erreichen. Zwölf Jahre zuvor war ich weiter im Norden durch den Jasper- und den Banff-Nationalpark gereist, den ältesten Nationalpark Kanadas. Doch beide waren jetzt, in den zwei Monaten der Schulferien, viel zu überlaufen. Und dementsprechend laut und gefährlich waren die Straßen dort, so meine Kalkulation.

Es ging also los, hinauf zum ersten Pass, dem Allison, mit einer Höhe von 1.343 Metern. Der Anstieg war moderat, doch was mich oben erwartete, war es nicht mehr. Die Wolken verdichteten sich in Sekundenschnelle zu einer schwarzen Wand, aus der es sofort herausgoss, dazu kamen schnell auch noch kirschgroße Hagelkörner. Ich hatte keine Chance mehr, rechtzeitig die Regenjacke herauszukramen, die ich für einen Dollar von der Heilsarmee in Whitehorse gekauft hatte, und konnte sie mir deshalb erst über den völlig durchnässten

Körper schwingen. Sofort sackte die Temperatur herunter, ich fing an zu frieren, verkroch mich unter einer Brücke, wo aber das Wasser immer mehr anschwoll. Als der Spuk endlich vorüber war, befand sich die ganze Szenerie in gespenstigem Nebel, der sich zum Glück bald wieder verzog. Ich rollte weiter den Pass hinunter und fand an diesem Abend ein schönes Plätzchen oberhalb eines kleinen Canyons. Beim Bereiten der allabendlichen Mahlzeit dachte ich noch an die Ereignisse des Tages und daran, wie unberechenbar Berge oft sein können.

Der Highway Nr. 3, der einem Krähennest gewidmet ist und dementsprechend Crowsnest Pass heißt, war gut ausgebaut, führte aber quer über alle Bergrücken des Kaskadengebirges und dann noch über die Rocky Mountains. Und das würde im August eine Herausforderung werden, wo sich in den meisten Tälern die Hitze staute und auf den Reisenden regelrecht zu warten schien. Am Osoyoos Lake – genannt „Country's warmest Lake" (wärmster Fluss des Landes) – mit der gleichnamigen Ortschaft gab es kleine Weinanbaugebiete. Doch wo nicht be-

Ich habe mich für die Krähe entschieden

wässert wurde, sah die Landschaft aus wie in der Wüste von Nevada. Keine Bäume, nur trockenes Strauchwerk. Als ich mein Zelt in der Wildnis aufstellte und mich von meinen Halbschuhen befreite, lief ich nur ein paar Meter schmerzfrei. Dann stach mich etwas in meinen rechten Fuß. Es war ein kleiner Kaktus und die schien es hier zuhauf zu geben – in Kanada hatte ich sie nicht erwartet. Schnell zog ich die schützenden Lederschuhe wieder an.

Das nächste Malheur erwartete mich jedoch schon am Abend darauf. Gerade rollte ich eine schöne lange und gemächliche Abfahrt hinunter und dachte mit gemischten Gefühlen an den kleinen Riss in der Hinterradnabe, der sich schon vor Vancouver zu meiner Enttäuschung gebildet hatte. „Vielleicht hält die Nabe ja noch ein paar tausend Kilometer", dachte ich mit etwas Hoffnung. Vorsichtig schaute ich nach unten auf das sich drehende Hinterrad. Es war wie verhext: ein Achter! Ich zog die Felgenbremsen an und stieg vom Rad. Der Riss hatte sich um ein Vielfaches vergrößert und stellte jetzt ein großes Sicherheitsrisiko

Der Riss an meiner Hinterradnabe

dar. Nur langsam und ganz vorsichtig rollte ich weiter nach unten, weiter nach Grand Forks. Es war noch nicht spät und ich hielt Ausschau nach einem Haus mit Scheune oder Werkstatt. Da entdeckte ich einen Klinkerbau, ungewöhnlich für Kanada. Ich stieß auf eine Frau, die schüchtern fragte, was mein Anliegen sei. „Ich suche einen sicheren Platz für mein Zelt", fragte ich leise an. Sie führte mich zu ihrem Mann, der gerade an einer Hausecke etwas ausbesserte. Er fragte mich misstrauisch, warum ich gerade sein Haus ausgewählt hätte. „Nicht gerade die besten Aussichten", dachte ich. Deshalb kramte ich sogar noch das Empfehlungsschreiben heraus, das mir meine Heimatstadt für besondere Fälle ausgestellt hatte. Da war er halbwegs beruhigt und bot mir einen Platz auf englischem Rasen, gleich neben dem Haus, an. Ich erfuhr, dass sein Vater 1907 aus Russland, aus Sankt Petersburg, ausgewandert sei. Als ich ihm ein paar Sätze auf Russisch entgegnete, war dann das Eis gebrochen. Nachdem ich meine auf Vancouver Island gekaufte Nabe umgespeicht hatte, saßen wir auf der Terrasse bei nicht nur einem Gläschen selbst gemachtem Wein.

Alle Einheimischen hier warnten mich vor dem kürzeren Weg über den Kootenay Pass (1.774 Meter), den sie Salmo-Creston nannten. Ich sollte lieber den Umweg über den Kootenay Lake machen, da wäre es flacher, aber vielleicht auch hügelig. Aus Erfahrung wusste ich jedoch, dass solche kleinen Hügel den ganzen Tag über nerviger waren, als sich nur einmal hoch und herunter zu kämpfen. Also behielt ich meinen Kurs bei und schwitzte mich über zwanzig Kilometer zum Pass hinauf. Tief befriedigt rollte ich danach ein langes Tal hinunter und in einen neuen Abend hinein. Der Crowsnest Pass beschloss meinen Reigen durch die kanadischen Rockies. Diesen Pass habe ich eigentlich gar nicht so richtig mitbekommen, so flach ging es bergauf. Jetzt wartete die flache Graslandschaft der Prärien auf unser Duo. Flach rollten die Räder aus den mit Bäumen gesegneten Bergen mit leichtem Rückenwind und einer Geschwindigkeit von über dreißig Stundenkilometern. Der Wald verschwand, Bäume waren nun eher die Ausnahme. Jetzt gab es zahlreiche und vor allem große Farmen. In all den Nächten, die ich in den Weiten der Steppe verbrachte, campierte ich auf gutem Rasen oder bekam eine Einladung in ein Farmhaus.

So wurde ich auch mit den aktuellen Problemen in dieser Ecke der Welt konfrontiert. In vielen Gesprächen wurde mir hier immer wieder von einer massiven Landflucht berichtet. Die Menschen schienen immer weniger bereit, das harte und manchmal auch isolierte Leben hier zu ertragen. In dieser Gegend kam ich an etlichen Geisterdörfern vorbei, Spitzenreiter war der Ort Vidora: Hier stan-

In den Prärien ist es baumlos

den nur noch zwei Häuser. Den Rest der Ortschaft hatte man bereits abgerissen, einschließlich einer kleinen Bank. Davon war nur der Tresorraum übrig. Der aus Beton gegossene Block stand wie ein Mahnmal in der Landschaft. Als ich in die kleine Poststation hineinging, die in eines der beiden Häuser integriert war, fragte eine Frau, die hinter einem dicken Eisengitter stand, was ich wünschte. Erstaunt fragte ich: „Hier gibt es noch eine Post?" „Ja, selbstverständlich", kam die Antwort. Na, so selbstverständlich schien mir das nicht zu sein. Ich bekam einen Stempel in mein Tagebuch und sah mir die historischen Schließfächer an, es waren etwa hundert Stück mit einer Art Zahlenschloss daran. „Die sind aber nicht mehr in Benutzung?", fragte ich. „Doch, vierzehn davon sind noch belegt", lautete die Antwort hinter den Gitterstäben. Ich machte noch ein paar Fotos und zog weiter durch die baumlose Ebene.

Obwohl das Wetter bis auf ein Gewitter fast zu sommerlich und sonnig war, wurde mir berichtet, dass es in diesem Jahr außergewöhnlich viel geregnet hätte. Das glaubte ich den Einheimischen gerne, verfolgten mich doch durch die ganze Prärie die Mücken. Jeden Abend musste ich mich lang einkleiden und oft das so kostbare Autan-Mückenspray zur Anwendung kommen lassen, das ich eigentlich für die Tropen aufsparen wollte, denn dort gibt es noch Malaria. Doch ich pfiff auf meine Vorsätze, um wenigstens meine allabendliche Nudelmahlzeit kochen zu können. Dann flüchtete ich ins Zelt, tötete alle Plagegeister, las noch ein wenig in meinem Buch über Johannes Kepler und Galileo Galilei und hoffte, dass ich in der Nacht nicht austreten gehen müsste. Das hat zum Glück auch immer geklappt. Dadurch, dass ich am Tag so viel Schweiß verlor, speicherte mein Körper die Flüssigkeit in der Nacht problemlos. Es war schon Mitte August und der Sommer mit all seinen Mücken müsste bald ein Ende haben, das war zumindest meine berechtigte Hoffnung.

Am Schlimmsten wurde die Mückensituation im Grenzbereich zwischen den Provinzen Alberta und Saskatchewan, wo es keine Häuser und demnach auch keine Felder gab. Nur ab und zu sah ich eine kleine Herde Kühe in der endlosen Steppe, die mich sehr an die Mongolei oder den Norden von Kasachstan erinnerte. Ich war auf einer 110 Kilometer langen Piste unterwegs. Als ich in einem kleinen Tal versuchte, eine Apfelsine zu schälen, fielen mich am helllichten Tage unzählige Mücken an. Schnell steckte ich die Frucht wieder in die Packtasche und hoffte, nach Verlassen des Tals auf weniger saugende Kämpfer, doch vergebens. Im Gegenteil, es spitzte sich sogar noch zu. Beim Verlassen der Kiespiste –

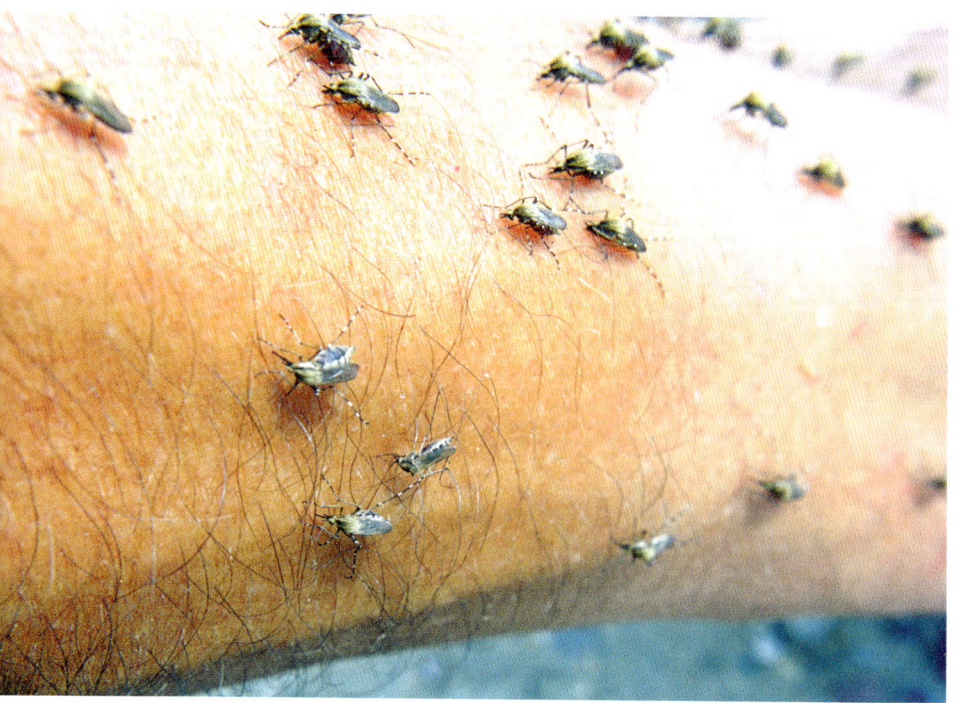

Mein Bein war die Mückentankstelle

ich wollte ein Foto schießen – ging ich nur ein paar Schritte durch das Gras, da erhoben sich tausende der angriffslustigen Biestern in die Luft und innerhalb von Sekunden klebten hunderte an meinen Beinen, um das so begehrte Blut zu saugen. Ich bekam fast Panik und flüchtete mich in die Bewegung.

Dann tauchten wieder erste Felder auf. Obwohl ich kein Freund von intensiver Landwirtschaft bin, bei der auch hier mächtig mit Chemie hantiert wird, war mir das an diesem Tag egal, wusste ich doch, dass durch die Chemie auch die Zahl der Sauger verringert würde. Ich erreichte an diesem Abend das kleine Nest Consul, in dem mich der Dorfpfarrer in sein Gästehaus einlud. Er zeigte auf den Fernseher, den ich benutzen könnte. Doch das war mir an diesem Abend egal, ganz zu schweigen vom Inhalt der Sender – da zählt im Vergleich jeder private deutsche Kanal noch zum Bildungsfernsehen. Ich genoss lieber die Dusche im Bad, unter der ich mir den Schweiß der letzten Tage abspülen und die vielen Einstiche ein wenig kühlen konnte. Zum Abendessen war ich bei einem deut-

In der kleinen Bäckerei in Consul

schen Auswanderer zu Gast, den es wegen einer Frau hier in die Einöde verschlagen hatte. Hier wurde ich mit Speis und Trank verwöhnt und die Welt war wieder in Ordnung.

Der Wind drehte auf West, die ersten Baumgruppen natürlichen Ursprungs tauchten wieder auf und schon waren das östliche Ende der flachen kanadischen Prärielandschaft und damit die 800.000 Menschen zählende Metropole Winnipeg erreicht. Seit ein paar Monaten war ich Mitglied bei den „Warmduschern" (warmshowers.org). Das ist eine Vereinigung von Radfahrern, die sich gegenseitig unterstützen, indem sie dem jeweiligen Langzeitreisenden für ein oder zwei Nächte Quartier und eine Dusche bieten. Dort fand ich die Adresse von Dave, einem jungen, bärtigen Rad-Enthusiasten, der sofort zusagte, als ich anrief. Nachdem ich mein Rad in den Flur geschoben hatte, sah ich einen jungen Mann auf der Couch sitzen. Er hieß Pawel und kam aus Polen/Australien.

Ein australischer Pole

Nach einem Tag Pause bei Dave ging es weiter. Aber nicht alleine, sondern mit Pawel, der mir ein wenig aus seinem Leben erzählte. Er verbrachte mit seiner Mutter die ersten vierzehn Jahre seines Lebens in Polen. Nachdem seine Mutter einen Polen mit australischem Pass geheiratet hatte, zog er nach Perth, in den Südwesten Australiens. Jetzt wohnte er schon vierzehn Jahre auf dem „roten Kontinent" und war sich immer noch nicht sicher, ob er nun Australier oder Pole war. In den Wochen, in denen wir unsere Freuden und Sorgen auf dem Trans-Canada Highway teilten, war seine Situation immer mal wieder Thema. Ich wollte nicht mit ihm tauschen, bei mir lagen die Dinge klarer: Ich bin Deutscher, der sein Basislager nach wie vor in seiner Heimat hat und ab und zu in die Welt der Reisenden und Abenteurer eintaucht, also temporär als Radnomade unterwegs ist. Irgendwie ist diese Festlegung für mich wichtig, ich vergleiche das immer mit der Erde und dem Mond: Der Mond erhält seine Stabilität durch die Erde. Und ich kann nur vernünftig reisen, weil ich weiß, dass ich theoretisch (und praktisch) jederzeit zurückkehren kann und in der Heimat eine stabile Basis habe.

Unsere Räder rollten aus der Stadt. Pawel war technisch sehr gut ausgestattet, fast zu viel Hightech für meinen Geschmack. Mit seinen achtundzwanzig Jahren war er, genau wie ich in seinem Alter, sehr aufs Radfahren fixiert und konnte oftmals die Dinge nicht so relaxed angehen wie ein Älterer. Aber trotz der zwanzig Jahre Unterschied verstanden wir uns sehr gut. Für mich war es mal wieder eine Übung in Geduld und Kompromissfinden. Er beichtete mir zum Beispiel, dass er nicht die Ruhe hätte, im Zelt ein Buch zu lesen. Das konnte ich am Anfang meiner Touren ebenfalls nicht. Aber aus dem Mangel an Unterhaltung, der oft nach zeitiger Dämmerung am Abend vorherrschte, hatte ich mir mittlerweile das Lesen angewöhnt und wollte, ja könnte es heute nicht mehr missen. Wenn ein Buch „zur Neige" geht, bekomme ich fast schon ein wenig Panik und mache mir Gedanken, woher ich das nächste bekomme.

Auf dem folgenden Streckenabschnitt hatten wir sehr wenig Auswahl an Straßen. Der einzige Highway, der jetzt nach Osten führte, war der Trans-Canada Highway, der bis zur Provinz Ontario die Nr. 1 trägt und dann zu Nr. 17 wechselt. Doch hinter Kenora, das stand zumindest für Pawel fest, sollten wir gen Süden in Richtung Fort Frances radeln. Das war mir recht und ich passte mich seinem Plan an, da ich die Hauptstrecke schon 2001 geradelt war. Eine Abwechslung war diese Route aber nur bedingt, denn auch hier war das Landschaftsbild geprägt von endlosen Nadelwäldern und zwischendurch unterbrochen von Flüssen und Seen wie dem riesigen Lake of the Woods (wörtlich: See

Beim Umzug wird hier das Haus gleich mitgenommen

der Wälder). An diesem großen Wassergebilde radelten wir anderthalb Tage entlang. Ende August war das Wetter hier heiß und schwül. Oft lag jeder in seinem Zelt auf dem Schlafsack und schwitzte sich in die Nacht. Pawel war mit seinem Daunenschlafsack in der falschen Jahreszeit unterwegs. Das musste er wohl oder übel einsehen, weil sein Schlafsack mittlerweile auch schon sehr seltsam roch. Das lag sicher daran, dass die Daunen langsam anfingen, zu gammeln.

Wir näherten uns mit 150-Kilometer-Etappen dem Lake Superior (Oberer See), der zu den großen Seen Nordamerikas zählt. Dort machten wir einen Tag Pause in Thunder Bay und gingen im Supermarkt einkaufen. In der Stadt berichtete man uns, dass auf dem kommenden Streckenabschnitt vor ein paar Tagen zwei Radreisende von einem Truck erfasst und tödlich verletzt worden wären. „Das ist das eigentlich Gefährliche am Radreisen", sagte ich zu meinem Mitstreiter. Pawel gab mir Recht. Auch er hatte schon viele brenzlige Situationen erleben müssen, in denen er um Haaresbreite „erledigt" gewesen wäre. Wir waren jetzt besonders vorsichtig und eierten am rechten Rand der Straße, die hier meist keinen befestigten Randstreifen aufweisen konnte, vorsichtig in Richtung Sault Ste. Marie am nördlichen Ufer des riesigen Gewässers entlang. Wenn es eng wurde, flüchteten wir mal eben ins Kiesbett.

Abendstimmung am Oberen See (Lake Superior)

Dennoch war die Natur auf dieser Strecke einmal mehr beeindruckend. Die riesigen Seen wirkten wie Ozeane. Oft sahen wir bis zum Horizont nichts als Wasser. Auf diesen Seen sind sogar Gezeiten messbar. Ich kann mich noch gut an das Nest White Lake erinnern, das etwas vom See entfernt im Nordosten lag. Der Tag war warm, aber schon mit dicken Wolken verhangen. Wir kauften noch etwas in dem kleinen Supermarkt für Abendbrot und Frühstück ein und bauten unsere Zelte auf der Wiese eines Parkplatzes vor der geschlossenen Touristeninformation auf. Ein kleiner, überdachter Pavillon stand auf dem Gelände, ein Wasserhahn war vorhanden und die Tankstelle und damit also auch eine Toilette nicht weit. Alles, was der Reisende braucht. Am späten Abend fing es dann – wie wir schon geahnt hatten – an zu regnen. Die Luft kühlte sich ab, was für einen gesunden Schlaf ja von Vorteil ist, und wir lagen in unseren Zelten, unterhielten uns noch ein wenig mit lauter Stimme, um das Trommeln der Regentropfen auf den Zeltbahnen zu übertönen. Ich gönnte mir dann noch ein paar Seiten meines Buchs und jeder von uns hoffte auf einen trockenen Morgen und einen eben solchen Tag.

Doch als wir aus dem Reich der Träume wieder in die Wirklichkeit zurückreisten, trommelte der Regen immer noch heftig auf die Zelte. „Mist!", schrie ich

Zusammen mit Pawel im Wald

in Pawels Richtung. „Was hast du gesagt?", kam es aus dem Nachbarzelt. Ich übersetzte ins Englische. Wir stürzten mit Kocher, Tee und Haferflocken unters Dach des Pavillons, saßen auf den feuchten Holzbänken im kalten Wind und wärmten an den heißen Tassen unsere Finger. „So schnell kann es hier von warm nach kalt und auch wieder zurück kippen", dachte ich beim Schlürfen des Tees.

Gegen Mittag begruben wir unsere Träume vom Radfahren an diesem Tag und krochen wieder in unsere Zelte, die zum Glück absolut wasserdicht waren, dadurch konnten wir trocken im warmen Schlafsack durch den Tag dämmern. Pawel hoffte immer noch auf eine Weiterfahrt, aber der Regen wollte einfach nicht weichen und die Wolken zogen in Form von Nebelschwaden über den Boden. Nach dem Abendbrot unter dem Dach unserer Sitzecke krochen wir dann wieder in unsere Zelte. An die tägliche Bewegung gewöhnt, konnten wir beide sehr schlecht einschlafen. Ich beschleunigte den Vorgang mit einem kleinen Fläschchen Sherry, das ich hier für sehr viel Geld in einem speziell für alkoholische Getränke zuständigen Laden erworben hatte. Außerhalb dieser Spezialläden gibt es in Nordamerika keinen Alkohol zu kaufen, die einzige Ausnahme ist dabei die französische Provinz Québec.

Der Morgen danach war auch nicht viel besser: leichter Regen, aber starker Rückenwind. Pawel konnte diesen Ort nicht mehr sehen, mir ging es genauso. Wir kurbelten also durch leichten Regen weiter am Lake Superior entlang. Am Abend erwischten wir ein sehr schönes Plätzchen direkt am Strand, die Wolken verzogen sich, es klarte auf und die Sonne zeigte, was sie so drauf hatte. Es gab einen spektakulären Sonnenuntergang und eine kalte Nacht. Die Welt war wieder in Ordnung.

Bei diesen 150-Kilometer-Tagesetappen erreichten wir schnell die Stadt Sault Ste. Marie direkt an der Grenze zu den USA. Eine riesige Brücke aus Stahl führt von hier aus in das benachbarte Land, das ich allerdings erst im Herbst in Planung hatte. Hier am Feuer, auf einem kleinen Zeltplatz hinter einem Fahrradladen, beschloss ich, meinen Pawel ziehen zu lassen. Ich wollte einen Gang runterschalten und mich mehr auf Land und Leute konzentrieren. Zeit hatte ich auch mehr als genug, immerhin war ich hier in Amerika nur von der Jahreszeit und der Aufenthaltsgenehmigung des jeweiligen Landes abhängig. Kanada war da das großzügigste Land mit sechs Monaten ohne Visum.

Pawel rollte schon ganz zeitig los – ohne sich umzudrehen. „He", rief ich ihm nach, „ich wünsche dir eine gute Fahrt!" Er stoppte. „Ach so, ja, dir auch!" Ich

machte mir noch einen Tee und genoss ganz allein ein Weilchen die Morgenkühle und das Feuer.

Der Herbst kommt

Südlich von Sault Ste. Marie gibt es weite Landstriche, die von Mennoniten
bewohnt und bewirtschaftet werden. Das wollte ich mir ansehen. Mennoniten,
sogenannte Taufgesinnte, sind eine evangelische Gemeinschaft, die sich der
Wiedertäuferbewegung in der Reformationszeit zugewandt fühlt. Da sie über
Jahrhunderte in Europa verfolgt wurden, wanderten sehr viele von ihnen Ende
des 17. Jahrhunderts in die USA und nach Kanada aus, wo vor allem in reli-
giöser Hinsicht weit mehr Toleranz regierte als im damals in dieser Beziehung
noch etwas rückständigen „alten" Europa. Bemerkenswert fand ich, dass die
Mennoniten konsequente Kriegsdienstverweigerer waren und noch sind.
Ich war auf einer kleinen asphaltierten Straße unterwegs, abseits der großen
lärmenden Hauptstraße. Am Straßenrand entdeckte ich ein Verkehrsschild, das
ich noch nie zuvor gesehen hatte: Auf gelbem Hintergrund war eine schwarze
Kutsche zu sehen. Und tatsächlich gibt es noch immer Mennoniten, die ohne
Strom leben und sich wie im 19. Jahrhundert mit der Pferdekutsche fortbewe-
gen. Insgesamt drei Höfe sah ich, in die keine Stromleitung hineinführte. Die
Felder dort wurden auch nicht mit Maschinentechnik bewirtschaftet, sondern
mit Pferd und per Hand. Auf den abgeernteten Böden standen handgemachte
Strohpuppen zum Austrocknen.
Aber auch die Gläubigen, die sich für Strom und Auto entschieden hatten,
lebten sehr einfach und gingen sparsam mit den Ressourcen um. So teilten sich
mehrere Familien oft ein Fahrzeug. Trotzdem schienen die Menschen glücklich
zu sein. Überall wurde gelacht, man grüßte höflich. In einem Hofladen wurden
Gemüse, Brot und Eier angeboten. Ich besorgte mir zwei riesige Knoblauch-
knollen. Das waren seit langem die wohlschmeckendsten und saftigsten, die ich
erstanden hatte. Ich freute mich auf die nächsten Mahlzeiten und das gesunde
Gemüse zwischen meinen allabendlichen Nudeln.
Ein paar Stunden später bog ich wieder auf den Highway Nr. 17 ab, den
Trans-Canada Highway, mit seinem Lärm und den unzähligen Trucks und Autos. Hier schweiften noch einmal meine Gedanken zurück zu den Mennoniten
mit ihrem einfachen Lebensstil. Das hatte wahrscheinlich mehr Zukunft als un-

Die Mennoniten reisen meist mit einer Pferdestärke

sere auf ständiges Wachstum getrimmte Gesellschaft, die mit ganz anderen Vorstellungen und Ansprüchen vom Glücklichsein in einer gestressten, materialistischen Welt lebt. Und zu dieser Welt gehöre ich ebenfalls, auch wenn ich nicht versuche, „im höchsten Gang zu fahren", sondern immer mal etwas runterzuschalten. Da ist das Reisen für mich eine schöne Übung.

Jetzt war ich entlang des großen Lake Huron unterwegs und kurbelte die letzten paar hundert Kilometer durch den kanadischen Busch. Irgendwo im Süden Ontarios musste das Farmland losgehen, so war es mir noch blass in Erinnerung von meiner ersten Kanadadurchquerung. Dort gab es dann wieder mehr Häuser und die Städte wurden auch ein wenig größer. Aber vorerst waren die Ortschaften noch rar und sehr klein, sie bestanden oft nur aus einem Motel und wenigen Häusern. Ab und zu gab es ein Indianerreservat, auf dem ich auch hin und wieder mal meinen kleinen Wigwam aufstellen konnte. An eine Nacht habe ich noch eine sehr intensive Erinnerung. Ich sah eine Ansammlung von Menschen vor einer kleinen Kirche, am Spieß drehte sich ein Schwein und der Tag neigte sich dem Ende. „Was soll's?", dachte ich, „Fragen kostet nichts." Mit meinem Nasreddin stand ich also kurz darauf vor dem Pfarrer und bat um einen Platz zum Zelten. Er antwortete: „Willst du nicht vorher noch etwas essen? Wir haben mehr als genug! Dann kannst du dein Zelt dort hinter der Scheune aufstellen."

Bingo! Ich konnte mich bedienen und füllte meine Kalorienspeicher wieder auf. Es wurde ein sehr schöner Abend und gemeinsam feierten wir das dreißigjährige Bestehen der Gemeinde im Reservat.

Mit mehr als vollem Magen stellte ich später mein Zelt an zugewiesener Stelle auf, wünschte allen noch eine gute Nacht und verkroch mich zur Nachtruhe, die allerdings jäh unterbrochen wurde: Da die Nacht schwül-warm war, hatte ich den Eingang des Außenzelts offen gelassen und wurde aus dem Schlaf gerissen, als ich etwas an der Gaze schnüffeln hörte. Was war das? Ein Hund? Ich zischte instinktiv und der vermeintliche Hund sprang ein paar Meter davon. Zur Sicherheit griff ich nach Taschenlampe und Bärenspray und schaute nach, was los war. Der Hund schien ziemlich groß zu sein und wackelte so eigenartig mit dem Hintern beim Gehen. Das konnte kein Hund sein! Ein Bär! Mir gefror kurzzeitig das Blut in den Adern. Trotzdem ging ich ihm hinterher, um sicherzugehen, dass er auch verschwand. Der ausgewachsene Schwarzbär randalierte noch ein wenig den Holzstapel vor der Scheune, dann verzog er sich ins Gestrüpp und suchte in Zeitlupe das Weite. Ich hätte es wissen müssen, überall in der Gegend roch es nach gebratenem Schwein – kein Wunder, dass es Besuch in der Nacht gab. Nach diesem Erlebnis benötigte ich sehr viel Zeit, um wieder ins Reich der Träume zu gelangen.

Am nächsten Tag erreichte ich Sudbury, eine Bergbaustadt. Nicht gerade eine Schönheit. Also hieß es nur schnell einkaufen, einen Stempel fürs Tagebuch bei der Stadtverwaltung holen und weiter nach Süden radeln. Schon vor Sault Ste. Marie waren die ersten Ahornbäume aufgetaucht, die es in Kanada nur in den südlichen Gebieten gibt und auch jetzt fuhr ich noch durch Gegenden voller Laubpracht. Ein paar Blätter veränderten schon ein wenig die Farbe und kündeten vom nahenden Herbst, in dem sich hier immer ein beeindruckendes Farbenspektakel abspielt, der sogenannte Indian Summer (indianischer Sommer). Das ist die Zeit, bevor die Bäume ihre Blätter abschütteln und der kalte Winter hier oben seinen Einzug hält. Auf diesen Abschluss meines Kanadatrips freute ich mich besonders.

Das Farmland im Süden Ontarios war bald erreicht. Hier war es ein Kinderspiel, einen Platz für die Nacht zu finden: einfach am Farmhaus klingeln und Zelt aufbauen. Oft gab es noch eine Einladung zum Abendbrot ins Haus. Man war neugierig auf den fremden Radfahrer aus dem fernen Deutschland. Der Herbst kämpfte bereits mit dem Sommer, den Eindruck hatte ich jedenfalls, als ich mich von Farm zu Farm nach Süden hangelte. So folgte schon einmal auf einen

Vorboten des Herbstes

windigen, aber warmen Tag ein wolkiger mit Regen und dann klarte es nachts wieder auf. Am Morgen kam dann das kalte Erwachen mit reichlich Eiskristallen auf Zelt und Nasreddin, meinem treuen Begleiter, der durch die Nacht fror. Dann kam aber meist die Sonne heraus, ließ das Eis schnell schmelzen und alles trocknen.

An die berühmten Niagara-Fälle hatte ich nur noch eine vage Erinnerung, war doch der erste Besuch schon zwölf Jahre her. Deshalb beschloss ich, den kleinen Umweg von zweihundert Kilometern zu machen. Doch so beeindruckend die Wasserfälle waren, die genau auf der Grenze zu den USA liegen, so anstrengend war der Aufenthalt dort auch: Massen von Touristen quetschten sich am Uferrand oder auf Booten zusammen und stellten sich vor die Wassermassen, die hier ins Tal stürzten. Die Stadt, die mich an Las Vegas oder an einen Vergnügungspark erinnerte, wirkte auf mich nicht sehr einladend. Aber ich sollte an diesem Abend ohnehin einmal wieder erkennen, dass eine Begegnung mit einem interessanten Menschen weitaus aufregender sein kann als jedes Naturspektakel. Denn an diesem Abend nahm ich nur wenige Kilometer von den Niagara-Fällen entfernt eine ganz besondere Einladung an.

Die Adresse von Les Potapczyk hatte ich am selben Nachmittag von einem seiner Freunde bekommen, der mich auf der Straße abfing und fragte, ob ich für

Ganz dicht an den Niagara-Fällen

heute schon einen Platz zum Schlafen hätte. Er rief Les an und das Quartier war gesichert. Als ich dort ankam, stand mein Gastgeber schon auf der Straße und winkte. Ich baute mein Zelt im Garten auf und bekam sofort ein Bier in die Hand gedrückt. „Ich weiß doch, was Deutsche mögen", sagte der Zweiundsechzigjährige und lächelte freundlich. Dann ging es ins Haus, erst duschen, dann Abendessen. Les zeigte mir seine Schallplattensammlung. Sie umfasste schätzungsweise 5.000 Stück – ich war tief beeindruckt. Ich habe dagegen mit circa 1.500 der schwarzen, wohlklingenden Scheiben in meinem Wohnzimmer eine eher kleine Sammlung. Wenig später drehte sich schon eine der Scheiben auf seinem Plattenteller. „Na, wer ist das?", fragte Les. Ich zögerte nicht lange: „Keith Jarrett, das Konzert von Köln." Er war wie von den Socken und fragte sich wahrscheinlich, wie ein so junger Spund das so schnell wissen konnte. Aber zu DDR-Zeiten hielt uns die Musik am Leben und ich interessierte mich eben für ältere Musik.

Ein Glas Wein wurde eingeschenkt und ich erfuhr, dass Les 1950 in einem Flüchtlingscamp in Heilbronn geboren wurde. Als die Vereinten Nationen dann darauf drängten, dass das Camp aufgelöst wurde, fand die Familie eine neue Heimat in Kanada. Im Laufe des Abends entdeckten wir neben der Musik noch mehr Gesprächsthemen. Zum Beispiel lief Les auch Marathon. Ich zeigte ihm

Les hält ein Stück Berliner Mauer in der Hand

ein Foto von meinem Besuch bei Haile Gebrselassi in Äthiopien, einem Aus-
nahmeläufer. Da war er völlig aus dem Häuschen. Mein Gastgeber organisierte
auch den alljährlichen Terry-Fox-Lauf in seiner Stadt. Terry Fox war ein Leicht-
athlet, der mit achtzehn Jahren Knochenkrebs bekam und dessen rechtes Bein
daraufhin amputiert wurde. Er startete einen Lauf quer durch Kanada, um Geld
für die Krebsforschung zu sammeln, schaffte es aber nur bis Thunder Bay, da
seine Lungen stark vom Krebs befallen waren. Im Alter von nur zweiundzwanzig Jahren starb er 1981 an der Krankheit. Alljährlich finden seitdem in fast allen kanadischen Städten Terry-Fox-Läufe statt und es werden Spenden für die
Krebsforschung gesammelt. Im April dieses Jahres war Les zudem beim Boston-
Marathon als Helfer zugegen, als in unmittelbarer Nähe die zwei Bomben explo-
dierten. Er zeigte mir ein paar seiner Aufnahmen, die das schreckliche Ereignis
dokumentierten. Auch aufgrund seiner Fotos wurden die Täter recht schnell
dingfest gemacht.
Auf dem Plattenteller drehten sich noch immer die schwarzen Klangspender,
wir tranken noch einen Schnaps zur guten Nacht und ich schlich in mein Zelt.
Morgen würde ich mich Toronto nähern, meine Gedanken kreisten durch den
Kopf. Doch dann schlief ich tief und fest durch die Nacht.

Vom stolzen Geist der Ureinwohner

Kanada ist ein Land der Einwanderer. Angefangen von den Engländern und Franzosen sind in jeder Provinz Menschen aus fast allen Ländern und Kulturen zu Hause. Es wird angenommen, dass schon vor rund 16.000 Jahren die ersten Menschen über die Beringsee aus Sibirien kamen. Doch von dem ursprünglichen Leben der Ureinwohner ist auf den ersten Blick nicht viel übrig geblieben. Die einst „Rothäute" genannten Angehörigen der First Nations lebten nun in Häusern, hatten Autos, Fernseher und Waschmaschinen.

Auf einer Sommertour durch die USA im Jahre 2004 hatte ich bereits meine ganz eigenen Erfahrungen mit der Tradition der amerikanischen Ureinwohner sammeln können. Als ich auf der Suche nach einem Platz fürs Zelt war und den Stadtrand von Taos in New Mexiko erreicht hatte, begrüßte mich ein Indianer vor seinem Haus, lud mich auf eine Cola ein und zeigte mir einen schönen Platz mit Blick auf den Rio Grande. Er erzählte, dass am kommenden Wochenende ein Powwow in Taos stattfände. Weil ich keinerlei Vorstellung von einer solchen Veranstaltung hatte, blieb ich und dieses Erlebnis wurde der Höhepunkt meiner damaligen Amerikadurchquerung. Stämme aus den ganzen USA kamen zu diesem Tanzfest. Man errichtete riesige Tipis und kleidete sich in die jeweilige Tracht seines Stammes. Dann wurden die Trommeln geschlagen und Lieder gesungen, manchmal ganz ohne Worte, nur in diesen typischen, hohen Lauten. Der Staub vermischte sich mit den Sonnenstrahlen und ich war zutiefst ergriffen, bekam manchmal eine Gänsehaut.

Und genau das suchte ich auch wieder auf der jetzigen Reise, hier oben in Nordamerika. Also hatte ich mir schon vor Monaten Termine von Powwows aus dem Internet herausgesucht, mir die zu meinem Zeitplan passenden Events ausgedruckt und wollte nun versuchen, an wenigstens einem dieser Treffen teilzuhaben. Der erste Termin war am 20. August in Winnipeg (Manitoba) am Ende der Prärie. Das war auch der Grund, warum ich die Pedale in dieser Gegend so heftig drehen ließ. Auf den letzten Drücker trudelte ich in der riesigen Stadt ein, um herauszufinden, dass die ganze Veranstaltung in einer Eishockey-Halle stattfand. Das wollte ich mir nicht antun, die Angehörigen der First Nations im Scheinwerferlicht wie in einem Theater tanzen zu sehen. Da fehlte das ganze Drum und Dran wie Lagerfeuer, gemeinsames Zelten, die Gespräche am Rande, das ganze Feeling eben.

Die letzte, zeitlich passende Möglichkeit für das erwartete richtige Erleben bot sich nordöstlich von Toronto in einem Reservat, das sich „Curve Lake First

Auf einem Powwow wird viel getanzt

Nation" nannte. Toronto, eine riesige Ansammlung von Häusern, der größte urbane Dschungel des Landes, war das, was die Europäer in nur wenigen Jahrhunderten aus dem Boden gestampft hatten. Und es wurde immer noch weiter gebaut. Ich wollte mir gar nicht ausmalen, wie das hier in hundert Jahren aussehen könnte. Deshalb weilte ich nur einen Tag in der Metropole, dann flüchtete ich wieder ins bescheidene Ländliche. Nach zwei Tagen Fahrt erreichte ich am Ende einer Landzunge die Siedlung und das Gelände, auf dem das Powwow stattfinden sollte. Meinen kleinen Wigwam konnte ich kostenlos am See aufstellen. Das Gelände hier war bei Weitem nicht so großflächig wie damals in Taos, aber einen schönen Platz bot es allemal. Allerdings schien es das Wetter nicht gut zu meinen mit uns. Wind und dicke Wolken schoben sich über den See hinweg und ließen nichts Gutes für den kommenden Tag erwarten.

Am nächsten Tag sollte es schon mittags losgehen, doch es goss wie aus Strömen. Man verlegte die Veranstaltung in den nahe gelegenen Gemeindesaal. Hier klangen die Trommeln natürlich nicht so schön wie unter freiem Himmel, aber es war nicht zu ändern. Der Schöpfer aller Dinge hatte sich fürs Nass entschieden. Ich war ein wenig enttäuscht – die viele Kurbelei und dann das … „Das ist eben der Nachteil des Radelns", dachte ich, „dass man alles genau planen muss." Der Radler kann nicht eben mal so schnell ein paar hundert Kilometer zum nächsten Ort huschen. Und wenn das Wetter nicht mitspielt, muss man es eben hinnehmen. Ich hoffte auf den Sonntag. Abends verzog sich zwar der Regen, aber es blieb windig und wurde kalt. Auf der relativ kleinen Veranstaltung kam ich dafür schnell in Kontakt mit den Menschen. So bekam ich eine Einladung für die Sonnenaufgangszeremonie am nächsten Morgen. Ich stellte den Wecker meiner Armbanduhr auf fünf Uhr dreißig.

Tatsächlich benötigte ich am Folgetag nur ein paar Sekunden, um hellwach zu sein, zog mich schnell an und ging zum heiligen Feuer, das während der ganzen zwei Tage nie ausging und auch nachts von einer Art Feuerwache umsorgt wurde. Hier waren im Halbkreis schon Stühle aufgestellt, ich wurde von der übermüdeten Nachtwache begrüßt und setzte mich hin. Der kalte Nachtwind nagte an meinen Gliedern und ich fror. Das war aber Nebensache. Vor allem war ich gespannt darauf, was mich erwartete. So langsam füllten sich die Sitze. Alle betraten die Fläche von Osten her.

Einer der Elders (der Ältesten) blies viermal in eine kleine Flöte, dann wurde viermal kräftig auf die Handtrommel geschlagen und leise weitergetrommelt. Es dämmerte, wurde langsam heller. Die Nacht wich allmählich und machte dem Tag Platz. Ein kleiner Becher mit Wasser kreiste. Ich war jeweils als Zweiter an der Reihe und beobachtete genau, was der Mann rechts neben mir tat, um ja keinen Fehler bei den Ritualen zu machen. Man benetzte sich die Hand und strich sich damit über den Kopf. Dann wurde zum großen Schöpfer aller Dinge um sauberes Wasser gebetet. Auch zwei rituelle Pfeifen mit qualmendem Tabak kreisten. Ich hatte noch nie in meinem Leben an einer Zigarette gezogen, machte an diesem Morgen eine große Ausnahme und ließ den Rauch zumindest in den Mundraum ein. Vier Pflanzen wurden als Opfer ins Feuer gegeben: Salbei, Tabak, Zeder und Süßgras.

Die Sonne kam hervor und schob sich langsam über den See in den Himmel. Der kalte Wind wehte, das Feuer schien zu tanzen. Jeder umarmte jeden, die Zeremonie war vorüber. Wir gingen alle ins Gemeindezentrum, um ein kostenloses Frühstück zu genießen. Draußen wartete ein mit Wolken durchsetzter, aber trockener Tag und die Ureinwohner tanzten mit Stolz die alten Tänze. Ich musste an Toronto denken und daran, dass die Indianer mit ihrer Spiritualität,

Jacques und Jean Guy eskortierten mich noch aus Montreal

die oft von unserer Zivilisation verlacht wird, schon über 16.000 Jahre überlebt hatten. Aber ob der „weiße Mann" mit seinem rücksichtslosen Kapitalismus noch einmal 500 Jahre so weitermachen kann, ist in meinen Augen mehr als fraglich.

Peinliche Fragen

Es war jetzt schon Ende September, die Bäume waren eingefärbt und so mancher Herbstnebel stieg am Morgen von Fluss und See auf. Trotzdem wagte ich noch einen Vorstoß nach Norden, in die Provinz Québec. Mit dem Überradeln der Provinzgrenze war ich in einer anderen Welt: Alles war Französisch, die Schilder, die Zeitungen und die Menschen, die sich hier natürlich auch in der für mich unaussprechlichen Sprache aus dem alten Europa unterhielten. Englisch war auch für sie eine Fremdsprache. In den Dörfern wurde oft nur Französisch gesprochen. Das war eine Herausforderung, die ich nur mit Händen und Füßen meistern konnte.

In der Stadt Montreal verbrachte ich erst einmal nur eine Nacht. Ich wollte das stabile Hoch ausnutzen, um noch zur Stadt Québec vorstoßen zu können. Die lag nur rund 300 Kilometer weiter nordöstlich. Es ging am Südufer des Saint Lawrence Rivers entlang. Sonne, etwas über zwanzig Grad, fast windstill – super Reisebedingungen. Nach nur zwei Tagen war ich in der Altstadt, der zweitältesten europäischen Kolonie des Landes und der einzigen mit einer Altstadt und Befestigungsanlagen, die heute zum Weltkulturerbe zählen. Einen Tag und eine halbe Nacht verbrachte ich in der von Touristen belagerten Stadt, dann strampelte ich wieder zurück, am Südufer des Saint Lawrence Rivers entlang, dem Ausfluss der Großen Seen in den Atlantik. Das Wetter blieb stabil und ich legte ein paar Tage „Urlaub" vom Reisen ein. In Montreal, der großen Metropole Québecs, traf ich Freunde wieder, die ich hier zwölf Jahre zuvor zurückließ, als es damals am 2. Oktober 2001 hieß: zurück nach Europa.

Zurück nach Europa ging es jetzt aber zum Glück noch nicht. Nein, jetzt flüchtete ich erst einmal vor dem kanadischen Winter und kurbelte nach einem kurzen Abstecher nach Ottawa Richtung Süden, in die USA. Aus Montreal heraus wurde ich noch ein Stückchen von Jean Guy und Jacques begleitet. Jean Guy hat-

Straßenkünstler in Québec

Ein prachtvoller Herbstbaum

te ich einige Tage zuvor auf einer Fähre getroffen und hatte dann einen Abend bei ihm zu Hause mit Freunden verbracht. Er war zweiundsiebzig Jahre alt und hatte mir erzählt, dass er auf seinem Flitzer zwischen 12.000 und 15.000 Kilometern im Jahr wegstrampelte. „Wie ist denn das möglich in dem kurzen kanadischen Sommer?", fragte ich ihn. „Ich verbringe den Winter in Florida. Dort habe ich ein Haus. Und da unten kann man wunderbar auf zwei Rädern den Winter verbringen", antwortete er mir. Fünfzig Kilometer außerhalb von Montreal verabschiedeten wir uns voneinander und ich fuhr mit seiner Adresse im Sonnenstaat der USA in der Tasche allein weiter.

Bei sehr niedrigen Temperaturen bewegte ich mich am Saint Lawrence River und dann am Nordufer des Lake Ontario entlang. Ein zum Teil heftiger, kalter Gegenwind blies mir ins Gesicht. Ich versuchte, mich zu beeilen mit meiner Fahrt gen Süden. Aber die Tage waren schon sehr kurz und es gab weit unter zwölf Stunden Tageslicht. Megaetappen funktionierten da einfach nicht

Kurbelpause am Sankt-Lorenz-Strom

mehr. 90 bis 120 Kilometer am Tag, das war es dann. Da konnte man nichts machen. Mit fremden Verkehrsmitteln mitzufahren, um die Reise zu beschleunigen, kam für mich nicht in Frage und hätte auch meine eisernen Regeln gebrochen: Wann immer es möglich war, fuhr ich die längsten Strecken ohne Unterbrechung über Land und nahm die kürzesten See- beziehungsweise Flugwege. Ich campierte fast immer auf Privatgrund und bekam dabei ab und zu ein Paar Kekse angeboten, manchmal gab es eine Einladung zu Truthahn und Wein oder zu Bier und Kürbiskuchen und mitunter konnte ich sogar ein warmes Bett im Haus genießen. Doch oft waren die Grundbesitzer schon auf der Arbeit, wenn ich vorm Zelt saß und meine Haferflocken mit Rosinen und Zucker aß. Dazu wurde immer reichlich Tee geschlürft. Doch oft meldeten sich nach dem Tee die Gedärme. Da war dann guter Rat teuer und ich war dankbar, dass noch nicht alle Maisfelder abgeerntet waren. Mit der wohl längsten Serviette der Welt und einem kleinen, orangefarbigen

Minikunststoffspaten bewaffnet, schlich ich dann zur Stelle der Erleichterung und vergrub alles in der Erde.

Die letzten Tage im schönen Kanada verflogen viel zu schnell. Am liebsten wäre ich länger geblieben, Zeit hätte ich noch gehabt. Wäre da nicht der nahende Winter gewesen, der sich zwischendurch immer wieder mit starken Nachtfrösten und kalten Niederschlägen – bisher noch in Form von Regen – meldete. Doch dazwischen gab es auch immer wieder sonnige Tage und selbst die Einwohner dieses riesigen Landes im Norden Amerikas bestätigten mir, dass es in diesem Jahr ungewöhnlich mild für die Jahreszeit war. Glück gehört eben auch zum Leben und erst recht zum Reiseleben. Ich besuchte noch Dave, der in einem selbstgebauten Haus direkt am Eriesee wohnte. Ihn hatte ich Anfang Juni im Yukon-Gebiet, in Dawson City, kennengelernt, und wir hatten, wie es sich für Dawson gehört, gemeinsam die Nacht durchzecht. Dieser Besuch war aber die letzte Pause, die ich in Kanada einlegte, auch einlegen wollte. Denn jetzt hieß es raus und Richtung Süden, in die rettende Wärme Floridas. Und ich war bei Weitem nicht der Einzige, der diese Idee hatte. Hunderttausende Kanadier, die sogenannten „Winterbirds" (Winter- oder Zugvögel), bewegten sich jedes Jahr ebenfalls in diese Richtung, wenn die Herbststürme zu blasen anfingen.

Ich für meinen Teil bewegte mich erst einmal in Richtung Windsor, der für mich letzten Stadt in Kanada. Hier hatte ich eine Adresse zum Übernachten über die Warmshower-Organisation aufgetrieben. Das Pärchen, in dessen Haus ich die letzte Nacht verbrachte, bot mir an, mich mit dem Auto über die Grenze beziehungsweise unter dem Detroit River hindurchzufahren. Erst wollte ich ablehnen, weil es gegen meine Regeln verstieß, Streckenabschnitte mit anderen Transportmitteln zu bewältigen. Aber sie wiesen eindringlich darauf hin, dass ich weder auf der Brücke noch im Tunnel mit meinem Fahrrad etwas zu suchen hätte. Da bestände definitiv keine Chance, sicher voranzukommen und es gäbe keine Ausnahme. Also hievte ich Nasreddin auf den Radgepäckträger des silbernen Wrangler Jeeps, stapelte die Packtaschen ins Fahrzeug und schon sausten wir los, hinunter in die Erde, unterm Fluss hindurch. Vorher gab es noch den Ausreisestempel von den kanadischen Behörden in den Pass.

Mitten im Tunnel huschten auf der linken Seite zwei auf die Wand aufgemalte Fahnen vorbei. Ich war in den USA, aber noch nicht wirklich im Landesinneren. Das waren noch einmal 30 spannende Minuten. Wir fuhren in den Sicherheitsbereich hinein und gaben unsere Dokumente bei einem Beamten ab. Die Dame, die mich durch den Tunnel chauffiert hatte, besaß eine Spezialkarte, die schon

Ein echter Nordamerikaner ist die Kanadagans

vom FBI überprüft wurde. Damit konnte sie jederzeit ohne Probleme die Grenze wechseln. Sie fuhr regelmäßig zum Einkaufen nach Detroit und sagte, alles wäre hier wesentlich billiger als im teuren Kanada. Die Steuern!

Als der Beamte jedoch meinen deutschen Reisepass sah, wurden wir auf den Parkplatz verwiesen. Das Auto mit den Schlüsseln mussten wir stehen lassen und durch einen weiß gestrichenen Betongang gehen. Dahinter gab es einen Warteraum und ein paar Beamte in Uniform, die hinter Computerbildschirmen saßen. Wir mussten Platz nehmen und ich bekam eine grüne Karte in die Hand gedrückt, die ich auszufüllen hatte. Weil ich meine Brille im Auto vergessen hatte, ging das zum Teil nur mithilfe meiner Begleiterin, die in einer Dreiviertelstunde schon wieder in Kanada sein musste, um dort ihren Arbeitstag in einem Altenheim zu beginnen. Trotzdem bemühte sie sich, ruhig zu bleiben. Ich machte aus Versehen ein Kreuz im falschen Kästchen, strich es dann durch und kreuzte das andere Kästchen an – zum Glück war das nicht die Frage, ob ich einer terroristischen Vereinigung angehörte. Unterschrieben ging die ausgefüllte Karte zurück an einen jungen afroamerikanischen Beamten. „Hier fehlt noch eine Adresse, die Sie angeben müssen", erklärte er mir. „Habe ich im Auto", antwortete ich. Ich durfte zum Wagen, sah, dass er ohne unsere Anwesenheit durchsucht wurde, einschließlich des Gepäcks, also auch meine Packtaschen.

Zum Glück hatte ich zwei Adressen von „Winterbirds" aus Montreal dabei, die schon in Florida eingetroffen sein mussten. Eine davon stand auf einer Visitenkarte und ich zeigte sie ihm. Der Beamte trug die Adresse, die ihm seriös zu sein schien, ein. Dann ging es wieder ab auf die Wartebank. Der Officer forschte noch ein wenig in seinem Computer nach, lugte dann hinter seinem Bildschirm hervor und fragte: „Sind Sie sicher, dass Sie niemals festgenommen wurden?" Mir rutschte das Herz in die Hose. Was hatte er jetzt gefunden, was all die anderen Beamten bei den vielen Malen, die ich in die Staaten einreisen konnte, nicht gefunden hatten? Meine Antwort war eindeutig, musste jedenfalls so klingen: „Nein, niemals! Da bin ich mir absolut sicher." (Wer meine Dia-Vorträge gesehen oder mein Buch „Rundherum" gelesen hat, weiß, dass ich aufgrund eines Missverständnisses im Jahr 2001 während meiner Weltreise eine Nacht in einem Gefängnis in Kalifornien verbracht habe. Die Anzeige wurde zwar am nächsten Morgen wieder zurückgezogen, alles klärte sich friedlich auf und ich wurde nie angeklagt, geschweige denn verurteilt, aber „nie festgenommen" stimmte eben doch nicht ganz.)

Der Beamte schob seinen Kopf wieder hinter den Bildschirm. Wenig später konnte ich in meinem Pass den Einreisestempel sehen und hatte die Bestätigung, dass ich bis zum ersten Februar im Land der unbegrenzten Möglichkeiten – oder auch manchmal Unmöglichkeiten – bleiben durfte. Der offizielle Teil war endlich beendet und ich fand mich in einer Stadt wieder, die vor wenigen Monaten Bankrott angemeldet hatte, in Detroit.

Musik und Whisky

„Halt bloß an keiner Ampel an!" „Mach, dass du aus der Stadt wieder herauskommst. Die rauben dich aus!" Solche und ähnliche furchteinflößende Sätze hatte man mir als reisendem Radfahrer mit auf den Weg gegeben, als ich in Kanada nach meiner Reiseroute gefragt worden war und erzählt hatte, dass ich nach Detroit fahren wollte. Als ich dann in der Innenstadt unterwegs war, hatte ich allen Warnungen zum Trotz den Eindruck, hier eine ganz normale US-amerikanische Stadt vorzufinden. Da gab es die typischen hohen Gebäude, unter anderem das von General Motors – symbolhaft für „Motor City", denn hier oben in Michigan hatten alle großen amerikanischen Autokonzerne ihre Fließbänder laufen. Doch als dann der Niedergang kam, folgten leere Kassen. Detroit konnte seinen Zahlungsverpflichtungen nicht mehr nachkommen und meldete Bankrott an. Ich fuhr durch eine Innenstadt mit auffällig wenig Verkehr und kaum Menschen auf den Straßen.

Wenige Menschen im Freien sind ja für Nordamerika fast Standard, entweder sitzen sie im Auto (und zwar in solchen, die für den europäischen Straßenverkehr viel zu groß wären) oder in ihren Häusern vorm Fernseher. Mehr oder weniger ist das hier oben so. Wenn ich da an Afrika oder gar Asien denke – kein Vergleich. Aber so menschenleer wie hier in Detroit, das war dann doch ein wenig auffällig. Wie gewohnt fuhr ich zum Rathaus, um einen Stempel oder ein Siegel für mein Tagebuch zu ergattern, einfach als Nachweis, dass ich auch wirklich all die Orte meiner Reise besucht hatte – eine Dokumentation als Streckenbeweis. Ich schloss mein Rad vorm Haupteingang ab und ging zur Anmeldung. Sofort wurde ich vom Wachpersonal angewiesen, mein Vehikel woanders abzustellen. „Wohin denn?", fragte ich. „Weiß ich auch nicht. Weg von hier auf jeden Fall!", kam es als Antwort zurück. „So ein Stress", dachte ich, als ich mein Rad zum Hintereingang schob. Alles, aber auch alles war hier auf Autos geeicht. Die Radfahrer schienen überhaupt keine Lobby zu haben. Ich ließ Nasreddin in Sichtweite zurück, ging wieder hinein. Der von mir gewählte Parkplatz war auch dieses Mal nicht der richtige, ich sollte mein Rad um die Ecke parken. Dank der vielen Vorwarnungen war mir ein wenig unwohl bei dem Gedanken. Als ich abschloss, befestigte ich deshalb meinen Bewegungsalarm zur zusätzlichen Sicherung und ging dann wieder ins Rathaus hinein. Der Anlauf zu meinem erwünschten Stempel war noch immer nicht geschafft, denn erst musste ich durch eine Sicherheitsschleuse. Auch hier gab es noch eine Ehrenrunde für mich, als man eine kleine Schere in der Lenkertasche aufspürte. Dann ging es zu einem der obersten Stockwerke, dorthin, wo der Bürgermeister sein Büro hatte. Das war abgeschlossen. Wahrscheinlich arbeiteten die Beamten hier aus Kostengründen nur noch ein paar Tage in der Woche und heute war Spartag! Aller Aufwand war umsonst. Ich fuhr wieder hinunter, ging zu einem Schalter für Steuern und bekam nach langem Überreden endlich einen (weniger schönen) Stempel für mein Tagebuch.

Dann kurbelte ich los. Schon zum fünften Mal war ich nun im Land der unbegrenzten Möglichkeiten oder war es schon das sechste? Ich weiß es nicht mehr so genau. Dieses Mal wollte ich jedenfalls durch den Osten fahren, zu Orten, an denen ich noch nie war. Die Speichenräder rollten aus der Innenstadt hinaus und dort sah ich, was wirklich mit der Stadt, die viele hunderttausend Menschen verloren hatte, los war. Auf dem Weg nach Süden zog unser Duo rechts und links an Häuserruinen vorbei. Zehntausende Gebäude waren hier von ihren Bewohnern verlassen worden und standen nun leer, dem Verfall preisgegeben. Was ich vorher nur gehört hatte, wurde mir nun in einer apokalyptischen Kulisse vor Augen geführt. Etwas Unbehagen machte sich in mir breit bei diesem Anblick. Es schien eine Kettenreaktion gewesen zu sein, die hier immer noch im Gange war: Erst schloss eine Fabrik, dann die nächste, die Stimmung kippte, die Menschen verließen die Stadt, noch mehr Werke zogen von dannen und immer so weiter. Schrecklich.

Schon am frühen Nachmittag ließ ich Detroit hinter mir und bald hatte mich der normale Alltag der Straße wieder, die Pedale kreisten gleichmäßig, die Räder rollten auf gutem Asphalt ruhig dahin. Die erste Nacht in den USA durfte ich im Garten eines Farmers zelten und wurde ins Haus zu Abendbrot und Bier eingeladen. Ich fühlte mich wohl.

Ohio und Indiana hießen die nächsten Bundesstaaten, die ich auf meinem Weg in den Süden bereiste. Die Tage waren hier im November schon verdammt kurz. Meine Stunden musste ich sehr gut einteilen, um wenigstens 100 Kilometer am Tag zu schaffen. Man konnte nicht den ganzen Tag radeln: Es musste eingekauft werden und immer wieder hielt ich auch an, um die Reise mit Fotoapparat, Videokamera und Tonaufnahmegerät so gut es ging zu dokumentieren. Auch waren die Gespräche mit den Menschen vor Ort mir sehr wichtig. Man fragte mich ständig, woher ich käme und wohin ich wollte, gab mir sogar manchmal ein paar Dollarscheine mit auf den Weg als kleine „Segnungen", wie mir immer gesagt wurde. Oft wünschte ich mir die ersten beiden Monate in Alaska und im hohen Norden Kanadas zurück. In dieser Zeit hatte ich vierundzwanzig Stunden Tageslicht und konnte mir die Reise extrem flexibel einteilen. Doch bei nur zehn bis elf Stunden Sonnenschein war das ein kleines Problem. Außerdem war mir der Winter hier dicht auf den Fersen und holte mich immer wieder mit ein paar frostigen Nächten ein. Ich musste weiter in den Süden, so schnell es ging.

Im Bundesstaat Kentucky holte mich in einer Nacht der Winter sogar mit ein wenig Schnee ein. Weiter ging es, so schnell wie möglich, nach Tennessee. Hier gab es wieder eine wärmere Phase. Ich machte in Nashville ein paar Tage Pause, besuchte das Grab von Jonny Cash und schaute mich ein wenig in den zahlreichen Musikclubs der Stadt um, in denen vor allem abends die Post abging. Hier hatte die Countrymusik ihr Zuhause, aber das war nicht gerade

Dem Radfahrer wurden ein paar Scheine überreicht

Am Grab von Johnny Cash

meine Stilrichtung. Auch, dass man hier mit Cowboyhut und bunten Leder-
stiefeln herumlief, war ein eigenartiges Bild für mich, aber nicht für die Amerikaner.

Die kommenden Tage wurden wieder stürmisch, es regnete stark, blieb jedoch
warm. Einmal mehr konnte ich mich von Jacke und langer Radhose trennen und
im T-Shirt durch die schöne Landschaft rollen. Lange Zeit fuhr ich über leichte
Hügel, durch viel Wald und vorbei an den großen, ausgedehnten Feldern der
Farmen, auf denen Pferde und Kühe zu sehen waren. Jede Nacht bemühte ich
mich um einen Platz auf Privatgelände, denn ein Plätzchen im Wald zu finden
war nicht leicht. Fast alles war privates Land und wenn man hier beim Zelten
erwischt wurde, konnte man sich eine Menge Stress einhandeln. Die Amerikaner sind sehr eigen, ja werden mitunter auch aggressiv, wenn irgendein streu-
nender Radler sich auf ihrem Land niederlässt. Oft dachte ich an Skandinavien
oder Island, wo ich einen Sommer zuvor zu Gast war. Gerade in Island konnte
man sein Zelt überall aufstellen. Da kam niemand und ärgerte einen. Außerdem

Diese Schuhe sind eher nicht fürs Radfahren geeignet

war es dort so sicher wie in kaum einem anderen Land. Ich konnte mich nicht erinnern, dort jemals mein Rad abgeschlossen zu haben. Hier hingegen waren die Wälder im Herbst viel zu gefährlich. Die Jagdsaison war in vollem Gange und das Jagen war in den USA nicht so streng geregelt wie in meinem Heimatland Deutschland. Hier hatte mehr oder weniger jeder eine Waffe oder gleich mehrere und konnte jagen gehen, wie er es wollte. Des Öfteren hörte ich das Geballere im Wald.

Im strömenden Regen näherte ich mich der Ortschaft Lynchburg, dem Zuhause der weltberühmten Jack-Daniel's-Destillerie. Hier wollte ich auf jeden Fall eine Führung mitmachen. Ich stieg vom Rad, schob es unter das Dach des Besucherzentrums, trocknete mich ein wenig mit meinem Handtuch ab und betrat die Räumlichkeiten. Bei der Anmeldung durfte ich feststellen, dass die Führung kostenlos war. Das war immer willkommen bei meinem Tagesbudget von etwa zehn Euro (dreizehn Dollar). Diese Einschränkung hatte ich mir selbst auferlegt, damit ich die ganze Reise nach Feuerland auch finanziell überstehen konnte.

Hommage an Mr. Jack Daniels

Die sehr interessante Führung durch die verschiedenen Gebäude und vor allem das gigantische Fasslager, in dem der gute Tropfen lagerte, beeindruckte mich sehr. Hier lagerte Whiskey im Wert von mehreren Millionen Dollar. Die nette Frau, die uns durch das historische Anwesen führte, blieb an einem der Bottiche stehen und hob den Deckel an. „Das ist alles, was ich für euch tun kann. Haltet mal die Nase dran", rief sie zu uns. Jeder roch an den Alkoholdämpfen. Trotzdem verstand ich nicht, was sie mit ihrer Aussage meinte. Doch wenig später wurde es mir klar. Als die Tour zu Ende war, freute ich mich auf eine zünftige Whiskey-Verkostung, so wie ich es aus Dublin kannte. Dort besuchte ich zum Beispiel die Brennerei der Firma Jameson, in der man in aller Ruhe zwischen den verschiedenen Sorten hin und her kosten konnte. Im Gegensatz dazu war alles, was es hier zu verkosten gab, Zitronenlimonade!

„Und was ist mit einem Whiskey?", fragte ich höflich. Sie antwortete: „Den darf ich leider nicht ausschenken. Wir sind ein trockener Landkreis, in dem kein Alkohol verkauft oder ausgeschenkt werden darf. Das sind hier die Gesetze." Diese Antwort von der netten Dame war für mich nicht zu verstehen. In einem Land der Freiheit – so eine Einschränkung. Aber auch das sind die USA.

Von Elvis bis Blues

Memphis stand als Nächstes auf der Liste meiner Etappenziele. Und mit dieser Stadt hatte ich auch den Mississippi erreicht, den ich auf dieser Reise nicht überqueren wollte. Deshalb hatte ich auch nur das Kartenmaterial in der Packtasche, das den Osten des drittgrößten Landes unserer Erde abdeckte.

Von Memphis hatte ich keinen sonderlich guten Eindruck. Vielleicht lag das aber auch an dem warmen und trüben Wetter. Wenn man hier weilte, war es ein Muss, Graceland zu besuchen. Dieses Anwesen des King of Rock 'n' Roll, Elvis Presley, lag etwas südlich der Stadt. Als ich dort ankam, wimmelte es nur so von Menschen. Es schien eher ein Wallfahrtsort zu sein. Riesige Souvenirstände boten alles Erdenkliche an, das mit Elvis zu tun gehabt haben könnte. Die Ticketpreise waren heftig. Doch der arme Radfahrer aus Deutschland hatte wieder einmal Glück und konnte sich die siebenunddreißig Dollar (circa achtundzwanzig Euro) Eintritt sparen. Die Tante meines Gastgebers, der mich hier für zwei Tage umsorgte, arbeitete auf dem großen Areal und hatte sieben Freikarten pro Jahr zu verschenken – und davon bekam ich eine. Interessant war es, einmal

Wann hört der kalte Regen endlich auf?

In Memphis gibt es sogar Straßenbahnen

zu sehen, wie man in den siebziger Jahren mit vielen Millionen Dollar auf dem Konto leben konnte. Ich bin ehrlich: In puncto Mode war das nicht unbedingt meine Welt, all der Plüsch, die grellen Farben, das ganze Plastik. Da mag ich es lieber etwas schlichter.

Eigentlich wollte ich von Memphis aus in Richtung Atlanta weiterfahren, um eine Bekannte zu besuchen, die ich vor vielen Jahren in Neuseeland kennengelernt hatte. Doch dann kontaktierte mich eine andere Bekannte, die in New Orleans lebte. Sie fragte an, ob ich nicht zu ihr herunterkommen könnte. Ich überlegte nicht lange und schlug den Weg nach Süden ein, war ich doch gespannt, was sich seit dem Hurrikan Katrina und der anschließenden Flut verändert hatte, da große Teile der Stadt zerstört worden waren. Sharon hatte ich auf meiner Tour durch die USA im Jahre 2004 kennengelernt. Damals startete ich in San Francisco und erreichte drei Monate später mit der Stadt Miami den Atlantik. Auf dem Weg dorthin machte ich ein paar Tage in New Orleans halt, der

Der Blues ist hier überall

Stadt des Jazz. Ein Jahr später, 2005, kam dann die Katastrophe und der Hurrikan ließ die Deiche eines großen Sees brechen.

Erwartungsvoll entschied ich mich für den Highway 61, den sogenannten Blues Highway. Man war auf dieser Straße mehr oder weniger nah am Mississippi und unterwegs im sogenannten Delta. Hier wurde der Blues erfunden, der die Wurzeln fast aller Rock- und Pop-Stilrichtungen bildet und zur von mir bevorzugten Musik gehört. Inspiriert wurde der Blues von der Musik der Sklaven, die über Jahrhunderte aus Afrika „importiert" worden waren, um für den Reichtum der Weißen auf den Baumwollfeldern und Zuckerrohrplantagen zu schuften und die ihre Lieder voller Heimweh und Traurigkeit sangen und spielten.

In den Südstaaten umherzureisen war für einen Mitteleuropäer sehr gewöhnungsbedürftig. Das Denken und die Zeit schienen hier der restlichen Welt ein paar Jahre hinterherzuhinken. Diplomatisch ausgedrückt: Hier war man sehr konservativ. Dieser Haltung gegenüber stand die sprichwörtliche Gastfreund-

Durch Sklavenarbeit reich geworden

schaft des Südens. Oft wurde ich sogar ins Haus eingeladen, obwohl es dazu manchmal eine gewisse Aufwärmphase brauchte. Denn Vertrauen einem Fremden gegenüber, dazu noch jemandem auf einem Fahrrad, schien hier Mangelware zu sein. Insgesamt aber durfte ich meine Meinung über den Süden der USA korrigieren. Wenn man sich auf all die eigenartigen Gegebenheiten hier einstellen konnte, machte das Reisen – auch oder gerade auf dem Fahrrad – großen Spaß.

An meinem ersten Abend im Bundesstaat Mississippi wurde mir bewusst, dass es auch lange nach der Abschaffung der Sklaverei und nach den Zeiten der Rassentrennung in den sechziger Jahren immer noch eine Zwei-Klassen-Gesellschaft gab. Als ich wie jeden Abend auf der Suche nach einem Platz für mein Zelt war, sah ich beiderseits der Straße die typischen Wohnwagensiedlungen. Hier wohnte – oder manchmal hauste – die überwiegend afroamerikanische Bevölkerung. Ein oder zwei Versuche, ein Plätzchen zu finden, wagte ich und wurde immer abgewiesen. Im Dunkeln erreichte ich dann ein hell beleuchtetes Messegelände, auf dem es viele Pferde gab. Wahrscheinlich fand dort irgendein Turnier statt. Überdeutlich zeigten sich die Unterschiede: gigantische Wohnwagen, große Pick-ups, teure Pferde. Der „weiße Mann" ritt hier in Cowboytracht voller Stolz herum, Geld schien keine Rolle zu spielen. Eine absolut andere Welt. Dabei hatte ich die ärmliche Siedlung, durch die ich ein paar Minuten zuvor unterwegs gewesen war, noch ganz deutlich im Kopf. Sie hatte mich eher an den Süden Kenias erinnert als an ein Land, das zu den reichsten Staaten der Welt gezählt wird.

Mit Ach und Krach bekam ich am Rand des Geländes ein Stückchen Rasen zur Verfügung gestellt. Nach dem Abendessen fing es an zu regnen. Ich verkroch mich ins Zelt und dachte beim Einschlafen noch an die Ereignisse des Tages. Als sich am nächsten Tag eine flache Ebene vor mir ausbreitete, sah ich, dass man auch heute noch Baumwolle anbaute, wenn auch nicht mehr mithilfe von Sklaven, sondern, wie es sich gehört, mit mechanischer Hilfe. Viele Blueslegenden wie Muddy Waters oder auch John Lee Hooker hatten hier auf den Baumwollplantagen ihre Kindertage gefristet. Darüber konnte ich mich im Bluesmuseum in Clarksdale sehr gut informieren.

Nach mehreren Tagen Frost, gefolgt von kalten Regengüssen, durch die meine Ausrüstung und ich fast schon an unsere Grenzen stießen, schaltete der Wettergott wieder auf warm. Das war meine Rettung und ich genoss die warme, feuchte Luft um die zwanzig Grad. Das bedeutete aber wieder Schwitzen, auch

Der Stolz des Mississippi

zwischen den Beinen. Da meine Radhose schon einige Kilometer hinter sich hatte und die Spannung in ihrem Material ein wenig nachließ, gab es, wenn auch selten, den gefürchteten kleinen „Wolf" zwischen den Beinen. Für diese Fälle hatte ich Babyöl und Melkfett in der Packtasche. Als ich die Hauptstadt Louisianas, Baton Rouge, erreichte, suchte ich wie gewohnt ein weltbekanntes Fastfood-Restaurant auf – nicht, weil dort so gutes Essen gereicht würde, sondern weil diese Ketten schnelles und vor allem kostenfreies Internet für jedermann boten. Kopfschüttelnd musste ich aber feststellen, dass sie an diesem Nachmittag geschlossen hatten! Das kannte ich in diesen Breitengraden überhaupt nicht, in der Regel waren hier doch immer alle Läden offen. Selbst ein Supermarkt hatte wie selbstverständlich auch sonntags geöffnet. Aber dieser Donnerstag, der 28. November 2013, war eben nicht der Regelfall. Denn es war Thanksgiving (vergleichbar dem deutschen Erntedankfest und einer der wichtigsten US-amerikanischen Feiertage). Auf den Straßen war es ähnlich ruhig wie in meiner Heimat am Weihnachtsabend.

Der Laden hatte zwar zu, aber das Funknetz war zum Glück an. So setzte ich mich auf meinen Packsack und arbeitete im Sonnenschein meine E-Mails ab. Plötzlich meldete sich meine Freundin aus der Heimat über Skype. Es tat immer gut, wenn ich sie sah und mit ihr sprechen konnte, denn das gab mir Mut und Kraft für die Reise. Sie wollte auf mich warten, das hatte sie mir vor meinem Aufbruch noch versprochen. So blieben wir dank moderner Kommunikation gut in Verbindung. Wir unterhielten uns lange. Froh und voller positiver Energie kurbelte ich weiter und schaffte es noch bis nach Reserve, wo Sharons Eltern wohnten. Es gab, wie zu Thanksgiving üblich, Truthahn, aber auch andere Leckereien, dazu ein paar Bier und ein weiches Bett. Die Welt war in Ordnung. Ich schlief lange und gut und kurbelte am nächsten Morgen auf Nebenstraßen nach New Orleans.

Im Bibelgürtel

Es überraschte mich, dass die Stadt wie eh und je vor Lebensfreude nur so strotzte. Alles schien in New Orleans wieder in Ordnung zu sein seit Katrina, dem großen Wirbelsturm 2005. Es waren ja auch neun Jahre Zeit gewesen, die Dämme zu verstärken und die Häuser wieder aufzubauen. Ich genoss die schöne Zeit und war vor allem für das warme, aber nicht heiße Wetter dankbar. Während meines ersten Besuchs, das müsste im August gewesen sein, konnte man es hier am Golf von Mexiko kaum aushalten, so heiß und schwül war es. Jetzt aber konnte ich meinen Aufenthalt voll auskosten und war natürlich auch mehrere Male im French Quarter mit seiner Partymeile, sah die Bourbon Street und die St. Louis Cathedral und lauschte den Bands, die in den Straßen und Bars den Jazz spielten, der hier unten so typisch war. Der berühmteste Musiker, der aus dieser bunten Stadt von Mardi Gras (Faschingsdienstag) und Voodoo stammte, war übrigens der Trompeter und Sänger Louis Armstrong.
Das bunte Gemisch aus Menschen verschiedenster Kontinente machte den karibischen Charme der Stadt aus. Dabei fielen vor allem die sogenannten Hispanics auf (Ethnie der US-Bürger hispanoamerikanischer oder spanischer Herkunft). Sie hatten sich hier viele Freiräume erobert und mit ihren Lebensvorstellungen geprägt. Das merkte man unter anderem sofort an den vielen hispanischen Essensständen und Restaurants, die bei Weitem nicht nur Tortillas anboten.
Übernachten konnte ich wie letztes Mal im Haus von Sharon, die ich 2004 auf meiner USA-Durchquerung kennengelernt hatte. Beim Wirbelsturm hatte sie großes Glück: Da ihr Haus etwas höher als der Durchschnitt lag, kam es mit einem leichten Wasserschaden davon. Es waren schöne, entspannende Tage, die ich hier verleben durfte. Mit neu gesammelter Kraft kurbelte ich weiter, nicht direkt auf Florida zu, sondern noch einmal ein Stück gen Norden, nach Hampton, das südlich der Millionenmetropole Atlanta zu finden ist. Mein Ziel war na-

Auf einem der vielen Friedhöfe in New Orleans

Diese Plastikketten gehören auch zum Mardi Gras (Fasching)

türlich nicht, der amerikanischen Schönheit einer Stadt wie Atlanta zu frönen, ich hatte andere Gründe. Genauer gesagt waren es zwei: Zum einen wohnte in Hampton Laura, eine Freundin, mit der ich vor vielen Jahren im Verlauf meiner Weltreise ein paar Monate im Sattel verbracht hatte. Zum anderen sollte hier ein Paket von meinen Eltern ankommen, das begehrte Ersatzteile für mein geliebtes Rad Nasreddin und ein paar Bücher zur guten Unterhaltung in den langen tropischen Nächten enthielt. Das waren gute Argumente dafür, noch einen Schlenker nach Norden zu unternehmen.

Das Wetter war schwül-warm, um die sechsundzwanzig Grad, und es herrschte eine hohe und kaum zu beschreibende Luftfeuchtigkeit, auf die ich gerne hätte verzichten können. Ich kurbelte in Küstennähe Richtung Mississippi. Dort stieß ich zum ersten Mal auf dieser Tour auf die weißen Strände des Golfs von Mexiko. Auch ein paar Palmen konnte ich ausmachen. Doch diese Gegend am Golf war total verbaut, so dass ich mich beeilte wegzukommen. „Weg" hieß in diesem

Ohne Bibel geht hier gar nichts

96

Fall nach Nordosten, hinein nach Alabama. Hier gab es wieder mehr Farmland und Möglichkeiten, einen kostenfreien Zeltplatz zu finden.

An einem dieser Tage im Süden Alabamas huschte rechts der Straße so etwas wie ein Zelt an mir vorbei. Um mich zu vergewissern, zog ich die Felgenbremsen an und wendete. Es war tatsächlich ein Lagerplatz. Dort saß ein Herr mit langen Haaren und langem weißen Bart auf einem PVC-Container und las ein Buch, das wie eine Bibel aussah. Er begrüßte mich höflich, sagte, dass er aus Texas und früher einmal drogenabhängig gewesen sei. „Jetzt bin ich ein Prediger, der zu Fuß im ganzen Land unterwegs ist, um die Menschen auf den richtigen Pfad zu bringen", erzählte er mir. Und tatsächlich stand auf seinem Lager ein selbst gebastelter Hänger. Der Mann sah wirklich aus wie ein biblischer Prophet. Auf mich wirkte das alles aber auch ein wenig lustig. Dann passierte etwas für mich Verwunderliches: Er griff in seine Hosentasche und gab mir ein sogenanntes „Blessing" (Segnung). Das waren ein paar Dollar, genau vierzehn, wie ich später nachzählte. Der Mann sah nicht gerade reich aus und gab mir dennoch Geld! Ich nahm es, um ihn nicht zu beleidigen.

US-Amerikaner sind schon von Haus aus sehr religiös, wobei sich das hier im Süden natürlich eher auf Jesus und die christliche Kirche bezog. Davon gab es hier, im sogenannten Bible Belt (Bibelgürtel), auch jede Menge. Allerdings waren das weniger traditionelle Kirchen, so wie wir sie aus Europa kennen: Hier sah ich viele Gotteshäuser, deren Namen ich noch nie gehört hatte und mitunter hatte ich den Eindruck, dass hier wahrscheinlich jeder seine eigene Kirche gründen könnte, ganz nach Belieben. Eine Frau berichtete mir, sie kenne mindestens zwei Prediger, die nur sieben Jahre auf einer Schule waren und jetzt von irgendeiner Kanzel predigten. Da ist es nicht verwunderlich, dass in vielen Teilen der Südstaaten die Evolutionsgeschichte nicht als wissenschaftlicher Fakt anerkannt ist und stattdessen die Meinung vorherrscht, alles wäre von Gott geschaffen worden und die Klimaerwärmung eine Erfindung kommunistischer Verschwörer. Fehlte nur noch, dass die Erde eine Scheibe sei! Das war schon ein gewöhnungsbedürftiges Gefühl, das mich bei solchen Unterhaltungen beschlich. Aber so war das eben hier im konservativen Süden dieser noch größten Volkswirtschaft der Welt.

Als ich meinen Weg fortsetzte, sah ich auf einer großen Fläche vor einer Kirche eine Ansammlung von Autos. Doch keiner schien aus dem Wagen ausgestiegen zu sein, alle Autos waren auf eine Art Podest ausgerichtet. Dort stand ein Prediger oder Pastor und sprach in ein Mikrofon. Die Insassen der Fahrzeuge

Am Golf von Mexiko

hörten die Predigt wahrscheinlich wie bei einem Autokino über UKW im Auto-
radio. Unglaublich, hier schien niemand mehr sein Auto verlassen zu wollen!
Dieser Verdacht verhärtete sich weiter, als ich entdeckte, dass es hier Banken
gab, die aussahen wie Tankstellen. Die Menschen verließen auch beim Abholen
des Kontoauszugs oder Bargelds nicht mehr ihr Fahrzeug! Und bei Fastfoodketten war ja das Prinzip des Drive-In selbst schon in Deutschland angekommen.
Schrecklich, so denke ich jedenfalls. Es gab auch hier, wie bei uns in Europa,
immer weniger echte Kommunikation. Die Leute redeten kaum noch miteinander, alles funktionierte sehr unpersönlich über die Millionen von Smartphones
oder per E-Mail übers Internet. Man darf gespannt sein, wo das noch hinführt.
Mich führte jedenfalls mein Weg weiter durch Alabama. Die Menschen hier
waren sehr gastfreundlich. Oft war meine Homepage meine Eintrittskarte ins
Haus, zur Dusche und zum Abendbrot, denn das Vertrauen in einen Fremden
war üblicherweise flächendeckend nicht sehr entwickelt. Ich gab aber bei der
Frage nach einem Zeltplatz generell als Begrüßung einen Stempelabdruck meiner Webseite auf einem Stück Papier in die Hand des Gegenübers. Nicht selten
huschte die Person ins Haus, checkte wahrscheinlich meine Seite, kam dann begeistert und mit weit mehr Vertrauen wieder heraus und lud mich ins Haus ein.

Höhen und Tiefen

Es war der 6. Dezember, Nikolaustag, als ich mich der Stadt Greenville näherte. Der Vormittag brachte mir warme Regenschauer vom verhangenen Himmel und ich ließ mich nass regnen, kramte keine Regenjacke heraus. Für diese Stadt hatte ich eine Pause eingeplant, wollte einen Stempel für mein Tagebuch vom Rathaus ergattern, etwas einkaufen und nicht zuletzt auch wieder Kontakt zur restlichen Welt aufnehmen, natürlich auch zu meiner Freundin. Den Stempel hatte ich schnell im Tagebuch. Dann tauchten die Fastfood-Restaurants auf und ich entschied mich, erst meine Angelegenheiten im Internet abzuarbeiten und danach einzukaufen. Ich versorgte mich mit einer Cola und fuhr meinen Minilaptop hoch, rief die E-Mails ab und klickte natürlich erst die Nachricht meiner Freundin an. Doch als ich anfing zu lesen, schnürte es mir die Kehle zu und ich kam nur unter Tränen bis ans Ende der Nachricht: „Ich habe mich in einen andern Mann verliebt … es tut mir leid und … tschüss."

Was war denn das jetzt? Ich las alles noch einmal und noch einmal. Das konnte doch nicht sein! Die Frau, die mir noch ein paar Tage zuvor so liebe Worte gesagt hatte, die mich emotional bis jetzt so sehr unterstützt hatte, ließ mich einfach so fallen. Ich konnte es nicht fassen und zitterte am ganzen Körper. Und das lag bestimmt nicht nur an der Klimaanlage des Restaurants. „Das war dann mein Nikolaus. Du hast ja auch deine Schuhe nicht geputzt", dachte ich, konnte der ganzen Situation aber überhaupt nichts Witziges abgewinnen. Vor meinem inneren Auge zogen all die Bilder unserer vielen gemeinsamen Erlebnisse vorbei. Mir zog es den Boden unter den Füßen weg. Mechanisch arbeitete ich den Rest der E-Mails ab und verschwand in Richtung Supermarkt, kaufte ohne jegliche Konzentration irgendetwas ein und flüchtete auf die Straße. Ich dachte, das gewohnte, gleichmäßige Auf und Ab der Pedale würde den Schmerz lindern. Aber es half auch nicht. Keiner war da, mit dem ich darüber reden konnte.

Die kommenden Nächte waren besonders grausam. Hier gab es um diese Jahreszeit circa zehn Stunden Tageslicht und vierzehn Stunden Dunkelheit. Ein Buch zum Lesen hatte ich auch nicht mehr, das gab es erst bei Laura im Paket meiner Eltern. Und die Nächte, in denen ich einsam im Wald campierte, normalerweise sehr romantisch und schön, waren in dieser Situation extrem schrecklich. Oft lag ich mehrere Nächte hintereinander wach, stierte das Innenzelt an und wartete die endlos erscheinende Zeit ab, bis der Morgen graute. So kämpfte ich mich mit mehr oder weniger leeren Batterien zur Grenze nach Georgia. An

Ein Stück Natur von Georgia

einem Nachmittag war ich dann im vorletzten Bundesstaat auf meiner Tour durch die Staaten angekommen.

Es regnete an diesem Tag immer wieder ein wenig vor sich hin. Hinter der Kleinstadt LaGrange war der Tag dann zu Ende. Es fing an zu dämmern, obwohl es noch nicht einmal siebzehn Uhr war. Eigentlich wurde es den ganzen Tag über nicht richtig hell. Rechts und links schien sich der Wald von Georgia gespenstisch zu mir herunter zu neigen und nirgends sah ich Häuser. „Dann muss ich wieder im Wald schlafen", ging es mir durch den Kopf. Wasser hatte ich zum Glück schon in einer Tankstelle in LaGrange besorgt und in meinen Fünf-Liter-Tank über dem Vorderrad gefüllt. Doch plötzlich tauchte auf der rechten Seite, etwas eingerückt hinter einer Hecke, ein Haus auf. Ich ließ das Rad stehen, nahm meine Lenkertasche ab und ging zur Tür. Drinnen brannte überall Licht, also musste jemand da sein.

Ich klopfte an die Tür, wartete, klopfte wieder. Dann schaute ich durch die Fenster ins Innere. Ein sehr eigenartiges Bild tat sich da auf. Alles sah aus wie im 19. Jahrhundert, als ob hier die Jahre stehen geblieben und die Menschen verschwunden wären. Ich bekam eine Gänsehaut. Solche Bilder hatte ich oft als Kind im Kopf, nachdem mir meine Mutter ein Märchen der Gebrüder Grimm als „Gute-Nacht-Geschichte" vorgelesen hatte. Auch hier konnte jeden Augenblick eine Hexe erscheinen. Das wirkte alles sehr unwirklich, ja mystisch auf mich. Ich

Das Zuhause von Hund Churchill

rief laut „Haaallo". Plötzlich schoss ein riesiger, weißer Hund um die Ecke und bellte kurz mit lauter, tiefer Stimme. Dann biss er auf mich ein. Auch ich wurde wütend, wehrte mich. Dann, in einer kurzen Beißpause, konnte ich mein Pfefferspray aus der Tasche holen. Ich ließ das Monster wieder auf mich zulaufen und sprühte ihm eine ganze Ladung an den Kopf. Er ließ von mir ab. In dem Moment erschien ein alter Mann. Er ging am Stock und fragte, was los wäre. „Nehmen Sie den verdammten Hund weg!", schrie ich ihn an. Er rief seinen Hund zurück und sagte zu ihm „Sitz". Das war doch Deutsch, schoss es mir durch den Kopf. Der Mann sprach einen Mix aus Deutsch und Englisch und schickte mich auf eine Wiese im Wald. Dort könnte ich mein Zelt aufbauen. „Na wenigstens das hat geklappt", dachte ich. Jetzt erst verspürte ich einen dumpfen Schmerz im rechten Arm, der immer heftiger zu werden schien. Ich sah ein riesiges Loch im Ärmel meiner nicht ganz billigen Jacke, schob ihn hoch und sah dann die Bescherung: etliche tiefe Bissspuren, aus denen es blutete. Mist. Ich bewegte meine Hand. Alles funktionierte noch tadellos. Glück gehabt, nur eine Fleischwunde. Die wurde vorerst mit Toilettenpapier notdürftig ein wenig trockengelegt, ich wollte erst einmal von hier verschwinden und könnte mich auch später noch um den Schaden kümmern.

Erst einmal zog ich von dannen und fing an, mein Nachtlager am Rand der großen Wiese zu errichten. Mein Zelt stand schon, als ich eigenartige Geräusche vernahm. Zuerst dachte ich, es seien Wildgänse, die zu ihrem Nachtlager flogen. Doch dann kam eine schwache Stimme aus dem Wald und jemand kam auf mich zu. „Auch das noch, jetzt gibt es vielleicht noch mehr Stress", ging es mir durch den Kopf. Es war eine Frau, die da zum Lager kam und mich ansprach: „Pack deine Sachen zusammen und komm mit ins Haus. Für die Nacht wird Regen erwartet. Da kann ich dich doch nicht hier alleine im Wald stehen lassen." Ich erzählte ihr vom Angriff des Hundes und zeigte ihr die zerfetzte Jacke. „Oh mein Gott! Churchill ist sonst ein sehr Lieber", sagte sie bedauernd. „Wenn aber jemand Fremdes auftaucht, verteidigt er Haus und Hof. Das liegt in der Natur eines pyrenäischen Hütehundes." „Was soll's, geschehen ist geschehen", dachte ich versöhnlich. Das Zelt wurde wieder eingepackt und ich trottete der Frau hinterher zu dem Haus, vor dem ich von ihrem Hund Churchill attackiert worden war. Sie sagte: „Sei bitte leise und warte hier. Ich muss noch den Hund anleinen." Ich wartete sehr gerne.

Dann war ich in diesem mystischen Haus und konnte durch die Räume schlendern. Fast alles war aus der alten Zeit, auch der Hausrat, die Uhren, ja sogar das Telefon war noch aus der technischen Steinzeit. Es gab kaum Plastik. Beeindruckend. Der Kamin wurde befeuert, der Tisch gedeckt. Währenddessen wurde meine Fleischwunde desinfiziert und mit einem Pflaster verschlossen. Der alte Mann war nämlich ein ehemaliger Arzt. Auch sein Sohn, der im Westen des großen Landes wohnte und dort in einem Krankenhaus arbeitete, war Arzt. Er war zufällig gerade zu Besuch bei seinen Eltern und hatte gerade an diesem Tag einen Crosslauf von vierzig Meilen (vierundsechzig Kilometer) hinter sich gebracht. Der Kamin knisterte, wir saßen an einem großen, alten Tisch und unterhielten uns sehr gut. Dabei erfuhr ich, dass der Hausherr Werner sechsundachtzig Jahre alt war und im Alter von neun Jahren als Kind jüdischer Eltern vor den Nazis in Sicherheit gebracht wurde. Er hatte Glück, denn zwei Jahre später schafften es auch seine Eltern in die USA. Viele andere Kinder blieben allein und wuchsen in Adoptionsfamilien auf.

Draußen regnete es in Strömen und ich genoss die Gastfreundschaft umso mehr. Auch der Schmerz im Arm verzog sich langsam. Ich empfand den Moment wie eine Belohnung für den Kummer der letzten Tage. Man reichte mir noch einen guten alten, schottischen Whiskey, bevor ich ins Federbett stieg. Ein aufregender Tag ging zu Ende, der an mir noch lange beim Einschlafen vorüberzog. Wenn ich nach all den vielen Jahren des Reisens nicht genau gewusst hätte, dass es auch wieder aufwärts ging, hätte die Reise hier schon ihr Ende finden können. Solche Zeiten, in denen man ganz unten ankommt, muss es wahrscheinlich geben, nur dann kann man die guten Zeiten umso mehr genießen. Doch noch schmerzte es in der Hand und in meiner Seele. Ich dachte an meine Freundin, an ihren (und meinen) Hund Helge. Gerne hätte ich das alles abgeschaltet, aber das ging leider nicht. Und das sollte noch lange so bleiben. Manche Wunden heilen langsam.

Ich blieb noch einen Tag, wartete den Regen ab, dann strampelte ich weiter. Eine Fahrradtagereise nur und schon war ich in dem kleinen Nest Hampton, das südlich der Metropole Atlanta lag. Im Ort gab es eigentlich nicht viel zu sehen, aber eine Sehenswürdigkeit ganz besonderer Art wohnte hier zusammen mit ihrem Freund: Laura. Die mittlerweile siebenunddreißigjährige zierliche Frau lernte ich vor vielen Jahren auf meiner Weltreise in Neuseeland kennen. Wir verbrachten eine schöne Zeit miteinander, meistens auf dem Rad, und pedalierten zusammen durch Neuseeland und Australien. Es entwickelte sich zwischen uns eine ganz besondere Stimmung, aber das Leben zog uns wieder auseinander – jedoch nicht ganz, denn aus Liebe wurde Freundschaft. Ich freute mich auf ein Wiedersehen und ließ die Speichenräder an diesem Tag besonders schnell drehen. Laura und Rick erwarteten mich schon und ich konnte bei ihnen richtig ausspannen und die Seele baumeln lassen.

Mit Laura auf dem Stone Mountain bei Atlanta

Tropisches Ende

Eine Woche Aufenthalt südlich von Atlanta war völlig ausreichend. Laura und Rick hatten sich das Haus zusammen gekauft, sehr preisgünstig, wie beide mir bestätigten. So sah es auch aus. Unter einem amerikanischen Wohnhaus muss sich der deutsche Leser ein etwas anderes Haus vorstellen, als man es bei uns gewöhnt ist. So eine Unterkunft wurde hier meist innerhalb von ein paar Tagen aufgestellt und bestand aus einem Holzrahmen, der mit Spanlatten verkleidet wurde. Dann bekam das Haus noch ein bisschen Isolierung, ein leichtes, meist mit Schindeln (Dachpappe) benageltes Dach und schon war das Ganze fertig. Dieser Wohnstil schien eher nicht für die Ewigkeit ausgelegt.

Ich nächtigte auf der Couch und kroch tief in meinen Schlafsack, denn die Nächte waren zum Teil frostig und die Heizung funktionierte nicht. Es gab nur einen Heizlüfter, der in den Raum gestellt wurde, in dem man sich gerade befand. Aber das war für mich nicht das Wichtigste. Endlich konnte ich Laura wiedersehen und war sozusagen zu Gast bei Freunden. Und die beiden umsorgten mich auch seelisch. Sie versuchten mich zu trösten, als sie merkten, dass ich angeschlagen war. Der Schmerz über die Trennung von meiner Freundin saß noch sehr tief.

Das Paket von meinen Eltern trudelte auch noch rechtzeitig ein, so dass ich meinen Weg nach Süden nun endgültig fortsetzen konnte. Die Verabschiedung von den beiden war herzlich. „Vielleicht gibt es ja bald ein Wiedersehen", dachte ich. Jetzt war aber Laura wieder dran. Das letzte Mal hatten wir uns in Wolfen gesehen. Sie war dort eingetroffen, als ich von meiner Wladiwostok-Reise am 16. September 2010 zurückkam und offiziell in der Stadt begrüßt wurde. Da staunte sie nicht schlecht, vor allem über die fünfzigminütige Pressekonferenz. „Das gehört eben alles zu meiner Arbeit", hatte ich ihr damals erklärt.

Es war noch früh an einem Dezembermorgen in Georgia, als ich schon wieder losrollte. Es war hundekalt, doch sonnig. Ich beschwerte mich nicht über das Wetter, das war ohnehin zwecklos. Man musste es immer nehmen, wie es kam. Und natürlich könnte es auch noch viel schlimmer sein. Unser Duo rollte schnurstracks gen Süden auf der endgültigen Flucht vorm Winter, wenn alles so klappte, wie ich es mir vorgestellt hatte. Und tatsächlich: Mit jedem Tag gab es ein paar Plusgrade mehr. Mit der Überrollung der Bundesgrenze nach Florida war dann Schluss mit jeglichem Nachtfrost. Es war geschafft. Ich hatte den Winter endgültig hinter mir gelassen.

Am Abend in Florida

Mein Weg führte mich im Westen von Florida gen Süden, an Tampa vorbei in Richtung Fort Myers. Rechts und links der Straße gab es manchmal nichts weiter als Sumpf. Wieder einmal neigte sich ein Tag einem schnellen Ende zu. In einem kleinen Nest, das nur aus ein paar Häusern bestand, besorgte ich mir noch an der Tankstelle meine obligatorischen fünf Liter Wasser zum Waschen und Kochen, die mir eine junge Dame in meinen Kanister füllte. Sie wollte dafür einen Dollar haben. Ich dachte, ich hätte mich verhört: Für Wasser aus dem Wasserhahn sollte ich Geld bezahlen? Mittlerweile hatte ich über neunzig Länder bereist und nirgends hatte man mich für einfaches Wasser nach Geld gefragt! Doch einmal, das lag schon ein paar Jahre zurück. Zusammen mit Kletterfreunden war ich mit den Rädern unterwegs zu unserem geliebten Steinbruch in Löbejün, in der Nähe von Halle (Saale). Dort wollte eine Dame zwei Euro für einen Zehn-Liter-Sack voller Leitungswasser. Damals, wie auch jetzt in Florida, verweigerte ich aus Prinzip die Bezahlung. Die amerikanische Dame lächelte schließlich und ließ mich ziehen, ohne zu bezahlen. Eigentlich konnte ich ganz froh sein, dass nicht noch die Polizei gerufen wurde. Doch die tauchte trotzdem noch auf.

Als ich in diesem Ort, es war mittlerweile schon dunkel, mein Zelt auf einem zaunlosen Gelände eines kleinen Feuerwehrdepots errichtet, mein Abendessen gekocht und mich schlafen gelegt hatte und auch endlich einmal schlafen konnte, wurde es um genau dreiundzwanzig Uhr schon wieder hell. Ich vernahm das Motorgeräusch eines großen, amerikanischen Autos. „Ist da jemand?", vernahm ich eine befehlsgewohnte Stimme und öffnete das Zelt. Ein Polizist stand vor mir. Mein Lagerplatz war taghell von den Scheinwerfern des Polizeiwagens erleuchtet. Er fragte: „Haben Sie eine Waffe?" Ich verneinte. „Was machen Sie hier?", wurde mir als nächste Frage entgegengeschmettert. „Ich zelte hier", antwortete ich mit verschlafener Stimme. „Jetzt nur ruhig und besonnen bleiben", sagte ich mir. Ich musste meinen Pass herauskramen. Der Beamte ging damit zum Auto. Ungefähr eine halbe Stunde dauerte die Überprüfung meiner Personalien. Dann bekam ich das wertvolle Dokument wieder ausgehändigt. „Das ist hier Staatsgebiet und es ist verboten, hier zu campieren. Entweder Sie verschwinden sofort oder Sie müssen Ihr Lager noch vor dem Morgengrauen abbauen", wurde mir mit strenger Stimme mitgeteilt. Ich entschied mich für die zweite Variante und legte mich wieder in meinen Schlafsack.

Das Auto verschwand in die Nacht. Ergebnis der „Ruhestörung": Ich konnte jetzt kein Auge mehr zutun und das Gedankenkarussell begann sich wieder zu drehen. Meine Freundin tauchte immer wieder auf, manchmal zusammen mit einem gesichtslosen, fremden Mann. Der Film wiederholte sich immer und immer wieder. Es waren quälende Stunden, bis ich vom Wecksignal meiner Armbanduhr erlöst wurde. Es war dreiviertel sechs und noch dunkel. Schnell packte ich meine Utensilien zusammen und verschwand in die Dunkelheit auf dem Asphalt. Doch der Nachtstart hatte auch eine schöne Seite. Es dämmerte am Horizont, dann färbte sich der östliche Himmel zart rot. Die Vögel sangen und kreischten und erfüllten die subtropische warme Nachtluft mit Leben. Der Pedalritter war der einzige auf der Straße. Ein schöner Moment.

In Fort Myers besuchte ich nur kurz Duncan (75) aus Montreal, der hier mit Frau und Rennrad seinen Winter verbrachte. Er konnte gar nicht richtig glauben, dass ich den ganzen langen Weg mit der großen Schleife zum Mississippi mit diesem voll bepackten Drahtesel geradelt war. Wir verabschiedeten uns herzlich und ich setzte meinen Weg fort. Es war der 24. Dezember und somit Heiligabend. Wenn ich in Ländern unterwegs bin, die an diesem Tag nicht die Geburt Jesu Christi feiern, wie zum Beispiel in Äthiopien oder in muslimischen Ländern, nahm ich das Fest eigentlich gar nicht war. Hier jedoch, wo nicht zuletzt auch der Konsum auf das Fest fokussierte und in jedem Supermarkt nur noch Jingle Bells zu hören war, wurde ich ständig daran erinnert. Und dieses

Weihnachten war für mich doppelt hart. Schon den ganzen Tag dachte ich an Zuhause und an Wernigerode, wo meine Liebe sich mit einem anderen Mann vergnügte und scheinbar alles andere vergessen hatte. Es gab nicht einmal einen Weihnachtsgruß von ihr, nichts.

Auf einem Farmgelände, wo Gemüse angebaut wurde, ergatterte ich einen Zeltplatz, saß vor meinem kleinen Wigwam, kochte die üblichen Nudeln, trank die übliche Kanne Tee und versuchte den Krach, den die nur einige hundert Meter entfernten mexikanischen Arbeiter machten, zu ignorieren. Ich kam mir sehr einsam vor. Ein paar Tränen rollten mir die Wangen herunter. Aus diesem Tief, das ich auf all den Reisen so noch nie erlebt hatte, musste ich so schnell wie irgend möglich herauskommen. Es musste weitergehen – das verriet mir meine Erfahrung, wenn auch nicht mein jetziges Gefühl. Einen Tag später erreichte ich die berühmten Everglades mit dem gleichnamigen Nationalpark. Hier traf ich nette Menschen, mit denen ich den Zeltplatz teilen konnte. Und nicht nur der wurde geteilt, sondern auch das Essen und viel Lebenserfahrung. Das tat mir gut und ich hatte wieder eine bessere Zeit und mehr positive Gedanken.

Die Everglades bestehen aus Gras, Wald und viel Wasser. Hier war faktisch alles am Fließen, und es war die Heimat von Alligatoren und jeder Menge Vögel.

Hier würde ich nicht baden gehen

Den Abschluss meiner Nordamerikatour und auch von Florida bildete der riesige urbane Dschungel um Miami, das komplette Gegenteil der grünen und fast menschenleeren Everglades. Hier war die ganze Gegend von Straßen, Häusern, Einkaufszentren und Fastfoodketten durchsetzt. Ich strampelte mich nach Norden durch und erreichte Delray Beach. Hier erwartete mich Joseph Disser, den ich vor sieben Wochen in der Jack-Daniel's-Destillerie kennengelernt hatte. Er hatte an der alkoholfreien „Whiskey-Verkostung" in Lynchburg (Kentucky) mit seinem Sohn und einem Neffen teilgenommen, herumgescherzt und mir seine Adresse in Florida gegeben.

Es war schon dunkel und regnete warm vom Himmel, als ich an einer Kreuzung auf den siebenundzwanzig Jahre alten Pick-up meines Bekannten wartete. Da kam Joe schon, wie immer mit seinem Strohhut, und schüttelte mir kräftig die Hand. Wir luden meinen treuen Begleiter Nasreddin auf die Ladepritsche und tuckerten zu seinem Haus. Rad und Ausrüstung wurden im Haus verstaut, ich sprang unter die Dusche, Joe holte zwei Gläser und goss eine mittelbraune

Joe war mein Gastgeber in Delray Beach

Flüssigkeit hinein – natürlich Jack Daniel's. Was jetzt kam, war eine klassische Verkostung, wenn auch mit großer Verspätung. Ein wenig später zeigte mir Joe einen handbeschriebenen Zettel, der in einem Bilderrahmen steckte. Es waren persönliche Zeilen von Ernest Hemingway. Joe hatte ihm am 26. September 1957 in Key West zwei Bier in der Sloppy Joe's Bar spendiert. Auch Bill Clinton und Muhammad Ali kannte er persönlich. Ich war beeindruckt.

In dieser angenehmen Atmosphäre blieb ich noch ein paar Tage und kümmerte mich um mein Fahrrad, um den Flug nach Kuba und um Texte, die ich vielleicht nach der Tour in Buchform veröffentlichen wollte. Auch den Jahreswechsel von 2013 zu 2014 verlebte ich hier ohne großes Brimborium. Dann wurde noch einmal für zwei Tage mein „Basislager" weiter nach Süden verlegt. Jean Guy (72) und Jacques (68) warteten schon sehnsüchtig auf mich. Das waren ebenfalls zwei Burschen aus Montreal, die mich Ende Oktober noch aus der schönen Stadt am Saint Lawrence River mit ihren Rennrädern eskortiert hatten. Jetzt waren wir wieder zusammen. Ich bekam ein Rennrad, Rennradschuhe und einen Helm verpasst und ab ging die Post für zwei Tage ohne Gepäck auf je eine Trainingsrunde. Wir flogen über den Asphalt. Mal wieder in einer Truppe unterwegs zu sein – ein schönes Gefühl.

Nasreddin wurde in eine Pappe eingesperrt, die Packtaschen in einen Schutzsack verpackt. Dann wurde ich von Jean Guy zum internationalen Flughafen von Miami gebracht, wir umarmten uns und wenige Sekunden später stand ich wieder alleine da, wartete auf meinen Flieger nach Cancún auf Yucatán (Mexiko) und auf neue Abenteuer.

Zu Besuch bei den Mayas

Als ich so am Flughafen stand und wartete, erinnerte ich mich daran, dass ich hier schon einmal eingecheckt hatte, auch mit einem Fahrrad als Gepäck. Allerdings endete damals, im September 2004, für mich mit diesem Flug die USA-Durchquerung und ich war auf dem Weg nach Hause. Doch an diesem Tag war hier nicht die Reise zu Ende, sondern ging weiter – wenn auch etwas kompliziert. Notgedrungen musste ich auf meinem Weg zwischenlanden, weil man von den USA aus noch immer nicht direkt nach Kuba fliegen konnte. Auch ein Ticket zu bekommen, hatte sich schwieriger gestaltet: Zwei Wochen zuvor war ich in Delray Beach in einem Reisebüro gewesen und hatte mich nach Flügen erkundigt, die mich auf die Insel bringen könnten. Als Antwort von einer der Damen bekam ich zu hören, dass sie keine Auskunft über Kuba geben dürften. Sie blockte alle weiteren Bemühungen von mir ab, etwas über Flüge herauszufinden oder sogar noch einen Flug zu buchen. Mit meiner Frustration konnte ich dann nicht mehr hinter dem Berg halten und fragte ironisch, was das denn für ein freies Land hier wäre. Verärgert musste ich ohne ein Ergebnis aus dem „Reise"-Büro gehen.

Da man im Zeitalter von elektronischen Tickets den Flug glücklicherweise von überall auf der Welt buchen konnte, kontaktierte ich das Reisebüro von Freunden in Bitterfeld und siehe da, im Handumdrehen hatte ich drei Verbindungen. Allerdings musste ich mit Nasreddin insgesamt sechsmal eine Maschine besteigen und jedes Mal in Mexiko-Stadt umsteigen: von Miami nach Mexiko-Stadt, weiter nach Cancún (Yucatán) bis Mexiko-Stadt und nach Kuba und Mexiko Stadt und schließlich bis nach Caracas, der Hauptstadt Venezuelas. Jetzt stand

Verschlungener Dschungel in Yucátan

der Zeitplan für die nächsten zwei Monate des Reisens fest und ich hatte einen sogenannten Stopover, also zwei Wochen Zeit, um mich ein wenig auf der Halbinsel Yucátan umzuschauen.

Erst einmal schob ich aber meine Radkiste plus Gepäck auf einem der typischen Wagen, den ich mir für eine Gebühr von fünf Dollar vom Flughafenbetreiber auslieh, in die Abflughalle, setzte mich auf eine Bank und wartete. Nächster Stopp für mich war Mexiko-Stadt. Von der Fluggesellschaft Aeromexico wurde ich auf einen früheren Flug umgebucht. „Gnade vor Recht", dachte ich und freute mich, dass mir dieser glückliche Umstand die lange Nacht hier wesentlich verkürzen würde. In Mexiko-Stadt musste ich dann mit meinem ganzen Kram die Maschine wechseln und landete am späten Vormittag in Cancún, schraubte mein Rad zusammen, radelte die zwanzig Kilometer in die Stadt hinein und fand ein nettes Hostel, in dem ich für umgerechnet sieben Euro in einem Zehn-Bett-Zimmer Unterkunft fand.

Mexikanisches Strandleben

Zwei Wochen hatte ich hier Zeit, mich ein wenig auf der Halbinsel umzuschauen. Nicht viel, aber auch nicht zu wenig, um sich etwas von den Hinterlassenschaften der Mayas anzusehen, die hier ihre Kultur vor mehr als 1.000 Jahren zur Blüte brachten. Vor allem gigantische Tempel standen hier, meist mitten im Wald. Der bekannteste war wohl die Stufenpyramide von Chichén Itzá im Norden der Halbinsel. In dieser Ecke der Welt lebten noch circa sechs Millionen Nachfahren der Mayas, aber von Hochkultur konnte leider keine Rede mehr sein. Mexiko war ein relativ armes Land. Auch auf Yucátan lebte vor allem die Landbevölkerung sehr ärmlich, wie ich noch in den nächsten Tagen feststellen sollte.

Nach nur einer Nacht drehten sich meine Räder schon gen Süden, immer in Küstennähe. Der Rückenwind bescherte mir an diesem Tag satte 130 Kilometer. Unterstützend wirkte der gute Asphalt, der hier fast schlagloch- und buckelfrei auf einem breiten Streifen durch den Wald gewalzt wurde. Die Sonne stand schon tief und ich hatte hier, wie überall in den Tropen, wenig Zeit, mir ein sicheres Plätzchen für die Nacht zu organisieren. An diesem Abend fand ich einen regulären Zeltplatz direkt am Meer zwischen Kokospalmen, nur ein paar hundert Meter von der berühmten Tempelstadt Tulum entfernt. Ich saß am Strand auf weißem Sand und genoss den Sonnenuntergang. Neben mir stand noch Nasreddin, das auch mit zuschauen wollte. Da kamen ein junger Mann und eine ältere Dame auf mich zu. „Du bist mit dem Rad unterwegs?", fragte mich der junge Mann, der sich als Layton vorstellte. „Na klar, das siehst du doch", antwortete ich ihm auf Englisch. Wie ich später erfuhr, kam die Frau neben ihm aus Salt Lake City und gehörte der Gemeinschaft der Mormonen an. Sie hörte unserem Gespräch aufmerksam zu.

Mit ein paar Worten fasste ich meine Reisestory zusammen. Er riss die Augen weit auf. „Das ist ja unglaublich", kam es aus seinem Mund. „Ich bin auch mit dem Fahrrad hier und mache gerade einen Spaziergang mit meiner Nachbarin. Ich will nach Süden weiter, bis nach Panama." Wir verabredeten uns für den nächsten Morgen zur gemeinsamen Weiterreise. Als die beiden wieder abgezogen waren, baute ich meinen Nachtplatz zwischen Palmen im weißen Sand auf, sah noch einmal in die Sterne und kroch in mein Zelt. Der warme Karibikwind ließ die Palmenblätter über mir rauschen. „Endlich wieder ein Reisepartner", dachte ich beim Einschlafen.

Kurz vor Sonnenaufgang kroch ich aus dem Zelt. Es war immer noch zwanzig Grad warm, typisch für die Tropen. Schnell waren die Sachen verstaut und ich stand wenige Minuten später am Eingang der imposanten Ruinenstadt. Es sollen noch ein paar Mayas gelebt haben, als die Spanier vor rund 500 Jahren hier landeten. So hatte ich es jedenfalls im Internet gelesen. Ich war einer der ersten Besucher an diesem Tag und nutzte das weiche Morgensonnenlicht für ein paar Fotos. Doch schon wenig später heizte der Feuerball wieder so ein, dass es fast unerträglich wurde. Auch das war typisch für die Tropen. Daran musste und wollte ich mich auch gewöhnen, wenn ich den ganzen „Bauch" unserer Erde durchradeln wollte. Erst in fünf bis sechs Monaten würde ich wieder die ersten kühleren Nächte im Süden Brasiliens genießen können.

Als ich aus der Geschichte der Mayas wieder auftauchte, stand doch tatsächlich Layton am Eingang. Er war ein hochgewachsener, schlanker Kanadier und fünfundzwanzig Jahre alt. Wir setzten unsere Räder in Bewegung und rollten weiter Richtung Süden. Ich entschloss mich, zumindest bis zum Nachbarland Belize mitzukommen. Das wären ein paar Tage gemeinsames Radeln und besser

Datenaustausch in Belize

als nichts. Obwohl Layton mein Sohn hätte sein können, verstanden wir uns prächtig und waren von der ersten Sekunde an ein Superteam. Er fragte mich nach meiner Lieblingsmusik. „Blues höre ich am liebsten, das ist eher nichts für die junge Generation", antwortete ich. „Was, Blues? Das gibt's doch nicht. Ich höre fast nur Blues und habe auf meinem Handy alles voll davon!", widerlegte er meine Theorie. Wir freuten uns schon auf den Abend und auf die Musik aus dem Mississippi-Delta.

Der Tag war schnell um. Auch das waren die Tropen. Hier gab es einfach nicht so lange Tage wie das in nördlicheren Gefilden der Fall ist, zumindest nicht im Sommer. Die Dämmerung war hier auch nur eine Angelegenheit von ein paar Minuten. Die Räder rollten in eine kleine Stadt namens Felipe Carrillo Puerto. Hier fragte ich einfach an der Polizeistation nach einem sicheren Plätzchen für die Nacht. Der Beamte wies uns an, zu warten. „Was machst du denn hier bei den Bullen?", fragte Layton und schaute mich erstaunt an. „Ich organisiere einen kostenlosen Platz für die Nacht. Mal sehen, was sich ergibt." Und tatsächlich, wir wurden mit Polizeiwagen und Blaulicht zu einer kleinen Feuerwehrstation eskortiert und bekamen dort zwei Betten gestellt. Laytons Kinnlade ging den ganzen Abend nicht wieder hoch und der Blues von Muddy Waters, John Lee Hooker und Co. klang an diesem Abend besonders gut.

Am Morgen verließen wir frühzeitig die mit einem Palmendach gedeckte Feuerwache, verabschiedeten uns von den beiden Feuerwehrmännern und fuhren in den bewölkten Morgen hinein. Doch die Wolken verzogen sich schnell und die Sonne stach, wie gehabt, von oben herab. Gleich hinter dem Ortsausgang gesellten sich noch ein Norweger und ein etwas beleibter junger Mann mit ihren voll bepackten Drahteseln zu unserem Team. Jetzt rollten ganze acht Speichenräder in Richtung Süden. Nur einen Tag später standen wir an der Grenze zu dem kleinen Land Belize. Hier lebten nur etwa 300.000 Menschen. Zu sehen gab es eigentlich auch nicht so viel, aber bisher war ich hier noch nie und so nutzte ich die Gelegenheit, noch ein weiteres Land auf meine Liste zu setzen. Das müsste Nummer 98 gewesen sein, die Nummer ist aber eigentlich auch nicht so wichtig.

Zuerst einmal fuhren wir alle zur nächsten Stadt, Corozal. Belize machte, entgegen meinen Erwartungen, einen guten und hier im Norden vor allem einen sicheren Eindruck. Ich fühlte mich jedenfalls wohl und das Land machte Lust auf mehr. Aber die Zeit erlaubte es nicht. Ich hatte ja nur einen Stopover und in ein paar Tagen ging es schon wieder weiter zur Insel von Fidel Castro und Co.

Nach einer Nacht und ein paar Bier stand dann schon der Abschied vor der Tür und ich trat wieder nach Norden, überquerte alleine die Grenze nach Mexiko, entrichtete meine Ausreisegebühr bei den Grenzbehörden von Belize in Höhe von zwanzig US-Dollar und rollte durch den heißen mexikanischen Tag weiter nach Norden.

Etwas weiter westlich wollte ich Yucátan auch einmal völlig abseits der touristischen Gebiete kennenlernen. Und das war, wie ich schon vermutet hatte, eine gute Idee. Auf Nebenstraßen rollte ich an kleinen Feldern und Dörfern vorbei. Auch hier gab es viel zu entdecken, vor allem Dinge des alltäglichen Lebens. Die Menschen transportieren hier noch viel mit dem Fahrrad, zu Fuß oder mit Handkarren. Auch die Unterkünfte schienen hier noch wie aus der Mayazeit zu sein: Hütten aus Holz mit einfachen Palmdächern waren nicht die Ausnahme. Hunde streunten umher. Auf kleinen Märkten versorgte ich mich mit Obst und Tortillas, die für das Land so typischen kleinen Maisfladen. Hier war ich der einzige Ausländer, verbrachte die Nächte im Rathaus, auf dem Gelände einer Kirche und vor einer Polizeistation mitten auf dem zentralen Platz einer Kleinstadt. Obwohl Mexiko, auch die Halbinsel, nicht als das sicherste Reisegebiet

In Mexiko gibt es an jeder Ecke Tortillas

Die große Pyramide von Chichén Itzá

der Welt gilt, hatte ich trotzdem einen guten Eindruck und kann das Radeln hier auch jedem empfehlen. Ich stieß eines Abends auf eine riesige, alte, spanische Kirche mit gigantischen Anbauten und erkundigte mich, ob das hier ein Kloster gewesen wäre. Die Menschen bejahten zwar, aber wirklich sicher war sich keiner. Alles war verfallen. Auch der riesige Garten war wieder vom Gestrüpp verschlungen worden. In der Kirche traf ich auf viele Kinder, die hier wahrscheinlich zur Jugendstunde gingen. Die ganze Anlage strahlte mystisch in der Abendsonne. Ein schönes Fotomotiv.

Doch mit dem Erreichen von Chichén Itzá mit seiner großen Stufenpyramide, seinen kleinen Tempeln und vor allem dem Ballspielplatz, auf dem die Spieler zu Mayazeiten oft um ihr Leben gespielt hatten, war dann die Ruhe vorbei. Am Eingang wurden busseweise die Pauschaltouristen abgeladen. Der Eintrittspreis war mit circa 180 Pesos (zwölf Euro) gepfeffert, zumindest für uns Auslandstouristen. Die Einheimischen zahlten wie selbstverständlich sehr viel weniger. Aber mit Yucátan war es wie mit Kairo: Wer hier war, musste einfach einmal zu der großen Pyramide. Da war eben der Eintrittspreis zweitrangig.

Man hatte hier fünf Quadratkilometer Urwald gerodet, um wenigstens einen Teil der größten und bedeutendsten Maya-Stätte freizulegen – leider nur noch als Ruine. Über 700 Jahre war dieser Ort Zentrum und Heiligtum gewesen und hatte im 11./12. Jahrhundert unter toltekischer Herrschaft eine Renaissance erlebt. Die Kukulkan-Pyramide, streng nach astronomisch-astrologischen Vorschriften errichtet, war weltbekannt. Tief befriedigt über meinen kleinen Schnupperkurs in puncto Mayakultur traf ich wieder in Cancún ein, buchte mich in meinem Hostel ein und verlebte noch ein paar relaxte Tage, kümmerte mich um meine Homepage, um die Texte für dieses Buch, hatte gute Gespräche und versuchte, mich mental auf Kuba einzustimmen.

Die Beamten machen sich Sorgen

Bevor die Sonne ganz tief stand, wollte ich noch den Flughafen von Cancún erreichen, 20 Kilometer vom Zentrum entfernt im Süden gelegen. Doch es war schon dunkel, als ich dort eintraf. Die üblichen Handlungen wurden vollzogen: Das Fahrrad kam in die Kiste, der Rest wurde in den Plastiksack verstaut, den ich seit Anfang der Reise mitschleppte. Der stabile Sack hatte allerdings seit Miami einen großen Schlitz, denn die US-Behörden hatten ihn bei der Kontrolle aufgeschlitzt und bei der Gelegenheit gleich noch einen wasserdichten Packsack und ein Stück von meinem Moskitonetz beschädigt. 2004, beim letzten Flug von Miami nach Hause, hatte ich sogar zwei lange Schlitze in meinen Packtaschen. Da konnte ich dieses Mal eigentlich glücklich sein, brauchte aber jetzt viel Klebeband, um das Ganze flugtauglich zu machen, denn die Sachen wurden in Mexiko-Stadt noch einmal umgeladen. Beim Einchecken am Morgen musste ich für neun Kilogramm Übergepäck über hundert Euro zahlen, dazu kamen noch dreißig Dollar (circa dreiundzwanzig Euro) für die obligatorische Touristenkarte für Kuba. Egal, was sollte ich machen.

Am späten Vormittag war ich dann schon zum zweiten Mal in der Luft. Die Maschine näherte sich der größten Karibikinsel, legte zur Landung an, mein Ziel kam immer näher. Nach dem Aussteigen liefen wir in ein sehr altertümlich scheinendes Flughafengebäude hinüber. Als ich am Pass-Schalter an der Reihe war, wurde ich wieder einmal – wie in „guten, alten DDR-Zeiten" – ausgequetscht. Währenddessen wurde eine ganze A5-Seite mit den Informationen, die ich herausgab, beschrieben … mit der Hand. Wenig später musste ich zu einem Tisch, an dem ein sehr junger Beamter gewissenhaft mein Handgepäck durchsuchte und anschließend „Willkommen in Kuba" sagte. Ich war durch die Kontrolle gekommen, hatte einen Stempel mehr, schraubte mein Rad zusam-

Nasreddin wird eingecheckt

men, hing die Packtaschen ein, strampelte die zwanzig Kilometer in die Hauptstadt der „Insel der Revolution" hinein und suchte mir eine sogenannte Casa Particular. Das billigste Bett auf meiner Reise war für umgerechnet sechs Euro zu haben.

Noch einen Tag in Havanna gönnte ich mir, dann wollte ich unbedingt erst einmal los und runter nach Santiago de Cuba, an das andere Ende der Insel. Das waren etwa 1.000 Kilometer. Ich war gespannt, was mich erwartete. Der Verkehr in der Hauptstadt war höllisch. Vor allem die Abgase der uralten Autos, Busse und Laster, die zum größten Teil aus der Batista-Zeit, also aus vorrevolutionären Tagen stammten, waren im Rußausstoß nicht zu überbieten. Diese Wagen waren ein Erbe, das die Amerikaner zurückgelassen hatten. Ansonsten waren die Verkehrsvehikel auch alte „Bekannte": Vor allem aus dem ehemaligen Ostblock waren reichlich Autos vertreten. Das war für mich wie ein Ausflug in eine Zeitkapsel und ich erinnerte mich an meine ersten vierundzwanzig Lebensjahre, die auch ich in einem sozialistischen Land verlebt hatte. In Havanna suchte ich ein wenig im Straßengewirr, ehe ich das Hostel fand, in dem man sich für nur acht CUC (Peso Convertible) einmieten konnte. Das war die Touristenwährung und entsprach etwa acht US-Dollar, mit denen man aber als Tourist lieber nicht zahlen sollte. Neben der Touristenwährung gab es dann noch die moneda nacional, das normale Zahlungsmittel der Kubaner – das musste der Reisende erst einmal

Die Autos sind oft älter als ich

lernen. Auch sahen die Scheine und Münzen auf den ersten Blick sehr ähnlich aus. Aber das doppelte Währungssystem teilte das Land auch in zwei Parallelwelten: die Welt des Tourismus und des Außenhandels auf der einen und die Welt der Kubaner auf der anderen Seite. Inzwischen waren aber unsere Euros sehr beliebt. Das war eben auch Kuba.

Nach einem Tag in der Hauptstadt ging es los. Ich kämpfte mich wieder durch das Straßengewühl. Man sagte mir, dass es auf der Insel sehr wenig Verkehr gäbe, doch davon war an diesem Vormittag noch nichts zu spüren. Endlich, es war schon früher Nachmittag, war ich aus Havanna draußen, hielt an einer Cantina, einem billigen Bierlokal, an und trank auf die erfolgreiche Flucht aus der Drei-Millionen-Stadt erst einmal einen kleinen Rum. Der wurde mir in einem Plastikbecher serviert und kostete fünf CUC (circa vier Euro). Jeden Tag wollte und musste ich auch ein paar Wörter Spanisch lernen. Auf der Getränkekarte, die an der Wand hing, stand als letzter Posten „Condon – 1,00 Peso". Ich fragte eine der beiden Frauen, was das für ein Getränk wäre und sie machte eine sehr eindeutige Handbewegung. Dann wurde in der Straßenschänke gelacht. Wieder hatte ich ein Wort gelernt, trank meinen Rum aus und fuhr weiter.

Der Tag war fast vorbei und ich hatte mich im Vorfeld kundig gemacht, dass man hier nicht einfach so bei Leuten schlafen könnte. Das war in Kuba verboten und konnte vor allem für die Einheimischen ernste Konsequenzen haben. Ich

Einem Pferdewagen begegnet man oft in Kuba

versuchte trotzdem mein Glück und fragte einfach in einem Dorf nach einem sicheren Platz für mein Zelt. Ein freundlicher Mann deutete auf die nächste Anhöhe. Schnell kurbelte ich noch die paar hundert Meter weiter. Es war eine Kokosplantage, auf der ich problemlos neben dem Wachhäuschen mein Zelt aufstellen konnte. Also ging es doch, mit ein bisschen tricksen. Nachdem ich ein paar Tage weiter gen Süden gefahren war, mein Ziel war immer noch Santiago de Cuba, strandete ich in einem Dorf und fing an, einen Platz für die Nacht zu organisieren. Ich spürte, dass die Menschen mich gerne einladen würden, aber Angst vor der Staatsgewalt hatten. Auch das war Kuba. Doch so langsam bröckelte die Angst, wie ich noch feststellen sollte, und die Menschen holten den Radler aus Deutschland trotzdem oft ins Haus.

Doch an diesem Abend landete ich direkt an der Hauptstraße neben einem Gemüse-Pavillon, der vom Vater des Figentümers nachts bewacht wurde. Der Nachtwind blies heftig und wirbelte Staub durch die Luft. Ich installierte meinen Bewegungsalarm an Nasreddins Vorderrad, deckte mein Rad noch mit einer Faltgarage ab und verschwand mit Ohrstöpseln in mein Innenzelt. Ein oder zwei Stunden später, ich war gerade eingenickt, rüttelte etwas am Zelt. Ich zog die beiden Lärmbremsen aus meinen Ohren und öffnete. Vor mir standen zwei Beamte der Polizei und eine zivile Person, sie redeten auf mich ein. Ich verstand weniger als zehn Prozent. Dann wurde über Handy mit der Leitstelle kommuniziert. Die drei Menschen verschwanden, ich fummelte meine Stöpsel wieder in die Ohren und schloss meinen kleinen Wigwam.

Als ich gerade erst wieder eingeschlafen war, rüttelte erneut etwas am Zelt. Ich wachte auf und schaute auf die Uhr. Es war halb zwei. Wieder öffnete ich das Zelt und fragte im miserabelsten Spanisch und etwas genervt, was los wäre. Jetzt standen schon drei Uniformierte vor mir, hinter ihnen ein alter, weißer Lada. Ich bekam gerade so mit, was die drei wollten: Die Staatsgewalt machte sich Sorgen um den Radler aus Deutschland. Es wäre hier nicht sicher. Ich sollte mit ins Revier im nächsten Dorf kommen. Das konnte doch nicht wahr sein! Aber ich gehorchte brav, das hatte mich meine DDR-Zeit gelehrt. Das Zelt wurde in Windeseile verstaut. Jetzt wollten die Beamten mein komplettes Rad hinten im Kofferraum dieses russischen Vehikels verstauen. Das ließ ich nicht zu, denn da hätte man mehr Schaden gemacht, als die ganze Sache wert war. Also, was sollte es, dann wurde eben gestrampelt. Es waren ja nur neun Kilometer, allerdings mit Gegenwind durch leicht hügeliges Gelände.

Ich installierte meine Batteriebeleuchtung und fuhr vor dem Polizeiauto her. Mein Licht war eindeutig heller als der eine funktionierende Scheinwerfer dieses Ladas. Bei einer Bodenwelle ging der Motor hinter mir aus. Ich hielt an. Nach ein paar Versuchen des Neustarts sprang er wieder an. Kurz vor dem nächsten Dorf wurde ich dann überholt. Dabei konnte ich erkennen, dass ein Beamter die rechte, hintere Tür zuhalten musste. „Hoffentlich müssen die nicht irgendwann einmal einen Verbrecher jagen! Zum Glück gibt es in Kuba nicht allzu viele", dachte ich. Endlich, es war schon gegen drei Uhr morgens, hielten wir vor der Polizeiwache an. Ich hievte mein Rad die Treppen hinauf. In einem Raum wurden mir sogar zwei Matratzen übereinander hingelegt. Vor dem Schlafengehen ging ich noch einmal auf Toilette, eine Waschmöglichkeit gab es hier nicht. Dann stöpselte ich meine Ohren wieder zu und legte mich aufs viel zu weiche Lager. Die ganze Aktion ging mir noch einmal durch meinen Schädel und ich musste lächeln. Das Land war mir sehr sympathisch. Dann war ich auf dem Weg ins Reich der Träume.

Etwas müde von der kurzen Nacht rollte ich am Morgen weiter. Das Dorf erwachte. Pferdekutschen, Fahrradtaxis, rußende Busse und Laster – alles war wieder auf der Straße. Die Menschen tranken an kleinen Ständen den typischen Kaffee, der eigentlich ein Espresso war und in winzigen Tassen gereicht wurde. Ich habe noch nie in meinem Leben Kaffee getrunken und für einen Teefan wie mich war Kuba das vollkommen verkehrte Land. Eine Teekultur, wie ich sie aus Asien kannte, existierte auf dieser Insel überhaupt nicht. Also aß ich ein Sandwich oder eine Pizza und beließ es bei einer Refresca (Limonade), einem Fruchtsaft oder einem Batido (halbflüssiger Fruchtmix). Überhaupt hatte ich vom ersten Tag an keine Probleme mit dem Essen an der Straße. Auch Wasser konnte ich überall trinken, selten tropfte ich etwas Micropur in meine Trinkflaschen.

Ich hatte mir sagen lassen, dass Kuba bergig sein sollte. Aber davon spürte ich hier kaum etwas. Für mich war die Insel bisher eher flach. Erst ganz im Süden, wo sich die Sierra Maestra bis auf knapp 2.000 Meter auftürmte, musste ich kräftig in die Pedale treten und kam so richtig ins Schwitzen. Was aber ein echter Bremsfaktor war und so manchen Tag zur Nervenprobe wurde, war der Wind, der um diese Jahreszeit immer von Osten aus über das Land fegte. Gegen

Trinidad gehört seit 1988 zum Weltkulturerbe

die Steppenwinde in Kasachstan oder in der Mongolei war das natürlich nichts, aber alles war relativ. Trotzdem kämpfte ich mich jeden Tag über hundert Kilometer weiter an Santiago heran. Von den Spaniern geprägte historische Städte wie Cienfuegos, Trinidad oder die UNESCO-Weltkulturerbe-Stadt Camagüey erkundete ich auf meinem Weg durch das Land.

War ein Tag geschafft, campierte ich ausschließlich bei den Bauern an einzeln stehenden Häusern außerhalb der Ortschaften, konnte oft im Haus schlafen und bekam immer einen Teller Essen. Meistens war das wie üblich Reis mit Bohnen, dazu etwas Fleisch und Yuca (auch Maniok genannt, vor allem die Wurzelknollen werden zum Kochen verwendet oder zu Mehl weiterverarbeitet). Eine Familie hatte Erbarmen und bereitete für den Mitteleuropäer Spaghetti mit gebratener Wurst und Tomatensoße zu. Ich wurde nie abgewiesen und werde die Kubaner als sehr gastfreundliche und liebenswerte Menschen in Erinnerung behalten.

Wenn mir der Wind so richtig auf die Brust drückte, freute ich mich besonders auf den Rückweg, das heißt auf den Rückenwind von Santiago nach Havanna. Doch dieser Genuss sollte sich um zwei Wochen verschieben.

Eine sehr angenehme Pause

Es war Anfang Februar. Im Südosten Kubas war es in der Regel immer ein oder zwei Grad wärmer als im Norden um Havanna herum, das nur neunzig Meilen, also circa hundertfünfzig Kilometer vom südlichsten Punkt der USA in Key West entfernt lag. Von hier oben hatten vermutlich die meisten Menschen die Insel in Richtung Kapitalismus verlassen und taten oder versuchten es zumindest noch immer. Im Süden Floridas, um Miami herum, fand man dann die meisten sogenannten Exilkubaner vor. Ich fühlte mich jedenfalls auf dieser Insel sehr wohl, auch hier unten im Süden.

Es war später Nachmittag. Die Sonne bildete bereits einen spitzen Winkel zum Horizont, als sich unser Duo von der Stadtgrenze Bayamos entfernte. Hier in der Stadt wollte ich jedenfalls nicht in einer dieser Casas Particulares für umgerechnet zwanzig Dollar die Nacht verbringen und freute mich aufs Ländliche, war gespannt, wo ich landen würde. Die heißen Strahlen der Sonne verloren ein wenig an Kraft, ich wurde wieder munterer und kurbelte dementsprechend gegen den Abendwind an. Ein paar Kilometer vor der kleinen Stadt Contramaestre

Hier pflügt der Bauer mit Ochsenstärke

stand ein junger, kraftiger Mann am Eingang eines Grundstücks. Intuitiv stoppte ich und holte den Zettel hervor, den ich zu Hause mit der Schilderung meines
Anliegens auf Spanisch versehen hatte: „Mein Name ist Thomas, ich komme
aus Deutschland, fahre von Alaska nach Feuerland und suche einen sicheren
Zeltplatz für eine Nacht." Der junge Mann, dessen Namen ich leider wieder vergessen habe, lud mich in die für kubanische Verhältnisse große Finca ein, ließ
mich auf einem Stuhl Platz nehmen und bot mir ein Glas kaltes Wasser an. Das
Gebäude war noch im Bau. Ich sollte hier warten, deutete er mir an. Er radelte in die Stadt hinein und war nach einer halben Stunde wieder bei mir. Hier
könnte ich nicht schlafen, die Finca gehörte ihm nicht. Er schien jedoch einen
anderen Plan zu haben, denn wenig später liefen wir am Straßenrand nach Contramaestre hinein. Es war dunkel. Jetzt konnte man im Licht der entgegenkommenden Fahrzeuge sehen, wie staubig und vor allem rußig die Luft hier war.
Der Marsch kam mir endlos vor. Von der Gegenwindetappe war ich noch immer
ganz schön erschöpft und freute mich auf ein Bett. Doch das sollte noch dauern.
Wir erreichten das Haus seiner Eltern. Jetzt saß ich mit Mutter, Sohn und Tochter im kleinen Wohnzimmer. Mein Begleiter war verschwunden, tauchte irgendwann später wieder auf. Ich schaute schon gar nicht mehr auf die Uhr. Er hatte
Neuigkeiten: „Ich habe für sieben CUC (etwas über fünf Euro) für dich noch ein

Straßenfest in Vueltas

Zimmer klar gemacht." Wir trotteten weiter durch die nur dürftig beleuchteten Straßen dieser kubanischen Kleinstadt, die gewöhnlich ohne festen Belag waren. Für die Nacht war ich bei einem älteren Ehepaar einquartiert. Dann fragte mein Begleiter: „Wir haben hier gerade eine Kulturwoche und heute ist der letzte Tag. Wollen wir noch auf ein Bier ins Zentrum gehen?" Er schaute so liebevoll, dass ich mich breitschlagen ließ. Ich duschte noch schnell, zog meine Ausgehhose und mein zweites T-Shirt an, nahm ein wenig Geld mit und weiter ging es. Auf dem Marktplatz dröhnte laute Musik, die Bewohner waren größtenteils schon gut in Stimmung. Alles war, wie üblich in Kuba, extrem laut, die Rhythmen dröhnten verzerrt aus riesigen Boxen. Menschen diskutierten fast schreiend, aber – das ist auch typisch für dieses Land – es gab keine körperlichen Aggressionen. Zumindest habe ich das hier nie beobachtet. Wir tranken ein Bier und verschwanden wieder. „Gehen wir noch woanders hin?", fragte mich mein Begleiter. „Klar, irgendwohin, wo es ein wenig ruhiger ist", antwortete ich.
Wenig später saßen wir auf der Terrasse über einer großen Kreuzung, tranken unser Bucanero (übersetzt: Seeräuber, eine Biermarke) aus Dosen. Ganz hinten in einer Ecke standen drei Mädchen, eine winkte. Ich drehte mich um. Doch da war keiner mehr. Wenige Sekunden später standen sie auch schon vor uns und fragten, ob sie hier am Tisch Platz nehmen könnten. Wir kamen gar nicht zum

Antworten, da saßen sie schon. Ein Ausländer war hier auf dieser Insel immer im Fokus. Als sie herausgefunden hatten, dass der mit den langen Haaren aus Deutschland kam, schaltete eine von ihnen sofort auf meine Muttersprache um. Mich haute fast um, wie gut sie Deutsch konnte, aber sie sagte: „Ich lebe schon viele Jahre in Deutschland und habe sogar einen deutschen Pass." „Dafür muss man einen Sprachkurs machen", dachte ich.

Ein paar Dosen Bucanero später saßen wir auf irgendwelchen Motorrädern und knatterten durch die Nacht zum Haus der Schwester der deutschen Staatsbürgerin. Hier dröhnten aus einem großen Lautsprecher die neuesten kubanischen Hits, unter anderem „Bailando". Das Lied ging auch für mich schnell ins Ohr und ich sollte es in den nächsten Tagen noch unzählige Male hören. Essen wurde gereicht, wieder gab es Bohnen mit Reis. Viele Male an diesem Abend sah ich noch den Seeräuber auf der Bierdose. Mein Begleiter verließ die Szene, musste in wenigen Stunden zur Arbeit gehen. Jetzt war ich in den Händen der drei Mädels und wusste nicht, wo ich war, geschweige denn, wo Nasreddin stand. Aber ich fühlte mich sicher. Schließlich war ich in Kuba, dem sichersten Land Lateinamerikas.

Noch einmal wurde die Lokalität gewechselt. Wir liefen über steinige Straßen zum elterlichen Haus der Besucherin aus Deutschland. Hier ging es auch noch einmal ganz schön rund. Ich weiß gar nicht mehr, wo ich die Energie an diesem Abend hernahm. Eigentlich hatte ich aber auch keine andere Chance, schließlich wollte ich nicht die Gastfreundschaft beleidigen. Sofort schloss mich die Familie ins Herz, besonders die Mutter, die mich wie ihr siebtes Kind behandelte. Irgendwann gegen Morgen bekam ich ein Bett im besten Zimmer des kleinen Hauses und schlief wie ein Toter bis weit in den Vormittag.

Mein Begleiter vom Vortag war weg. Ich hatte vergessen, mir die Adresse, bei der mein ganzes Hab und Gut lagerte, zu notieren. Ein fataler Fehler. Zum Glück hatte mein Gastgeber einem der Mädels eine grobe Beschreibung der Lage seines Hauses gegeben. Wir ließen eine Pferdekutsche vorfahren, fuhren in den Stadtteil, fingen an zu suchen, fragten die Leute. Ich versuchte mich zu erinnern, aber es wollte mir nicht so richtig gelingen. Dann endlich fanden wir es, das Haus, in dem Nasreddin geduldig auf mich wartete. Das ältere Ehepaar hatte mich schon vermisst und sich große Sorgen gemacht. „Wenn du in einer Stunde nicht gekommen wärst, hätten wir die Polizei gerufen", bekam ich zu hören. „Noch einmal Glück gehabt", dachte ich, verabschiedete mich und fuhr der Kutsche hinterher, zurück zum Haus „meiner" Familie.

Ein weiter Blick übers Land

Am nächsten Tag fuhren wir fünfzehn Kilometer weit zum Bruder meiner Gastgeberin mit einem aufgemotzten, alten Moskwitsch, einem Auto russischer
Bauart. Es war vollgestopft mit Menschen, aus den Lautsprechern dröhnten
„Bailando", „Vivir mi Vida" und andere Songs der kubanischen Hitparade. Im
Kofferraum befand sich ein sogenannter Subwoofer, der so laut war, dass es bei
mir an Hintern und Rücken kribbelte. Im Haus des Bruders setzte sich die Laut-
stärke fast in gleicher Intensität fort. Um ein bisschen Ruhe zu finden, flüchtete
ich in den Hof, um zu sehen, was mit dem Ferkel passierte, das auf dem Spieß
landen sollte.

So wurde ich Zeuge einer für mich ungewöhnlichen Tötung, die mich in Teilen
an meine Mongoleireise erinnerte. Dort schlitzte man das Tier, meist ein Schaf
oder eine Ziege, am Bauch auf, fuhr mit der Hand in den Körper des Tieres und
riss ihm die Aorta (Hauptschlagader) durch. Die Kreatur verblutete dann innerlich. Das war bei geübter Hand eine Sache von Sekunden. Aber hier schien
man nicht so geübt zu sein. Man hielt das Tier an Vorder- und Hinterläufen am
Boden fest und schob ein großes Messer zwischen die Rippen in der Hoffnung,
das Herz zu treffen, was an diesem Nachmittag nicht so recht gelingen sollte.
Für das Tier begann ein minutenlanger Überlebenskampf – ein Anblick, den
die meisten der Anwesenden nicht ertragen konnten. Wenig später drehte sich

das Schwein trotzdem auf einem langen Holzspieß über dem Feuer. Die vielen Stunden, in denen sich das tote Tier über den Flammen drehte, nutzten wir zum Tanzen, Trinken und Schwatzen. Spät in der Nacht knatterten wir zurück nach Contramaestre. Wieder fiel ich völlig k. o. ins Bett.

Doch der Reisende sollte bei aller Ablenkung seine Ziele nicht aus den Augen verlieren. Das war zumindest meine Meinung. Mein Ziel hieß immer noch, mit dem Rad nach Santiago und wieder zurück nach Havanna zu strampeln. Für „meine" Familie war es zwar unverständlich, nach Santiago mit dem Rad zu fahren und ich wurde mehrfach gefragt, warum ich nicht den Bus nähme. Aber ich erwartete auch nichts anderes. Als ich mich herzlich verabschiedete, musste ich versprechen, in zwei Tagen wieder da zu sein.

Hier unten, ganz im Süden dieser großen Insel, konnte man die einzig nennenswerten Berge vorfinden, die Sierra Maestra, deren höchste Erhebung knapp 2.000 Meter aufwies. Ich schwitzte mich durch die hügelige Landschaft, legte eine Pause an der schönen Wallfahrtskirche von El Cobre ein und rollte am späten Nachmittag in die zweitgrößte Stadt der Insel, Santiago de Cuba, hinein. Hier suchte ich mir eine der Casas Particulares, feilschte ein wenig um den Preis und quartierte mich für die Hälfte des Touristenpreises für zwei Nächte ein. Ein halber Tag ging schon für die Verlängerung meines Visums um einen Monat drauf. Auch hier bestanden die Behördengänge fast nur aus Warten, wie überall im Land. Alles war sehr ineffizient, oft fehlten Computer und die Beamten schrieben alles per Hand auf Papier.

Die andere Hälfte des Tages nutzte ich für einen Rundgang durch die große historische Altstadt mit ihren vielen Kirchen und den alten Kolonialhäusern. Auch dem großen Friedhof Santa Ifigenia stattete ich einen Besuch ab. Hier gab es ein großes Mausoleum, in dem der Volksheld und Schriftsteller José Martí beigesetzt war. Kurzum, es war lohnenswert, auch einmal in der zweitgrößten Stadt Kubas zu weilen, die landschaftlich tiefstes Karibikflair vermittelte, ansonsten aber eher provinziell wirkte. Abends gönnte ich mir dann noch ein Gläschen Rum und schon ging die Fuhre zurück nach Contramaestre.

Erneut wurde ich herzlich empfangen und blieb noch etliche Tage. Wieder wurde ein Schwein aufgespießt, wieder wurde jeden Abend irgendwo getanzt und wieder wurden unzählige Dosen Bier mit dem Seeräuber darauf geleert. An einem Abend war die Beschallung so laut, dass ich mir in meiner Not aus einem Tampon zwei Ohrenstöpsel bastelte, um meine Ohren nicht völlig zu zerstören. Doch dann wurde es Zeit für die beiden Schwestern, die Rückreise nach

Die Raketen werden im Akkord gezündet

Deutschland durch die Luft anzutreten. Und für mich wurde es Zeit, die Rückreise nach Havanna anzutreten, per Fahrrad natürlich.

Ich blieb noch eine Nacht. Zusammen mit Bruder und Mutter saß ich auf Stühlen auf der Straße. Wir sahen uns die Sterne an. Es war ganz ruhig. Etwas Wehmut machte sich in meinem Herzen breit. Am Morgen gab es noch ein Omelett mit Weißbrot, zwei Tassen Tee und dann ging es an die Verabschiedung. Das war immer der Teil der Reise, den ich hasste. Ich umarmte liebgewonnene Menschen. Da konnte schon einmal eine Träne kullern. Doch wenig später saß ich im Sattel und setzte die Speichenräder in Bewegung.

Die Katastrophe in Havanna

Der Rückenwind trug mich förmlich durchs Land. Das war ein Genuss, wenn auch die Straßen holprig blieben. Viele nette, positive Menschen begegneten mir auf meinem Weg nach Havanna. Ich muss ehrlich gestehen, dass das immer unter die Haut ging, wenn ich mit den Einheimischen, von denen ich für eine Nacht eingeladen war, das Essen teilen durfte, mit den Kindern herumtollen konnte oder auch nur in einem der Häuser saß, die mich oft an die Hütten in Afrika erinnerten. Mit meinen paar Wörtern Spanisch versuchte ich immer, ein Gespräch zu basteln. Kuba ist kein reiches Land und es fehlt oft am Nötigsten. Auch sind die Lebensmittel nicht immer im Überfluss verfügbar. Da war es für einen Fremden aus Europa eine besonders große Ehre, wenn man zum Abendessen eingeladen wurde.

Ich entschied mich, die nördliche Route in Meeresnähe zu radeln und kam sehr gut voran, so dass ich schon nach acht Tagen in die Hauptstadt der Revolutionsinsel hineinfuhr. Dort suchte ich die Calle St. Martin auf und klingelte an der Tür des Hostels. Julio, einer der Mitarbeiter, schaute über die Balkonbrüstung und betätigte den Türöffner. Ich war wieder „zu Hause" und sprang erst einmal unter die Dusche, dann ging es hinaus auf die Straße. Ich wollte etwas herumlaufen und in einem der vielen kleinen Straßencafés essen. Nach einem gemütlichen Abend bei guten Gesprächen fiel ich spät ins Bett.

Die zwei Wochen in der Hauptstadt wollte, ja musste ich nutzen, um eine Foto-

Auch hier wohnen die Hauptstädter

serie zu schießen und Texte für die Mitteldeutsche Zeitung und mein Buch zu tippen. Ersteres sollte ich ohne Probleme machen können. Aber die anderen Reiseerlebnisse konnte ich nur mit meinem kleinen Laptop aufschreiben und der hatte sich hier verabschiedet. Zuerst fing die Tastatur an zu spinnen. Im Hostel saß gerade ein junger Mann, der versuchte, etwas an den Einstellungen des uralten Computers dort zu richten. Er nannte sich selbst Lakers. Zu meinem Glück kannte er einen Computerladen, der auf Laptops spezialisiert war. Wir liefen durch die Straßen und fanden nach etwas Suchen das Geschäft. Ein rotes Schild, auf dem „Tesla" zu lesen stand, schaukelte im kubanischen, warmen Winterwind. Vorm Laden warteten ein paar Leute. Wir klopften an und wurden hereingelassen. Ich schilderte mein Problem, der Rechner wurde hochgefahren. Bei der Fehlerdiagnose wurde nebenbei noch ein böser Virus auf meiner Speicherkarte entdeckt und entfernt. „Tja, wir würden dir gerne helfen, aber so eine kleine Tastatur haben wir nicht da und bestellen können wir auch nichts. Hier in Kuba gibt es nichts für deinen Computer. Wir machen hier aus zweien eins

Die Firma Tesla in Havanna war meine Rettung

und versuchen den Menschen, so gut es geht, zu helfen. Du siehst ja selbst, wie wir hier arbeiten", erklärte einer der Schrauber. Und tatsächlich, hier sah es aus wie bei meinem Computergeschäft zu Hause in der Schrottkiste. Es wurden sogar Prozessoren per Hand unterm Mikroskop ein- und ausgelötet. So etwas hatte ich noch nie gesehen. Ein anderer Tüftler meinte: „Komm morgen noch einmal vorbei, dann schauen wir, was wir noch machen können."

Ich zog von dannen, kam am nächsten Tag wie verabredet wieder und traf erneut auf die Tesla-Leute. Dort drückte man mir einen Zettel mit einer Adresse in die Hand. Hoffnungsfroh schwang ich mich aufs Rad und versuchte, das Haus zu finden, in dem ich eine externe aufrollbare Tastatur bekommen sollte. Schließlich stand ich in der Altstadt von Havanna vor der richtigen Nummer, klingelte und bekam von einem jungen Mann die gewünschte Tastatur für fünfzehn CUC (circa elf Euro). Das Problem war gelöst. Ich konnte endlich wieder fleißig tippen und Fotos bearbeiten – das dachte ich zumindest.

Denn dann war die Festplatte auch noch kaputt und musste ausgewechselt werden. Ich bekam ein spanisches (!) Betriebssystem verpasst und musste, um die passenden Programme zu bekommen, auf die andere Seite der großen Stadt

Che ist überall

zuckeln. Die ganze Aktion dauerte fünf Tage. Da spürte der verwöhnte Mittel-europäer erst einmal seine Abhängigkeit von Internet und Computer! Aber in meinem Beruf war eben ein Rechner unerlässlich, so war das im 21. Jahrhundert, ob es einem gefiel oder nicht. Noch ein paar Sätze zum Internet in Kuba: Entweder es existierte faktisch nicht oder war so teuer, dass selbst ich erschrocken war, als ich den Preis für eine Stunde – in einer halbwegs annehmbaren Geschwindigkeit – hörte: zehn CUC (circa acht Euro)! Das konnten sich nur die Touristen leisten. Das kubanische Volk wurde von Fidel und Co. vom Netz ferngehalten. Auch waren die Telefonverbindungen ins Ausland nur mit einer Telefonkarte wählbar und für ein Gespräch nach Deutschland musste man hier ungefähr einen Euro pro Minute hinblättern. Blieb nur noch die Hoffnung, dass sich die Dinge in naher Zukunft zum Besseren wenden würden. Man darf gespannt sein, welche Richtung diese Insel einschlagen wird. In naher Zukunft werden sich Fidel und sein Bruder Raúl Castro ins Jenseits aufmachen – spätestens dann wird es hier spannend, denke ich.

Havanna hat die größte zusammenhängende koloniale Altstadt Lateinamerikas, sie gehört zum Weltkulturerbe und ist auf jeden Fall einen Besuch wert.

Auf dem katholischen Friedhof Cristóbal Colón in Havanna

Das Durch-die-Straßen-Schlendern war dann auch der angenehme Teil meiner vierzehn Hauptstadttage und ein positiver Ausgleich zum Computerstress. Hier fühlte ich mich wohl und vor allem auch sicher. Selbst am späten Abend lief ich noch durch die zum Teil sehr dunklen Straßen. Wo kann man das noch in Lateinamerika? Und die Kamera war hier ständig im Einsatz, so viel gab es zu entdecken: Oldtimer, Fahrradtaxis, Pferdekutschen, koloniale Bauten, das Capitol, Handwerker, Musiker, Rumkneipen, schöne Gräber, Flohmärkte, verfallene Wohnquartiere, ein extrem interessanter Mix aus verschiedenen Ethnien, die Festungsanlage, spanische Kirchen, Zigarren, Voodoo …

In diesen letzten Tagen auf Kuba versuchte ich, alles ganz intensiv zu erleben und alle Eindrücke in mich aufzusaugen. Denn beim Abschiednehmen, spätestens, wenn ich im Flieger nach Südamerika sitzen würde, wäre das alles hier vorbei, und ich wurde dann immer wehmütig. Das wusste ich aus der Erfahrung meiner vielen Reisen.

Ein Trettaxi wartet vorm Capitol

Und genau so war es auch. Schon auf dem Weg zum internationalen Flughafen José Martí wurden mir fast die Knie weich, als ich noch eine Runde über den Platz der Revolution drehte. Wenig später halfen die geübten Handgriffe, mich reisefertig zu machen: Das Fahrrad kam in die Box, der Rest in einen Plastiksack, alles wurde gut mit Paketband eingesponnen, hundertdreißig Euro mussten fürs Übergepäck von der Visa-Karte abgebucht werden, fünfundzwanzig CUC (circa neunzeh Euro) Flughafensteuer wurden abgedrückt, ohne Probleme ging es durch die Zollkontrolle. Dann konnte ich einchecken und ab ging es über Bogotá nach Caracas. Alles wurde kleiner, Havanna, Kuba. Nur die Erinnerung an die schönen sechs Wochen auf dieser Ausnahmeinsel blieb groß.

Wiedersehen mit Romulo

„Rühr dich ja nicht von der Stelle und warte, bis ich da bin. Es ist viel zu gefährlich", rief Romulo durchs Telefon. Seine Stimme klang sorgenvoll. Ich war auf dem Flughafen von Caracas und kam gerade aus Havanna. Es war ein Uhr nachts und ich hatte mir das Handy von einem netten Herrn geborgt. Selbst reiste ich nicht mit Telefon, denn das wäre mir zu umständlich. Schließlich müsste ich in jedem Land die Karte wechseln. Außerdem, was sollte ich mit so einem Ding unterwegs? Ständig meine Eltern anrufen? Da skypte ich lieber mit meinem Laptop übers Internet. Und Internet hatte man heutzutage überall, Kuba oder Nordkorea einmal ausgenommen. Also saß ich geduldig auf meinem Gepäcksack, hinter mir die Kiste, in der Nasreddin verstaut war, und wartete, bis Romulo mit dem Auto seiner Mutter vorfuhr. Er wollte um sechs Uhr hier sein. Ich versuchte, mir die Zeit mit Lesen zu vertreiben. Immer wieder schaute ich mich um, ob sich nicht doch irgendein „kriminelles Element" unserem Duo näherte. Caracas war eine der gefährlichsten Städte auf unserem Planeten, das besagte jedenfalls die Kriminalitätsstatistik. Viele Waffen waren im Umlauf und über die Hälfte der Einwohner lebte beziehungsweise hauste in den sogenannten Barrios (Elendsvierteln). Es gab also ein ständiges Risikopotenzial, besonders für einen neu ankommenden Radtouristen wie mich.

Mir fielen die Augen immer wieder zu, aber einschlafen war hier tabu. Nach fünf quälenden Stunden rüttelte mich ein „Hola amigo, como estas?" („Hallo mein Freund, wie geht es dir?") aus meiner Lethargie. Romulo stand vor mir. Wir umarmten uns. Acht Jahre war es her, dass wir uns das erste Mal getroffen hatten.

Die halbe Nacht verbrachte ich auf dem Flughafen von Caracas

In den Favelas von Caracas gibt es sehr viele Waffen

Damals war ich unterwegs nach Afrika und er wollte in Richtung Indien radeln. Meteora hieß der magische Ort in Griechenland, in dem wir nebeneinander auf einem Zeltplatz im kleinen Ort Kastraki zelteten. Wir kletterten gemeinsam ein paar hohe Wände inmitten der alten Meteora-Klöster. Dann setzten wir unsere Fahrt fort, jeder in seine Richtung. Über die Jahre hielten wir per Internet sporadisch Kontakt. Und jetzt standen wir uns wieder gegenüber – kaum zu glauben, denn die meisten Menschen, die man trifft, sind danach für immer aus dem Leben verschwunden.

Wir verstauten alle meine Sachen in der alten Chevrolet-Limousine und fuhren hoch auf circa 1.000 Meter, an etlichen Barrios vorbei und durch einen langen, dunklen Tunnel. Jetzt wusste ich, warum er mich gewarnt hatte, hier alleine hochzukeulen. Ich wurde im 18. Stock eines grauen Hochhauses einquartiert und konnte mich erst einmal duschen. Nachdem wir ein paar Wege erledigt hatten, durfte ich mir dann auch noch ein paar lang ersehnte Stunden Schlaf auf einer Gästeluftmatratze gönnen. Die Wohnung gehörte Yessica, der langjährigen Freundin Romulos. Da Romulo auch sehr oft und sehr lange mit dem Rad unterwegs war, fragte ich ihn, wie er das mit seiner Freundin machte. „Das ist für sie kein Problem. Sie akzeptiert, was ich tue", meinte er. „Du hast es gut", antwortete ich und musste an meine Freundin denken, die schon nach ein paar Monaten auf dieser Reise „Fracksausen" bekommen und sich an den Nächsten geklammert hatte. Ich beneidete meinen Freund um eine so tolerante Frau.

Eigentlich wollte ich nur ein paar Tage bleiben, etwas Kraft tanken und dann weiterziehen. Doch aus ein paar Tagen wurden schließlich zwei ganze Wochen. Schuld waren zwei Pakete. Eigentlich war nur eins davon überfällig. Das erste Paket mit Filmmaterial, einem Buch und ein paar anderen Sachen – wie einer neuen Radhose – bekam ich von meinen Eltern zugesandt, die für diese Tour noch einmal das Management übernommen hatten. Sie hatten es rechtzeitig abgeschickt und nach ein paar Tagen in Caracas konnten wir es auf dem Hauptpostamt abholen. Darüber war ich sehr erleichtert, denn in diesen Tagen waren die politische Lage und die Situation im Land, besonders in der Hauptstadt, sehr instabil. Die Menschen begehrten auf gegen den herrschenden sogenannten „Sozialismus von Cháves", der vom amtierenden Präsidenten Maduro weitergeführt wurde, und die Demonstrationen legten auch die Infrastruktur teilweise lahm. Das Land könnte in einen Bürgerkrieg stürzen, wenn sich die gespaltene Lage hier noch weiter zuspitzte.

Eine Regierungsgegnerin demonstriert für mehr Freiheit

Das andere Päckchen kam mit einem Paketdienst von einem meiner Sponsoren aus Bayern und war erst ein paar Tage unterwegs, als es in Puerto Rico hängenblieb, weil der venezolanische Zoll es aufgrund eines formellen Schreibfehlers auf der Rechnung festhielt. Die Rechnung hatte ich auch als PDF-Datei auf meinem Laptop, lud die Sache in den Photoshop und „korrigierte" den Formfehler auf meine Art, sendete die „neue" Rechnung dann an den Zoll und die Beamten akzeptierten das selbst gebaute Dokument. Diese Lösung hatte viel Zeit und Nerven gespart, das stand jedenfalls fest.

Die Zeit in Caracas verging sehr schnell. Jeden Tag gab es ein neues Programm: Es wurden Freunde besucht, wir gingen klettern, besuchten die deutsche Siedlung Colonia Tovar und am Samstag war Demonstrieren angesagt – natürlich für Reformen im Land. Das war für mich besonders spannend und erinnerte mich ein wenig an den Herbst 1989 in Leipzig. Damals war ich vierundzwanzig Jahre alt und marschierte am 9. Oktober in der zweiten Reihe, eingehakt mit Gleichgesinnten. Doch so friedlich wie damals in der DDR verlief die Sache hier nicht.

Mit Yessica und Romulo bei selbst gemachter Pizza

Es gab bis zu diesem Zeitpunkt schon mehr als dreißig Tote zu beklagen. Trotzdem marschierten an diesem Samstag alle gewaltfrei und besonnen. Selbst als die Mutter des ersten Opfers auf der Bühne zu den Massen sprach, gab es keine Tumulte. Es wurden Plakate mit Fotos der politischen Gefangenen in die Höhe gehalten, die Fahnen von Venezuela geschwenkt. Bewegende Momente.

Eine Nacht bleibt mir besonders in Erinnerung. Ich konnte nicht schlafen und sah mir noch einen Film auf meinem kleinen Laptop an, als plötzlich der Strom ausfiel. „Das kann ja nicht lange dauern", dachte ich. Aber weit gefehlt. Die in unserer Zeit unentbehrliche elektrische Energie floss erst am Ende des kommenden Tages wieder durch die Leitungen. Schuld daran sollte wohl ein Trafobrand gewesen sein, der unser Viertel in schwarze Finsternis tauchte. Finsternis bedeutete hier in Caracas allerdings extreme Gefahr. Das konnte ich unten in den Straßen unseres Viertels sogar hören. Menschen schrien und es fielen Schüsse. Zuerst dachte ich an Silvesterknaller. Ich holte mein Audioaufnahmegerät heraus und zeichnete die Töne auf. Romulo bestätigte mir am nächsten Morgen:

„Das waren wirklich Pistolenschüsse." Er war nicht wach geworden, für ihn war das hier Alltag. Leider. Denn mit inzwischen ungefähr 25.000 Morden pro Jahr war dieses Land mit Abstand das gefährlichste des Kontinents geworden.

Als alle meine Pakete angekommen waren, konnte endlich mein Abenteuer Südamerika starten. Ich verabschiedete mich von Yessica und meinem Freund Romulo und fragte ihn: „Werden wir uns wiedersehen?" „Inshala" („So Gott will"), antwortete er.

Dann zog ich meines Weges. Vor mir lagen die heißen Ebenen im Norden Venezuelas. Auf dem Weg nach Ciudad Bolívar heizte sich die Luft in der Trockenzeit unwahrscheinlich auf. Und wir hatten gerade Trockenzeit. Vor Ciudad Bolívar ließ ich mein Rad in einem Gästehaus zurück, stieg in eine kleine Cessna und flog nach Canaima. In dem gleichnamigen Nationalpark quartierte ich mich für zwei Nächte in einem Bungalow ein. Es war sozusagen „Urlaub" von der Reise. Hier gab es Wasserfälle, Tepuis (Tafelberge), Savannenlandschaft und Dschun-

Ein spektakulärer Blick aus der Cessna

gel. Ein wunderschöner Ort, zum Weltnaturerbe gehörend. Oft dachte ich hier an den Moloch Caracas mit seinen geschätzten sechs Millionen Einwohnern, an das Chaos dort und an den Müll, der tonnenweise die Straßen von Venezuela säumte. Das alles gab es hier nicht. „Schön, einmal hier gewesen zu sein", ging es mir durch den Kopf, als die kleine Cessna auf dem Rückflug von der Piste abhob.

Illegal und heiß

Die Räder drehten sich weiter Richtung Osten gegen den heißen Wind. Der schien hier im ganzen karibischen Raum um diese Jahreszeit aus dieser einen Richtung zu blasen. Auf Fidel Castros Insel war das auch so. Ich erreichte nach nur einem Tag Kampf von Ciudad Bolívar aus die Industriemetropole San Felix, wurde für einen Tag von einer netten Familie eingeladen und konnte die beiden Nächte im klimatisierten Kinderzimmer super schlafen.

Dann kam endlich der Knick nach Süden. Jetzt kam der Wind, der Feind eines jeden Radfahrers, von links. Dadurch kam ich schneller vorwärts und erreichte die Gebiete, in denen Gold – auch illegal – abgebaut wurde. Vor dieser Gegend hatte mich jeder, mit dem ich darüber gesprochen hatte, gewarnt. Nester wie El Dorado, San Miguel de Betania oder die Siedlung mit dem schlichten Namen „Km: 88" (eigentlich: San Isidro) sollten von Reisenden möglichst schnell durchquert werden, das wurde mir sehr ans Herz gelegt. Also machte ich um El Dorado einen Bogen, keulte die Umgehungsstraße und verschwand „über Land". Viele Pick-ups, in denen Goldgräber unterwegs waren, sollten mindestens eine Waffe an Bord haben. Da wurde mir bei jedem Überholmanöver durch solch ein Vehikel ganz anders. Aber irgendwann gab ich es auf, mir ständig Sorgen zu machen über ungeschehene Dinge und dachte: „Wenn es passiert, dann passiert es eben."

Weiter im Süden gab es keine Umgehungsstraßen mehr und ich musste unmittelbar durch die Ortschaften mit zum Teil vielen schrägen Gestalten hindurch. Ich hätte gerne ab und zu meine Kamera herausgeholt, aber ich wollte niemanden zu einem Überfall herausfordern. So ließ ich die Dokumentation in dieser Gegend auf einem sehr minimalen Level. Auch hier unten im Süden, wie überall in Venezuela, waren viele Geschäfte fest in chinesischer Hand. Diese geschäftstüchtigen Menschen eroberten sich Laden um Laden. Ich glaube, es war

in der letzten kleinen Stadt vor dem Nationalpark Gran Sabana, in Araima-Te-
puy, wo ich mich mit Essen für die nächsten Tage eindecken wollte. Dort traute
ich meinen Augen nicht: In einem chinesischen Supermarkt hatte man Nudeln!
Gleich griff ich mir ein Kilo und suchte dazu eine besonders große Knoblauchknolle aus. An der Kasse wollte die chinesische Kassiererin jedoch mein Geld
nicht annehmen. Der Chef, der draußen am Eingang stand, machte ihr irgend-
welche Zeichen. Mit anderen Worten: Ich bekam die Sachen geschenkt. Das war
mir noch nie passiert! Verblüfft bedankte ich mich bei ihm, verstaute die Sachen
in meiner Packtasche und kurbelte weiter.

„Weiter" bedeutete in diesem Fall den Berg hinauf, denn vor mir lag die Gran
Sabana, die ich vor ein paar Tagen schon einmal ganz kurz mit meinem Aufenthalt im Nationalpark Canaima besucht hatte. Jetzt hatte ich noch einmal die
Gelegenheit, mir ein paar dieser Tepuis (Tafelberge) weiter im Osten anzusehen.
Die Kurbelei auf 1.400 Metern Höhe war an diesem Nachmittag weniger angenehm. Es schüttete von oben herab. Ich war, einschließlich meiner Sachen, vollkommen nass. An diesem Tag verabschiedete sich auch das Leder meines Sattels
endgültig und rollte sich Stück für Stück an den Seiten, wo die Oberschenkel
rieben, ab. Zum Glück hatte ich mich vor der Tour nicht für einen Komplett-
ledersattel entschieden, sondern für einen, der ein Untergestell aus Kunststoff
besaß. Am Abend, die Dämmerung war schon in vollem Gange und dauerte
wie gewohnt hier in den Tropen nur ein paar Minuten, war ich immer noch am
Berganfahren. In der Not campierte ich in unmittelbarer Nähe der Straße auf
nassem, sandigem Untergrund. Der Regen verzog sich und ich sah die Sterne,
kochte meine allabendliche Ration Nudeln mit Thunfisch, Tomatensoße und
Knoblauch, anschließend trank ich noch einen schwarzen Tee mit einem kleinen „Wolkenschieber" (Rum) und fühlte mich gut. Ich kroch in mein Zelt und
genoss die Kühle der Nacht.

Als ich aufwachte, war es noch neblig, aber die Sonne kämpfte sich schon bald
mit ihrer tropischen Macht durch. Geübt packte ich meinen Kram zusammen
und kurbelte weiter. An einem Schild, auf dem übersetzt „Willkommen auf der
Gran Sabana, Höhe 1.440 Meter" stand, machte ich ein Foto und rollte über eine
steppenähnliche Hochebene. Eine fantastische Fernsicht ließ in mir die Erinnerung an Kasachstan oder die Steppen der mongolischen Republik wach werden.
Nur hier gab es noch die riesigen Tepuis. Eine windige Nacht verbrachte ich
ganz alleine an der Kante eines großen Tales, an der gegenüberliegenden Seite
ragte der Roraima-Tepui mit einer stolzen Höhe von 2.810 Metern empor und

Sonnenaufgang hinter einem Tepui (Tafelberg)

Im Canaima-Nationalpark und auf 1.440 Meter angekommen

entließ am frühen Morgen die Sonne auf ihre Bahn. Dieser Eindruck blieb mir als besonderes Erlebnis im Gedächtnis haften.

Hier im Nationalpark lebten überwiegend die sogenannten Indigenas (Ureinwohner) in sehr gepflegten, kleinen Siedlungen. Aber die Zeiten der ursprünglichen Lebensweise, wie sie in vielen europäischen Köpfen als romantische Vorstellungen umhergeistern, waren vorbei. Das galt auch für das Amazonasgebiet, wie ich wenige Tage später feststellen sollte.

Die letzte Stadt auf meinem Weg durch Venezuela hieß Santa Helena. Hier wollte ich eigentlich nur zwei oder drei Tage verweilen, doch am ersten Tag lernte ich Rosemary und ihren Sohn Roldan (13) kennen. Bei den beiden konnte ich im Garten unter einem Dach zelten. Wir gingen wandern, liefen zu einer kleinen Lagune durch die ausgetrocknete Savannenlandschaft, besuchten Freunde und hatten eine schöne gemeinsame Zeit. Roldan fragte mich, ob ich noch bis zu seinem vierzehnten Geburtstag bleiben konnte. Da ließ ich mich natürlich breitschlagen und blieb. Rosemary flog regelmäßig nach Nepal und kaufte Schmuck ein, den sie hier verkaufte. Außerdem nutzte sie ihren kleinen

Mit Roldan illegal in Brasilien

146

VW Crossfox (Made in Brasilia) als Taxi, um ihr schmales Einkommen aufzubessern. An drei Tagen hintereinander teilten wir uns die Arbeit. Sie verkaufte Schmuck auf dem Markt und ich stieg ins Taxi, Roldan als Übersetzer auf dem Beifahrersitz. Ich war jetzt illegal unterwegs und wir verdienten an allen drei Tagen Rekordsummen.

Zweimal brachten wir Gäste über die brasilianische Grenze, die nur fünfzehn Kilometer entfernt war und ich verließ das Land dann immer illegal – gut, dass ein Taxi hier immer durchgewunken wurde. In Venezuela, auch in Santa Helena, gab es stets reichlich Polizeikontrollen. Viele Male pro Tag passierte ich schwerbewaffnete Posten. Nur einmal wurden wir angehalten und die Beamten warfen einen Blick ins Innere des Wagens. Mir rutschte das Herz in die Hose, doch Roldan hatte die Situation mit ruhiger Stimme im Griff. Wir konnten weiter unser Geld verdienen. Es machte richtig Spaß und außerdem war dadurch Roldans lang ersehntes Geburtstagsgeschenk, ein Handy, nicht mehr in Gefahr. Doch als die kleine Geburtstagsfeier vorbei war, setzte ich wie geplant meinen Weg fort und startete an einem sonnigen Morgen in Richtung Grenze. Drei Mo-

Victor beim Verkauf von selbst gemachtem Schmuck

nate wurden mir vom netten brasilianischen Beamten genehmigt. Mehr gab es hier nicht für einen Radtouristen aus Deutschland. Aber ich konnte im Notfall verlängern oder über eine Grenze in ein Nachbarland huschen und wiederkommen. Brasilien ist nämlich das fünftgrößte Land unserer Erde, da muss man sehr viele Kurbelumdrehungen absolvieren, um es zu durchqueren. Das war mir klar.

In dem Grenznest Pacaraima kaufte ich noch ein paar Sachen für die nächsten Kilometer und sah Victor, einen Freund von Rosemary, der gerade seinen Schmuckverkaufsstand aufbaute. Er winkte mir zu und wünschte mir eine gute Reise. Nasreddin und ich rollten aus den Bergen der Gran Sabana hinunter in die sonnige Hitze.

Auf gutem Asphalt durch den Regen

Ganz im Norden Roraimas, der nördlichsten Provinz Brasiliens, breitete sich eine ziemlich ausgetrocknete Landschaft vor mir aus. Die Bäume waren spärlich in der Ebene verteilt, die Sonne stach von oben auf mich herab. Es wurde am späten Nachmittag unerträglich heiß. Das kleine Thermometer, das an der linken Seite meiner Lenkertasche im Schatten baumelte, maß achtunddreißig Grad. Wie immer hatte ich meine zwei 1,5-Liter-Flaschen voller Wasser am Rahmen befestigt und zusätzlich noch eine große Flasche Cola auf die vordere Packtasche geschnallt. Doch bei dieser Hitze stieg mein Flüssigkeitsbedarf extrem an, so dass der wertvolle Inhalt schnell schrumpfte. Dann endlich: ein paar Häuser und ein Wasserhahn. Doch das sollte bis in die Abendstunden hinein der letzte bleiben. Ich fing an, rechts und links den Wasserstand der Bäche zu checken. Doch die meisten waren ausgetrocknet und durch die wenigen größeren Gewässer floss eine trübe Brühe. Der Versuch, mit weniger Wasser auszukommen, scheiterte am unsäglichen Durst, und die Flüssigkeit in den Flaschen wurde zusehends weniger.

Als die Not schon sehr groß war, hielt ich an einer Brücke an. Unten im Flussbett war das Wasser zum Stehen gekommen. Ich ließ Nasreddin zurück und stieg mit wenig Hoffnung hinab. Die großen Wasserlöcher waren schon am Faulen, was mir auch meine Nase bestätigte. Da entdeckte ich in einer Felsspalte etwas klareres Wasser und erinnerte mich, dass es in Santa Helena vor ein paar Tagen den ersten richtigen Regen seit zehn Monaten gegeben hatte. Vielleicht hatte

Der Urwald grünt

Die Brücke wird nicht mehr benutzt

er ja auch hier etwas von dieser begehrten Flüssigkeit abgegeben. Es schien so. Die Flaschen liefen wieder voll, zur Sicherheit tropfte ich Micropur zum Desinfizieren hinein und weiter ging es durch den heißen Nachmittag. Die Flüssigkeit reichte dann auch bis zum Abend, an dem ich in einem kleinen Dorf meinen Zettel, den ich vor der Reise vorbereitet hatte, einer Frau vor einem Haus überreichte. Darauf stand mein allabendliches Anliegen: einen sicheren Zeltplatz für eine Nacht zu finden. Sie verstand und wies mir einen Baum zu, unter dem ich mein Mückennetz aufstellen konnte.

Der Wind fegte noch recht heftig aus Ost, ein paar Kinder äugten neugierig aus sicherer Distanz auf den Fremden mit seinem Rad, Hunde bellten, Hühner suchten auf einem letzten Streifzug noch etwas Essbares im Sand. Nach meinem Nudelabendbrot wurde ich noch zu Fisch, Reis und eiskaltem Wasser eingeladen. Es war weit nach Sonnenuntergang, als ich auf dem blauen Seideninlett lag und versuchte, mich in den Schlaf zu schwitzen. Das gelang mir nur schwer, denn das Thermometer zeigte immer noch einunddreißig Grad an. So lag ich wach und dachte an Wasser, sah noch einmal den fast ausgetrockneten Fluss vor mir, der mir den Tag gerettet hatte. Ich dachte daran, wie wichtig Wasser war und wie wenig das kostbare Nass doch eigentlich geschätzt wurde.

Am nächsten Tag hatte ich schnell Boa Vista erreicht, eine recht trostlose Provinzhauptstadt. Die Stadt erinnerte mich an den deutschen Menschenrechtsaktivisten und Überlebenskünstler Rüdiger Nehberg, der oft von hier aus „operierte". Als gelernter Konditor hatte er sich eine sehr gute Existenz geschaffen, aber immer mehr zog an ihm das Abenteuer, das Extreme. Nach etlichen Expeditionen, die ihn durch die ganze Welt geführt hatten, kümmerte er sich dann speziell um die Ureinwohner, die in Grenznähe zu Venezuela in den achtziger Jahren noch in einer steinzeitlichen Kultur lebten, deren Existenz aber vor allem durch die vielen illegalen Goldsucher bedroht war. Jetzt war ich in dieser Stadt und musste auch irgendwie überleben. Ich brauchte einen sicheren Platz für die Nacht und ging zur örtlichen Feuerwehr, zur sogenannten Bomberos. Doch die wollten mich gar nicht haben. Vor einiger Zeit hatte ein Radler aus Argentinien auf dem Gelände in der Nacht einen Haufen Stress gemacht und sogar versucht, ein Feuer anzuzünden. Dummerweise erwischte ich zufällig die gleiche Schicht, die damals betroffen war. Pech gehabt. Aber man organisierte mir einen Schlafplatz in einer Kaserne der Militärpolizei. Und wenn ich mich recht erinnere, betrug hier die Aufwachtemperatur früh am Morgen, noch vor Sonnenaufgang, schlaffe siebenundzwanzig Grad.

Kalorientanken in Boa Vista

Nach der heißen Nacht unterm Mückennetz packte ich meinen Kram zusammen, kaufte noch in einem Supermarkt ein und trat weiter nach Süden, auf gewohnt gutem Asphalt. Doch jetzt gab es ein anderes tägliches Phänomen, das mich noch viele Wochen im Amazonasgebiet begleiten sollte: Regen! Nicht umsonst heißt es ja Regenwald. Und der machte seinem Namen wirklich alle Ehre. Dazu kam noch die permanent hohe Luftfeuchtigkeit von bis zu neunzig Prozent. Nichts wurde jetzt mehr richtig trocken. Und wenn der tägliche Regenguss vorbei war, machte die Sonne das Reisen unerträglich heiß. Da meine Radhose schon mächtig ausgeleiert war, hatte ich trotz Creme sehr oft schmerzende, wunde Stellen zwischen den Oberschenkeln und der sogenannte „Wolf" sagte dann Guten Tag.

Die Besiedlungsdichte war hier oben eher dünn. Trotzdem klappte es immer irgendwie, dass ich ein Dach bei einem freundlichen Bewohner neben der Hauptstraße Nr. BR 174 fand, unter dem ich mein Mückennetz aufspannen durfte und

Die Straße nach Manaus wird gut in Schuss gehalten

dadurch nachts den einen oder anderen Windhauch genießen konnte. Ohne Überdachung hätte ich mein Zelt aufschlagen müssen – nicht auszudenken, wie viel Schweiß da geflossen wäre. An einem Abend landete ich zum Beispiel bei einem Pärchen auf einer Art Farm, nachdem ich versucht hatte, einen Ort mit dem Namen Bacabal zu erreichen, der übrigens scheinbar nur auf meiner Karte existierte. Routiniert zeigte ich meinen Zettel vor, auf dem im feinsten Portugiesisch mein Anliegen fixiert war, und der Mann, der mir gegenüberstand, lud mich sofort und wie selbstverständlich ins Haus ein. Ich bekam einen Raum für die Nacht und eine Dusche, später dann auch noch Abendbrot.

Als ich nach dem Duschen am Tisch saß, beobachtete ich, wie der Mann eine Messertasche aus einem Fell bastelte, das mich an einen Leoparden oder vielleicht auch an einen Tiger erinnerte. Natürlich versuchte ich herauszufinden, wo er das Fell erworben hatte. Da erzählte er mir unter Einsatz von Gesten mit den Armen und Händen, dass ein Jaguar versucht hatte, eines seiner Schweine zu töten. Gerade noch rechtzeitig kam er mit seinem Gewehr dazwischen und erlegte den Eindringling. Er bastelte weiter an seiner Messertasche und ich bekam ein paar Stückchen Fell als Souvenir mit auf den Weg. Nach diesem erlebnisreichen Tag und schlaffen 161 Tageskilometern schlief ich trotz der Schwüle gut ein. In der Nacht goss es wieder wie aus Strömen vom Himmel. Aber das störte mich in dem Moment nicht, lag ich doch einmal mehr unter dem Dach freundlicher Menschen.

Die Tukuma-Frucht wächst auf Palmen

Die Kilometer nach Manaus purzelten nur so weg. Ein „Nadelöhr" lag aber noch auf dem Weg in die größte Stadt im Amazonasbecken. Es war das große Reservat der Waimiri Atroari, wie die Ureinwohner hier genannt wurden. Hier war es verboten zu übernachten und schon die Durchreise war angeblich sehr gefährlich. Aber solche Auskünfte versuchte ich immer zu relativieren und lag damit meistens richtig. Ich entschied mich, mein Rad nicht auf einen Laster zu laden, sondern durch das Gebiet zu durchfahren. An der Grenze zum Reservat lag eine Kontrollstation der Polizei, an der ich mein Lager aufschlagen konnte. Frühmorgens ging es mit schnellem Tritt los durchs Reservat. Auf diesen 123 Kilometern Asphaltstreifen gab es nichts als Urwald auf beiden Seiten, der sich zwei riesigen grünen Wänden gleich neben unserem Team erhob. Papageien kreischten und unterbrachen die Stille. Ansonsten fuhr ab und zu ein Lkw an mir vorbei, der für etwas Lärm sorgte. Für mich war es ein sehr intensives Naturerlebnis, das ich dort in der Wildnis auf meinem Nasreddin erleben durfte.

Zweimal begegnete ich Ureinwohnern, die von den Palmen Tukuma ernteten. Das sind Früchte mit dünner Schale, einem großen harten Kern und zwei Millimeter dickem, stark aromatischem, ölhaltigem Fruchtfleisch. Kinder sprangen nackt herum, auch die Erwachsenen waren zum Teil spärlich bekleidet, aber doch eher mit T-Shirt und Stoffhose. Auch die Ureinwohner im Amazonas mussten sich der neuen Zeit anpassen. „Ob sie wollen oder nicht", dachte ich, während ich an der Gruppe vorbeirollte. Man winkte mir zu, ich winkte zurück. Irgendwie trafen hier traditionelles Leben und Moderne zusammen. Und es schienen, wie an so vielen Orten dieser Welt, „the last days of the old“ (die letzten Tage der alten Zeit) zu sein, wie mir einmal ein Engländer, den ich in Albanien traf, gesagt hatte. Für einen kurzen Moment machte sich wieder ein wenig Wehmut in meinem Kopf breit.

Zwei Tage später erreichte ich die Millionenstadt Manaus am Rio Negro, richtete mich in einem Hostel für relativ viele Reais (brasilianische Währung) ein und verlebte ein paar schöne Tage.

Fieber und Schlamm

In der Zwei-Millionen-Metropole Manaus wollte ich eigentlich nur ein oder zwei Tage bleiben, aber dann wurden es sechs. Die Pause brauchte ich auch irgendwie. Hier gab es nicht allzu viele Sehenswürdigkeiten anzuschauen, immerhin ein ehrwürdiges Theater und eine kleine, historische Innenstadt. Aber da man hier am Zusammenfluss zweier riesiger Ströme weilte, dem Rio Negro und dem Amazonas, gab es logischerweise einen riesigen Fischmarkt. An der Uferpromenade ankerten viele Flussboote, die hier nicht nur den Transport von Menschen, sondern auch die Versorgung mit Gütern aller Art übernahmen. Der Haupttransportweg war nach wie vor die Wasserstraße.

Jetzt stand ich vor der großen Frage: Sollte ich mich von einem der Amazonasschiffe befördern lassen und die fünf Tage nach Belém auf dem Wasser verbringen, so mit „rumsitzen“, quatschen und essen? Oder sollte ich selbst über Land auf der mysteriösen BR 319 hinunter bis nach Porto Velho fahren? „Mysteriös“ erschien mir diese Straße deshalb, weil mir niemand wirklich beschreiben konnte, was mich auf diesem Weg erwartete. Vor allem über den Zustand der Straße konnte ich nie etwas Genaues erfahren. Mir wurde immer nur abgeraten: viel zu gefährlich, in der Regenzeit nicht zu schaffen usw. Nur als ich an einer Polizeistation nördlich von Manaus einen Stempel für mein Tagebuch holen wollte und mich der Beamte ausnahmsweise einmal auf Englisch fragte, was ich noch vorhätte, hörte ich etwas weniger Negatives zu dem Thema. „Mit dem Rad müsste das zu packen sein“, machte er mir ein wenig Mut.

Natürlich entschied ich mich als einziger aus der ganzen Crew des netten Backpacker-Hostels für die Strecke durch den Wald auf der BR 319. Am 3. Mai, so gegen zehn Uhr, rollte ich los, ungefähr zehn Kilometer waren es bis zur Fähre. Über gleich zwei Flüsse, den Rio Negro und den Amazonas, schipperten wir, weil die Fähre genau an der Mündung der beiden riesigen Ströme übersetzte. Am anderen Ufer angekommen nahm ich noch einen kleinen Imbiss ein, sozusagen als „Henkersmahlzeit", und ab ging die Fahrt auf dem geliebten schwarzen Teerband. Am nächsten Tag berührten meine Reifen noch immer festen Untergrund. Dazu gesellte sich am Nachmittag stundenlanger Starkregen, der sich bis in die Abendstunden hielt. Denkbar ungünstig für die kommende Piste, dachte ich bei mir. Der Asphalt wurde holprig, es gab die ersten Unterbrechungen, aber es radelte sich trotz des Regens noch relativ gut. Doch eine Stunde vor der Dämmerung tauchte sie auf, die Militärstation. Soweit ich informiert war, gab es jetzt endgültig keine „Straße" mehr. Und genau so war es.

Vor mir lag eine unsagbar schlechte und völlig durchweichte Schlammpiste. Ehrgeizig, wie ich war, wollte ich es wissen und versuchte, so weit wie möglich zu kommen, den Tag bis zur Dunkelheit auszunutzen. Das war schließlich die

Auf der Kette liegt nur etwas Schlamm

Devise auf jeder Piste. In der Wüste musste man sich beispielsweise beeilen, um die nächste Wasserstelle zu erreichen und hier, wo es mehr als reichlich dieser Flüssigkeit gab, konnte auf Dauer ein anderer Treibstoff, die Lebensmittel, knapp werden. Nach nicht einmal einem Kilometer rettete ich mich vor Regen und Schlamm in eine große Hütte. Aber ich spürte, dass ich nicht über Nacht bleiben konnte, denn hier wohnte eine vierköpfige Familie. Als der Regen nachließ, gab ich mir einen Ruck und schob weiter, kämpfte mich noch zwei Kilometer weit über den durchfurchten, nassen und schmierig-braunen Weg. Immer wieder musste ich ein Hinterrad anheben und in die „Spur" bringen. Denn das Rad blockierte, so viel Schlamm verkeilte sich zwischen Reifen und Schutzblech. Bei Regen waren die Schutzbleche normalerweise ein Segen, jetzt wurden sie zum Fluch. Auch das Vorderrad verkeilte sich. Das sollte für die nächsten Tage fast zu einem Dauerphänomen werden. Deshalb schraubte ich das Schutzblech am Vorderrad einen Tag später ab, immerhin war dort im Gegensatz zum Hinterrad nur eine Schraube zu lösen. Völlig fertig erreichte ich ein Haus und wurde dort von einem jungen Mann empfangen. Er lächelte. Ich durfte mir Wasser aus einem Fass schöpfen und meinen verschwitzten Körper reinigen. An

Die Hütten waren hier eher selten

diesem Abend putzte ich auch Nasreddin mit einem Wasserschlauch. Das hätte ich mir aber sparen können, denn schon am nächsten Morgen sah das Rad nach nur fünfzehn Metern wieder genauso aus wie vor der Reinigung.

An diesem Abend war ich – physisch und psychisch – völlig am Boden und dachte, dass es vielleicht doch besser gewesen wäre, die Bootsvariante zu wählen. Dennoch wurden es gemütliche Stunden bei gutem Essen und selbst gemachter Limonade. Mein Gastgeber, der mit seiner kleinen, zierlichen Frau hier draußen lebte, betrieb Kung Fu, wie er mir berichtete. Als Tagesabschluss wurde ich noch zu einem Mate-Tee eingeladen, das ist ein spezieller Tee, der vor allem in Argentinien getrunken wird. Dabei saugt man den Sud des Tees vom Boden eines runden Holzbechers mit einem Metallrohr heraus.

Am nächsten Morgen gab es zwar keinen Regen, aber der Boden war auch nicht abgetrocknet. Bei der Luftfeuchtigkeit war das auch kein Wunder. Also quälte ich mich bei voller Leistung durch den Schlamm. Immer wieder tauchten auch ein paar Meter Asphalt auf. „Die Straße ist also irgendwann einmal durchgängig geteert gewesen", dachte ich voller Frust. Sie hatten sie einfach so verfallen lassen und ich musste mich hier herumquälen! In meiner Verzweiflung wurde

Nachtlager auf einem Asphaltfetzen

ich auf die Regierung wütend. Am Nachmittag setze auch noch der obligatorische Regen ein, aber immerhin nicht so lange wie am Vortag. Trotzdem war ich wieder völlig durchnässt. Ob nun vom Schwitzen oder vom Regen, nass war man hier ständig. Und das hatte unangenehme Nebeneffekte. Mein T-Shirt roch manchmal schon ein wenig nach Ammoniak und zwischen den Beinen war auch alles wund. Mitunter schmerzte es so extrem, dass ich fast jeden Abend die Stellen mit Babyöl behandeln musste. Danach war am Folgetag zwar alles wieder in Ordnung. Diese Waffenruhe hielt aber immer nur fünfzig bis sechzig Kilometer an, dann kam der „Wolf" wieder.

Nach vierzig Kilometern dieser Schinderei sah ich eine Ansammlung von Häusern und traute meinen Augen nicht. Hier gab es tatsächlich eine kleine Siedlung! Das Nest stand überhaupt nicht auf meiner Karte. Dafür gab es eine andere Ortschaft auf meiner Karte, die überhaupt nicht existierte. Ich kam an einen Fluss, an dem Kinder Fußball im Schlamm spielten. Wasserkanister dienten als Torpfosten. Wenn der Ball ins Aus ging, musste der Ball schwimmend wieder ins Spielfeld geholt werden. Ein lustiger Anblick. Noch an diesem Abend wollte ich zur anderen Seite übersetzen. Eine rostige Fähre war am Ufer befestigt. Es schien aber niemand da zu sein, um sie zu bedienen. An einer Hütte erkundigte ich mich mit Händen und Füßen nach dem „Fährplan". Mir wurde geantwortet: „Der Mann, der die Fähre bedient, ist nicht da. Er müsste aber bald kommen." „Bald" konnte hier alles bedeuten: eine Minute, eine Stunde, den ganzen Tag. Ich richtete mich lieber auf langes Warten ein. Schließlich konnte ich Nasreddin und mich in ein kleines Ruderboot laden und kostenlos übersetzen, allerdings musste ich mitpaddeln.

Hier oben in den brasilianischen Tropen klang im Mai die Regenzeit langsam aus, das hieß, dass jetzt gerade große Teile des Dschungels unter Wasser standen. Und in diesem Jahr sollte es wohl extrem viel Nass von oben gewesen sein. Ich sah auch hier wieder, dass etliche Häuser noch unter Wasser standen und nicht bewohnbar waren. Aber die Amazonasbewohner sahen das gelassen. Wenn der Wasserstand des Flusses sank, dann zog man eben wieder in seine Hütte ein. So einfach war das.

Auf der anderen Seite des Flusses konnte ich in der örtlichen Kneipe noch zwei Minidosen kaltes Bier trinken und mich unter einem Vordach für die Nacht postieren. Beim Abendessen lauerten drei abgemagerte Hunde, ob nicht doch noch eine Nudel für sie abfiel. Doch ich brauchte jede Kalorie für mich. Die Siedlung sollte die letzte für 350 Kilometer sein. Auf diesem Abschnitt wurde

es am nächsten Tag meiner Reise ganz einsam. Wenige Häuser, quälende Stunden, aber auch schöne Erlebnisse in der Natur prägten für mich die Erinnerung
an die BR 319. Ich begegnete Wildschweinen, Schlangen, Vögeln, Riesenkäfern
und ein paar hier lebenden „Buschmännern" – Menschen, die sich für die Einsamkeit entschieden und in den paar Hütten hier an der Straße ihr Zuhause gefunden hatten.

Ab und zu kamen mir ein oder zwei Geländemaschinen entgegen. Die Männer
waren in der Regel fast immer mit Schrotflinten bewaffnet. „Wenn die mich hier
umlegen und in den Busch zerren, würde mich niemand finden", dachte ich bei
mir. Aber man grüßte jeweils freundlich und jeder fuhr seines Weges. Zweimal
campierte ich auf einem der vielen Asphaltfetzen, wusch mich im Fluss, spülte
den Schweiß aus Radhose und T-Shirt und lief noch ein wenig umher, ohne
Bekleidung, nackt wie ein Ureinwohner in alten Zeiten. Das Kreuz des Südens,
das schon lange zu sehen war, funkelte am Firmament und schien zu sagen:
„Los Tommy, weiter! Hier geht's lang. Das schaffst du schon!" Ich fühlte mich

Ein Fußballfeld im Amazonasdorf

Eine frische Jaguarspur

Rechts vor links

gut, trotz der von den Sandalen wundgescheuerten Stellen an meinen Knöcheln, trotz der wunden Stellen am Hintern, trotz der kraftraubenden Schlammschlacht des Tages.

Doch kurz bevor ich eine gute, geschlossene Asphaltdecke erreichte, wurde ich noch einer Prüfung unterzogen. Schon am Morgen hatte ich mich schwach auf den Beinen gefühlt und dieses Gefühl wurde gegen Abend nur noch schlimmer. Der Tag begann wie immer ohne Regen, aber es blieb nur bis zum Nachmittag dabei. Genau jetzt stand ich wieder am Beginn eines asphaltlosen Stücks Piste. Die weichte auch gleich an der Oberfläche ein paar Zentimeter durch. Voller Wut wollte ich es wissen und trampelte weiter, kam aber nur ein paar Meter, dann fing das Spiel von Neuem an. Mit bloßen Händen entfernte ich den Schlamm von den Reifen. Alle paar Meter der gleiche Kraftaufwand. Ganz laut schrie ich „Scheiße" in den Wald, aber das hörten wahrscheinlich nur die Papageien. Und die schienen mich auszulachen. Dann kam endlich ein Haus. Ich schob Nasreddin – völlig fertig von der Straße – hinüber zu dem Holzhaus. Nachdem ich Quartier bei dem „Waldmenschen" bezogen hatte, kramte ich mein Thermometer heraus, steckte es in den Mund und wartete das Piepzeichen ab. 38,8 Grad. Das war ganz schön happig und konnte schon eine Malaria oder Ähnliches sein, schließlich war ich hier in den Tropen. Doch ich behielt die Ruhe und verschwand zeitig in meinem Seideninlett unter dem Mückennetz. Morgens waren es nur noch glatt 38 Grad. Also rollte und hoppelte ich weiter, langsam und ohne zu viel Kraftanstrengung, und ich hatte Glück: Das Fieber war am Morgen darauf verschwunden. Ich atmete auf und fing wieder ein paar positive Gedanken aus dem Universum ein. Drei Tage später rollte ich in Porto Velho ein. Die Straße BR 319 war somit im Sack und Geschichte. Ein wenig stolz war ich schon, das muss ich zugeben.

Ein Tee auf 4.670 Metern Höhe

Im südlichen Amazonasbecken musste ich wieder eine Entscheidung treffen, denn Porto Velho lag sozusagen an einer Gabelung: Wollte ich weiter auf gutem brasilianischen Asphalt rollen oder über die Grenze nach Bolivien hinüberfahren, um in den nächsten Tagen die auf 3.600 Metern Höhe gelegene Hauptstadt La Paz zu erreichen und dort etwas kühlere und trockenere Höhenluft zu schnuppern? Ich entschied mich für Bolivien, das ich im Zuge meiner Weltumradlung noch gut in Erinnerung hatte. Vor vierzehn Jahren hatte ich schon einmal in diesem Land geweilt, aber ausschließlich in der Höhe, auf der sogenannten Altiplano. Jetzt griff ich La Paz von Norden her an. Das hieß zwar noch einmal für etliche hundert Kilometer Piste, tropische Wärme und Feuchtigkeit. Aber der Reiz, in der bolivianischen Hauptstadt endlich wieder Nachtkühle zu genießen, war zu groß, um diese Strapazen nicht auf mich zu nehmen.

Doch so schnell sollte es nicht gehen, erst einmal musste ich dort hinkommen. Eine Stadt mit dem Namen Guajará-Mirim war die letzte Station in Brasilien. Die Nacht verbrachte ich auf dem Gelände der Feuerwehrstation unter meinem Moskitonetz. Am nächsten Morgen, nachdem ich mir den Stempel für den Pass abgeholt hatte, hievte ich Nasreddin in ein kleines Personenboot, zog mir eine Schwimmweste an und ab ging die Fahrt nach Bolivien. Fast hätte ich es vergessen: Ich musste Karten für zwei Personen kaufen, die andere war fürs Rad.

Die ersten achtzig Kilometer Straße waren vorbildlich geteert und die Distanz hatte ich schnell in den Waden. Am Nachmittag regnete es dann aber wieder wie aus Strömen und das nicht nur eine halbe Stunde, sondern fast noch die

Grenzübertritt von Brasilien nach Bolivien

ganze Nacht hindurch. Da konnte ich von Glück reden, ein dichtes Dach in einer kleinen Kaserne der örtlichen Armeeeinheit ergattert zu haben. Beim Einschlafen dachte ich daran, was mich morgen nach diesem vielen Nass erwarten würde – wahrscheinlich wieder eine Schlammschlacht. Und genau das war der Fall. An etlichen Stellen musste ich Nasreddin mit vollem Einsatz durch die klebrige Pampe schieben, anschließend das Zeug, das sich unter die Schutzbleche gedrängelt hatte, mit einem Stock entfernen und weiterstrampeln ... bis zur nächsten Schlammstrecke. Es war fürchterlich.

Ich hatte noch weit über 500 Kilometer ohne Belag vor mir und es sollte noch viel Regen geben. Unbegreiflich, warum man nicht schon längst eine Hauptverbindung durch Bolivien befestigt hatte. Mir taten die Kraftfahrer Leid, vor allem die, die beruflich Bus und Laster lenken mussten. Unendlich langsam und das Material auf Verschleiß zu fahren, das war für die Entwicklung eines Landes, erst recht für die eines relativ armen Landes wie Bolivien, nicht förderlich. Die schlechte Infrastruktur bremste die Entwicklung noch zusätzlich. Aber was verstand ich schon? Unser Duo jedenfalls, vor allem natürlich mein armes Rad Nasreddin, verschliss auch ganz schön. Bremsschuhe, Kette, Zahnkranz – alles alterte bei der Durchquerung des Amazonasgebiets zusehends. Irgendwie hatte ich auch die Schnauze voll von der ganzen feuchten Angelegenheit, in der ich mich schon seit etlichen Wochen befand. Nichts wurde mehr trocken. Auch um die Technik machte ich mir Sorgen. Foto und Videoausrüstung, Laptop, all das waren für mich existenzielle Sachen.

Kurz vor Yakumo befand ich mich auf einer Strecke, auf der sich Asphalt- und Schlamm-Passagen abwechselten. Die Straße wurde scheinbar gerade gebaut, hatte aber noch viele Abschnitte ohne Belag. Hier legte ich eine Pause an einer Hütte ein, an der eine Indio-Frau kühle Getränke anbot. Ich entschied mich für eine Flasche „Coca Quina", eine Art Cola, setzte mich auf die wacklige Bank vor dem Stand und kam mit ein paar Worten ins Gespräch. „Heute hat es noch gar nicht geregnet", sagte die Frau mit nachdenklicher Stimme, als ob sie das Nass vermissen würde. „Ja, ja", antwortete ich und dachte, dass ich den Regen im Gegensatz dazu überhaupt nicht gebrauchen und er meinetwegen auch ganz verschwinden konnte. Die folgende Nacht verbrachte ich, ein paar Kurbelumdrehungen weiter, unter dem Dach eines offenen, gut ausgefegten Hühnerstalls bei einem netten Bauern, der mit seinen beiden kleinen Söhnen dort alleine lebte. Hinter meinem Moskitonetz piepsten tausend Küken aufgeregt vor sich hin. Hier musste und durfte die Karawane wegen einer Kaltregenfront (siebzehn

Grad!) zwei Tage warten. Zu diesem Anlass kramte ich wieder meinen Schlafsack hervor, den ich die vielen Wochen in den Tropen nicht in Benutzung gehabt hatte. Doch was musste ich da sehen, vor allem aber auch riechen? Der Innenstoff fasste sich etwas schmierig an und das ganze Ding roch sehr eigenartig, fast wie Käse. Aber ich hatte keine Chance, schlüpfte hinein und versuchte, den Gestank zu ignorieren. In diesen Tagen vertrieb ich mir die Zeit mit lesen, Tee trinken und ruhen. Dabei hatte ich viel Zeit nachzudenken. Ich weiß auch nicht, warum, aber ich dachte viel an die verrückten achtziger Jahre in der DDR, an eine sehr schöne Kindheit und vor allem auch Jugend, an die Bulgarienreisen, an die Wochenenden, an denen ich an der Piste gestanden hatte und per Anhalter zur Ostsee getrampt war.

Es wurde wieder wärmer und der Dauerregen verzog sich, also rollten Nasreddin und ich weiter. Bald ging die Schlammschlacht wieder los, wie gehabt. Und wenn es zwischendurch ein oder zwei Tage keinen Regen gab, staubte die ganze Chose, wenn Busse und Lkws sich unserem Duo näherten. Dabei sank kurzzeitig die Sicht auf ein paar Meter und der feine Staub senkte sich auf Pferd und Reiter. Vor mir lagen die Cordillera (Gebirgskette) und da rollten die Speichenräder nicht nur hoch, sondern auch wieder hinunter. Auf zweihundert Kilometern Länge wurde an der Straße gearbeitet. Das bedeutete auch zweimal, dass ich drei bis vier Stunden warten musste, bis die Arbeiter ihren Schutt wegge-

Staubmaschinen

baggert hatten. Die Zeit hätte ich liebend gern genutzt, um weiterzukommen. Es war zum Verrücktwerden: Irgendetwas wollte mich hier unten festhalten.

In einem Tal hatte ich eine Panne. Das Rad musste vor Ort repariert werden. Doch dort war ich nicht allein, die Ecke wurde auch noch von Millionen stechender Sandfliegen bevölkert. Ein paar hundert von ihnen fanden zu meinen Armen und Beinen und beackerten mich unermüdlich. Die Konzentration war in einer solchen Lage ganz schlecht aufrechtzuerhalten. Die kommenden zwei Nächte konnte ich kaum schlafen. Alles juckte wie verrückt. Obwohl ich mir versprach, nicht zu kratzen, fing ich doch irgendwann langsam an und konnte dann nicht wieder aufhören. Es war eine fürchterliche Folter, die mir da von Mutter Natur auferlegt worden war.

Endlich, ein paar Tage später, war ich in Yolosa auf schon 1.100 Höhenmetern angelangt. Der Gipfel- beziehungsweise Passsturm konnte nun also losgehen. Hoch motiviert presste ich die Füße in die Pedale und eroberte Meter um Meter der guten Asphaltstraße, bis ich schon die ersten schneebedeckten Gipfel der Bergkette sah, die mich von der Hauptstadt des Landes trennte. Nachdem ich noch den circa einen Kilometer langen Tunnel San Pedro, der für Radler verboten war, mit den letzten Kraftreserven durchkurbelt hatte, war dieser Kampftag endgültig um. Es dämmerte und ich brauchte dringend eine halbwegs flache Stelle, um mein Ein-Personenzelt zu platzieren. Nach langer Suche fand ich schließlich ein Notlager kurz hinter einer Leitplanke in einer seichten Kurve. Es war schön kalt und die Luft war wesentlich trockener, auf dem Benzinkocher brodelte das Teewasser. Ich war k. o., aber auch irgendwie glücklich, nach über 2.000 Höhenmetern an diesem Tag. Mein Rad wurde noch mit einer Faltgarage abgedeckt. Das bedeutete ein Plus an Sicherheit, da alle Reflektoren verschwanden und die Scheinwerfer der knatternden Vehikel das Lager schwerer aufstöbern konnten.

Am folgenden Tag mussten ungefähr 1.700 Höhenmeter bewältigt werden. Und das war wesentlich schwerer. Schließlich hatte ich noch die schwere Etappe vom Vortag in den Waden und jetzt bremste die dünne Höhenluft zusätzlich die Muskulatur. Nach sehr vielen sogenannten „Sekundenpausen", zwei Mahlzeiten an der Straße und etlichen Fotostopps war ich kurz nach fünfzehn Uhr oben auf dem Paso de la Cumbre angelangt, der 4.670 Meter über dem Meeresspiegel lag. Hier oben befanden sich ein See und ein Superausblick auf den 6.088 Meter hohen Berg Potosí. Ich entschied mich, noch nicht in die Millionenstadt La Paz zu rollen, sondern hier den Abend und die Nacht zu genießen. Der Einzige war ich

Ein gemeinsamer Tee auf dem El-Cumbre-Pass

nicht. Bauern aus tieferen Regionen waren hier mit ihrer Kartoffelernte beschäftigt. Die schmackhaften Knollen lagen überall ausgebreitet auf dem Steppenboden. Drei Tage mussten sie hier liegen, dann erst waren sie so trocken, dass sie eingelagert werden konnten. Ich stellte das Zelt auf und installierte meinen Kocher davor. Jetzt kam der Hunger und die Sonne verschwand hinter den Bergen. Mit einem Schlag wurde es kalt und der Gefrierpunkt war schnell erreicht. Jetzt hieß es so viel wie möglich essen, damit der Körper mit Energie für die Nacht aufwarten konnte. Auch einen Gipfelschnaps gab es in den Tee. Dann kroch ich in den Schlafsack, schloss das Zelt und wartete, bis meine Füße warm wurden. Erst dann konnte ich müder Krieger einschlafen.

Am Morgen, es war so gegen sieben Uhr, wachte ich auf und hörte Schritte direkt am Zelt. Als ich öffnete, stand ein älterer Mann am Lager und bestaunte meine Behausung. Sicherlich fragte er sich auch, was denn unter der schwarzen Faltgarage versteckt war. Als ich sie entfernte, konnte er kaum fassen, dass ein Fahrrad zum Vorschein kam. Wie in vielen Ländern der sogenannten „Dritten Welt" war es für die Menschen hier nicht zu verstehen, wie man sich – als reicher Mitteleuropäer – freiwillig mit einem Rad auf den Weg machen konnte. Er fragte mich auch gleich, ob es denn nicht viel besser wäre, mit dem Auto zu fahren. Man brauchte sich erfahrungsgemäß keine Mühe geben, das zu erklären, denn in vielen Teilen unserer Welt war mein Reiseplan für die Men-

Auf über 4.600 Metern Höhe werden die Kartoffeln getrocknet

schen schlicht und einfach nicht zu begreifen. Also wechselte ich das Thema und fragte ihn, wo er denn die Nacht verbracht habe. Er deutete auf eine blaue Plastikfolie, die ein wenig an ein Zelt erinnerte. In diesem Ding hatte die ganze Familie übernachtet, und das bei einem Kälterekord von sieben Grad unter null, der meinen Schlafsack an seine Grenzen gebracht hatte.

Das Teewasser kochte, vier Minuten später goss ich meinem Besucher und mir ein. Noch einen Löffel Zucker dazu und ein Strahlen über den Luxus am Morgen ließ seinen Tag beginnen. Die Sonne kroch über den Berg und wärmte uns. „Ein schöner Moment auf einem langen Weg", dachte ich und war ein glücklicher Reisender. Wenig später schoss ich auf Nasreddin hinunter nach La Paz, das zweite Mal in meinem Reiseleben. Ich freute mich auf eine Pause von der Kurbelei und auf die klare Bergluft auf 3.600 Metern Höhe.

Pause in La Paz

Schnell war ich in der quirligen Innenstadt, hatte aber keine Ahnung, wo ich hier wohnen sollte. Auf dem Plaza Murillo stieß ich auf eine Gruppe deutscher Touristen, deren Mitglieder mich und mein Rad bestaunten und mir alles Gute wünschten. Einer davon hieß Thomas und wohnte schon seit sieben Jahren hier in der Hauptstadt. Er hatte eine bolivianische Frau und zwei Kinder und war ganz groß im Abenteuergeschäft, organisierte Touren auf Berge und in den Dschungel. Von ihm bekam ich auch den Tipp, dass das Hostel „Cactus" mitten in der Altstadt sehr preiswert wäre. Dann überreichte er mir noch seine Telefonnummer und verabschiedete sich mit den Worten: „Wenn du irgendetwas brauchst, ruf mich einfach an!" Ich zottelte los und fand in einer kleinen Gasse, etwas oberhalb der altehrwürdigen Iglesia de San Francisco (Kirche des Heiligen Franziskus), das kleine Hostel. Hier konnte ich sogar Nasreddin direkt neben meinem Lager abstellen.

Vom ersten Tag an fühlte ich mich hier sehr wohl. Ein Grund dafür war auch der angenehme Preis für mein Bett: umgerechnet drei Euro pro Nacht. Die erste „Amtshandlung", die in der Stadt erledigt werden musste, war allerdings weniger angenehm. Seit etlichen Tagen schon klaffte ein kleines Loch in meinem hinteren Backenzahn. Das hatte ich in Venezuela schon einmal stopfen lassen,

Tomatenverkäuferin

doch die Füllung brach beim Genuss eines harten Karamellbonbons im bolivianischen Dschungel wieder heraus. Zahnärzte gab es hier zwar wie Sand am Meer, aber das war eine Vertrauenssache. Und wem sollte ich vertrauen? Da fiel mir Thomas ein. Ich sollte mich ja melden, wenn ich etwas brauchte. Sofort rief ich ihn an und er vermittelte mir die Zahnärztin seines Vertrauens. Dummerweise wurde es eine größere „Baustelle", die noch einen zweiten Tag Behandlung brauchte. Doch am nächsten Abend strahlte ich und war froh, dass die Angelegenheit endlich vom Tisch war. Auf dem Tisch der Zahnärztin wiederum lagen 350 Bolivianos (circa 35 Euro) als Lohn für die gute Arbeit.

Die Tage vergingen wie im Flug. Viele der Gäste im Hostel wohnten schon seit Wochen hier, manche sogar seit Monaten. Sie besserten sich die Reisekasse etwas mit Nebenjobs auf oder arbeiteten als Ehrenamtliche an irgendwelchen Projekten. Ansonsten quartierten sich hier die sogenannten Low-Budget-Reisenden ein. Die meisten waren nur mit dem Rucksack von Stadt zu Stadt unterwegs. Da

Bei Nacht auf dem sogenannten Hexenmarkt in La Paz

war der Radreisende, der in Zimmer Nr. 1 nächtigte, eine absolute Ausnahme. Für mich lagen die Vorteile klar auf der Hand: Ich war nicht auf die öffentlichen Verkehrsmittel angewiesen, konnte mir meinen Weg durch die Welt bahnen, reiste intensiver, lernte eher die Wirklichkeit kennen und wurde weniger mit dem Tourismuszirkus konfrontiert.

Auf der Weltreise, die mich auch vor vierzehn Jahren schon nach La Paz brachte, hatte ich die Gelegenheit, den 6.088 Meter hohen Huayna Potosí zu besteigen. Aber einen weitaus höheren Berg, eine Art Wahrzeichen der Stadt, hatte der Besucher quasi jeden Tag vor Augen. Es war der gigantisch wirkende Illimani mit seinen stolzen 6.439 Metern. Immer, wenn ich ihn betrachtete, schien er mir zuzurufen: „Besteig mich doch, besteig mich doch!" Vorsorglich erkundigte ich mich nach dem Preis für eine geführte Bergtour und erfuhr, dass diese Touren umgerechnet weit mehr als 300 Euro kosten sollten. Das war für meine schmale Reisekasse zu viel. Aber es gab die Gelegenheit, auch nur einmal an die Wand zu gehen, sich also die Finger am Konglomerat-Felsen „langzuziehen". Klettergurt und Schuhe borgte ich mir für wenig Geld aus und konnte mit einem jungen, sehr talentierten Chilenen drei Tage in der Andensonne dem Sportklettern frönen.

Der Mount Illimani

Das sprach sich auch im Hostel herum und wenige Tage später klopfte es an der Tür. Vor mir stand ein kleiner, drahtiger Mann mit zerzausten, schwarzen Haaren. Er stellte sich als Sergio vor und war sechsunddreißig Jahre alt, wie ich später erfuhr. Ganz direkt fragte er: „Hast du Lust, mit auf den Illimani zu kommen?" Ich musste erst einmal schlucken und hielt das Ganze für einen Scherz, aber Sergio gab nicht auf: „Die Chefin hier im Hostel hat mir erzählt, dass du kletterst." „Ja, Sportklettern. Aber auf die großen Berge gehe ich nur manchmal", antwortete ich. „Egal, wir brauchen noch einen Mann. Das schaffst du schon", kam es aus dem Mund meines Gegenübers. Und die Sache hatte tatsächlich auch keinen Haken. Ich besorgte mir noch die nötige Ausrüstung: Bergschuhe, Steigeisen, Helm, Eispickel, Rucksack und Lebensmittel für drei oder vier Tage. Dazu kamen noch die Kosten für den Bus, der uns in das Bergdorf Pinaya bringen sollte. Insgesamt war das nur ein Bruchteil der Ausgaben einer normalen Tour. Das wollte ich auf jeden Fall wagen, hatte ich doch den Eindruck, dass die Mannschaft, bestehend aus Alex und Sergio aus Argentinien und Lola aus den französischen Pyrenäen, nicht das erste Mal einen Berg erklomm.

An einem Sonntagmorgen bestiegen wir einen regulären Minibus, der uns in stundenlanger Pistenfahrt durch steiles Gelände schließlich in Pinaya auf schon 3.900 Metern Höhe absetzte. Hier mussten wir eine Gebühr für den Berg zahlen, dann ging es zu Fuß weiter ins Campo Basa (Basislager). Dort stellten wir auf 4.500 Metern Höhe unsere Zelte auf und richteten uns für die Nacht ein. Die Sonne verschwand schnell und die Lichter von La Paz und El Alto funkelten in der Ferne. Es war schon ein schönes Gefühl, hier oben sein zu dürfen. Neben unserem Lager grasten Lamas und Schafe gemütlich im kalten Abendwind. Nach Nudeln und Tee verkrochen wir uns in die warmen Schlafsäcke. Beim Einschlafen dachte ich über die kommenden Strapazen auf dem Weg nach oben nach. Doch irgendwann kam der Sandmann und holte mich herüber ins Reich der Träume.

Am Folgetag war ich der Erste, der das Zelt verließ und den kalten Morgen genoss. Ich ging etwas herum, um mich warm zu halten. Der Rest der Mannschaft wartete, bis die Sonne hinterm Berg hervorkam und die Luft anwärmte. Doch an diesem Morgen fiel schon die Hälfte unseres Teams aus. Sergio hatte Kopf- und Magenschmerzen, Anzeichen einer Höhenkrankheit, und Lola hatte sich – wie es mir schien – etwas zu viel vorgenommen und gab hier schon auf. Doch mein Seilpartner Maxi und ich traten am späten Vormittag den beschwerlichen Weg nach oben zum Campo Alto (Hochcamp) an. Beim Aufstieg liefen wir durch

Abends im Basislager auf 4.500 Meter Höhe

alte Moränen, die von verschwundenen Gletschern zeugten. Dabei wurde mir bewusst, wie riesig der Gletscher noch vor wenigen Jahrzehnten gewesen sein musste und dass das Gletscherschrumpfen ein weltweites Phänomen war. Denn jetzt wuchs hier zum Teil schon Gras, auf dem die Lamas weideten.

Ich schnaufte weiter, legte viele Pausen ein. Maxi musste immer auf mich warten. Langsam bekam ich ein ungutes Gefühl und hatte schon ein wenig Bammel vor dem Gipfelaufstieg am kommenden Tag. Waren unsere Leistungsunterschiede zu groß? Das könnte Probleme geben. Egal. Ich schob die Gedanken beiseite und kämpfte mich weiter. Schritt für Schritt, Höhenmeter um Höhenmeter. Schließlich war auch ich auf 5.500 Metern angekommen und konnte den schweren Rucksack im kleinen Hochcamp abstellen. Hier gab es noch zwei andere Seilschaften: zwei Kanadier und einen Deutschen, jeweils mit einem bezahlten Bergführer. Außerdem saß da noch die Indio-Frau vom Basislager am Kochtopf und bereitete die Mahlzeiten für das Pärchen aus Montreal. „Wie ist die hier hochgekommen?", fragte ich mich. Sie konnte ja nur gelaufen sein. Ich war beeindruckt und fühlte mich wie ein kleines Weichei. Für mich jedenfalls war die steile, lange Felspassage schon eine Herausforderung gewesen. Die Menschen hier waren aber an die große Höhe schon seit der Geburt gewöhnt und wahrscheinlich nicht zum ersten Mal hier oben, tröstete ich mich.

Zeitig flüchteten wir uns vor der Kälte ins Zelt und mummelten uns in die Schlafsäcke, wo ich in voller Montur schlief. Mein Schlafsack war eigentlich nicht für solch eine Gipfeltour ausgelegt. Doch ich blieb warm und schlief für diese Höhe recht gut. Um halb zwei piepste meine Armbanduhr. Die Nacht war vorbei. Ich schmiss meinen Benzinkocher an, kochte Tee. Dann noch ein kurzes Notfrühstück. Hunger hatte ich eigentlich keinen, aber ein paar Kalorien waren Pflicht. Mittlerweile war ich total aufgeregt und heiß auf den Gipfel, der noch knapp 1.000 Höhenmeter entfernt im Mondschein vor uns lag. Wir schnappten uns Rucksack, Pickel und Steigeisen, liefen zum Gletscher hinüber, legten die Steigeisen an, verbanden das Seil zwischen unseren Klettergurten und fingen an, im Lampenschein auf dem festen Gemisch aus Schnee und Eis hinaufzusteigen. Maxi stieg gleichmäßig und relativ schnell hinauf. Ich hingegen benötigte immer wieder fünf bis zehn Sekunden Pause zum Durchatmen. Aber irgendwie fanden wir unseren Rhythmus und kamen recht schnell vorwärts. Wir starteten als letzte Seilschaft. Vor uns konnten wir die anderen zwei Gruppen, das heißt die Lichtkegel ihrer Lampen, sehen. Wir schalteten unsere Lampen aus, denn der Mond schien hell und erleuchtete förmlich den Berg. Mit jedem Höhenmeter fühlte ich mich besser und kam richtig in Trab. Doch was war jetzt mit meinem Freund Maxi los? Der Argentinier wurde immer langsamer.

Dann kam uns die Seilschaft mit den beiden Kanadiern entgegen. Die junge Frau hatte Probleme mit ihren Schuhen und angeblich eingefrorene Zehen. Sie gab auf. Wenig später drehte auch Maxi um. Auch er hatte kalte Zehen, behauptete er. Seine Schuhe sahen jedenfalls danach aus. Es waren keine festen Berg-, sondern eher Wanderschuhe. Mit Engelszungen versuchte ich, ihn zu überreden, die letzten 400 Meter Höhe durchzuhalten. Da war aber nichts zu machen. Nun war ich frustriert und musste eine Entscheidung treffen. Technisch war der Berg nicht so anspruchsvoll, das wusste ich. Mein Karabiner am Gurt öffnete sich. Ich hielt ihm mein Seilende hin. Maxi marschierte wieder runter ins Campo Alto und ich kämpfte mich alleine weiter durch die Nacht. Jetzt durfte ich keinen Fehler machen und musste mich voll konzentrieren, hellwach sein und die Angst unterdrücken. Mittlerweile sah ich nur noch zwei Lichtkegel, die des Deutschen und seines Bergführers. Sie waren sehr weit oben. Weit unterm Gipfelgrat, an einer riesigen Eisflanke, suchte ich den Weg, konnte ihn aber nicht ausfindig machen. Da blieb mir nur noch der direkte Durchstieg: an einer fünfzig Grad geneigten Eiswand – allein im Mondschein. Ein beklemmendes Gefühl, aber gleichzeitig auch ein fantastisches.

Mit festem Schlag stachen die Spitzen von Pickel und Steigeisen ins Eis. Meter um Meter. Manchmal schaute ich zurück, hinunter ins Leere, das waren einmalige Gefühle. Schließlich kreuzte ich auch wieder den regulären Pfad und dann ging alles schnell. Wenig später war ich auf dem breiten Gipfelgrad und schließlich pünktlich um sieben, absolut im Zeitlimit, zum Sonnenaufgang auf dem Gipfel, auf dem für mich höchsten Punkt meines bisherigen Lebens, auf 6.439 Metern Höhe.

Es war ein einmaliger Moment des Glücks, für einen Nichtbergsteiger schwer nachzuvollziehen. Doch viel Zeit blieb mir nicht. Ein paar Fotos und dann musste ich wieder hinunter. Die Sonne hat hier in den Tropen auch auf einer solchen Höhe enorme Kraft und bringt das Eis zum Schmelzen. Dann kann man schnell den Halt verlieren und das konnte in meinem Fall leicht zum Absturz führen.

Jetzt war ich schon etwas müde und musste mich sehr konzentrieren. Da gab es die drei Stellen, an denen sich die Gletscherspalten auf ungefähr zwanzig bis dreißig Zentimeter verjüngten. Doch jeweils ein beherzter Schritt und ich hatte auch die gefährlichsten Stellen gemeistert, näherte mich wieder dem Hochcamp. Dort wurde ich wie ein Held begrüßt. „Meine drei Kumpane haben mich wohl nicht lebend zurückerwartet", dachte ich bei mir und musste schmunzeln.

Solo auf 6.439 Metern

Eine kurze Pause, alle Sachen gepackt und es ging weiter den Berg hinunter, bis zum Basislager. Hier verlebten wir noch einen herrlichen Abend in gemütlicher Runde. Am nächsten Morgen ging es dann weiter hinunter zum Dorf Pinaya, rein ins Auto und zurück in die Hauptstadt Boliviens. Dort wurden die geborgten Sachen abgegeben, ich duschte mich und fühlte mich auf schlappen 3.600 Metern über dem Meeresspiegel sehr wohl.

Ehrlich gesagt war die Besteigung des Illimani für mich nicht nur in La Paz ein echter Höhepunkt, sondern auf der gesamten langen Reise von Alaska nach Feuerland. Ich war auch ein wenig stolz, hatte doch der „alte Sack" mit seinen achtundvierzig Jahren als Einziger der Gruppe den Gipfel gemeistert. Wieder musste ich schmunzeln.

Auch die kommenden Tage vergingen wie im Flug. Hier in der Altstadt von La Paz hatte ich die Ehre, auf dem gigantischen Gran-Poder-Umzug dabei zu sein. Es ist in dieser Region das wichtigste traditionelle Tanzfest, mit mehr als 35.000 Teilnehmern und einer Länge von acht Kilometern. Dabei wird Morenada, der Schutzpatronin von La Paz, die meiste Ehre erwiesen. Nach dem Fest besuchte ich den Titicacasee und die Ausgrabungsstätte in Tiahuanaco ohne Fahrrad, ausnahmsweise bestieg ich mal den Bus. Aber nach über einem Monat

Masken sieht man bei Gran-Poder-Festival reichlich

an einer Stelle spürte ich nun einen unsagbaren Drang nach Entdeckung. Und zu erkunden gab es eine Menge, das wusste ich aus Erfahrung. Es kribbelte wieder, ich musste weiter.

Überfall, Fußball und Salz

Ich war zwar kein Fußballfan, aber irgendwie ließ man sich doch von der ganzen Weltmeisterschaftsbegeisterung anstecken. Also hatte ich mit mir ausgemacht, nicht eher weiterzureisen, bis unsere Nationalmannschaft verloren hatte und die Heimreise antreten musste. Doch die deutschen Spieler schafften es in Brasilien bis zum Endspiel und gewannen auch noch 1:0 gegen Argentinien. Das war am 13. Juli 2014. Also konnte ich erst am 14. Juli endgültig losrollen.

Aber auch ein negatives Ereignis bremste meine Weiterreise. An einem Donnerstag verbrachte ich – wie so oft – den Abend im Almatroste, einem Club mit einer Kleinkunstbühne. Dort war mehrmals in der Woche ein kleines Kulturprogramm organisiert, man konnte nette Menschen aus der Kulturszene von La Paz kennenlernen und sich gut aufgehoben fühlen. Es war schon weit nach Mitternacht und ich beschloss, mich per pedes zum Hostel Cactus zu bewegen, um mich in mein Bett zu legen. Schon viele Wochen war ich in der Hauptstadt, lief bei Tag und Nacht alleine durch die Straßen und fühlte mich sicher, vielleicht zu sicher. Denn das sollte sich in dieser Nacht noch auf dramatische Weise rächen. Als ich in der Nähe der Kirche Iglesia de San Francisco die gepflasterte Straße hinaufkeuchte – man war hier auf circa 3.600 Metern Höhe – wurde ich ohne Vorwarnung von hinten von zwei jungen, kräftigen Männern niedergeschlagen. Sekunden später kam ich sitzend an der Mauer der Kirche wieder zu mir, hielt mein Pfefferspray in der Hand und wehrte mich nach Kräften. Als die Banditen merkten, was für ein wehrhaftes Opfer sie sich ausgesucht hatten, ergriffen sie die Flucht. Ich rannte taumelnd hinterher. Dramatische Szenen.

Sie verschwanden. Alle Taschen waren geöffnet und alles war weg, aber auch wiederum fast nichts. Das war bereits mein dritter Raubüberfall und ich nahm seitdem generell nicht mehr viel mit, wenn ich nachts umherstreifte. Die Bösewichte erbeuteten insgesamt meine alte, schon etwas kaputte Lesebrille, umgerechnet fünf Euro Bargeld, eine Geldbörse im Wert von einem Euro und eine Kopie von meinem Pass. Das war es. Dennoch rannte ich zu meinem Quartier. Blanca, unsere „Hostelmutter", öffnete und fiel fast in Ohnmacht, als sie mein

Gesicht sah. Ich musste schrecklich aussehen. Diese erste Ahnung bestätigte sich, als ich mich im Spiegel betrachtete. Am rechten Auge klaffte eine blutende Platzwunde, aus Nase und Mund quoll das Blut. Mit meiner Zunge inspizierte ich alle Zähne und fühlte, dass nur zwei kleine Stückchen Zahnschmelz das Weite gesucht hatten. „Glück gehabt", dachte ich, während draußen kurz die Sirene eines Krankenwagens zu hören war. Man hatte schon den Unfallwagen gerufen. Ein junger Arzt stieg aus, reinigte meine Platzwunde und sagte, er müsse sie mit vier Stichen nähen. Ruhig ließ ich die Prozedur über mich ergehen. Nachdem alles steril abgeklebt war, schlich ich ins Bett und konnte erstaunlich gut einschlafen. Ob das die Betäubungsspritze war?

An einem Montagmorgen, die ehemalige Platzwunde war mittlerweile nur noch ein kleiner Strich, eine Mininarbe sozusagen, ging es ans Verabschieden. Nach insgesamt sechs Wochen an einer Stelle – übrigens Rekord – war ich froh, dass es endlich weitergehen konnte. Blanca wurde noch einmal umarmt und ein junger Reisender aus Berlin wollte – noch von den Weltmeisterfeierlichkeiten des Vorabends benebelt – eine Probefahrt auf Nasreddin unternehmen, scheiterte

Nach dem Überfall im Hostel

aber am Gewicht des Rades und fiel um. Jetzt war ich am Zug und rollte hinunter zum San-Francisco-Platz, drehte mich ein letztes Mal zur alten spanischen Kirche um und kurbelte nach El Alto hinauf, auf circa 4.000 Meter Höhe. Nach sechs Wochen des Herumgammelns ging das erstaunlich gut und schon bald erreichte ich die Kante und war somit auf der Altiplano (Hochebene). Hier war es relativ flach und ich kam gut vorwärts.

Wenn da nicht wieder diese Baustelle gewesen wäre. Auf der gesamten Strecke bis nach Oruro versuchte man über zweihundert Kilometer hinweg die Straße auf vier Spuren zu erweitern. Schon nach wenigen Stunden Radeln waren meine frisch gewaschenen Sachen eingestaubt. „Das muss wohl so sein", dachte ich und kämpfte mit leichtem Rückenwind unser Duo Kilometer um Kilometer durch die vom Lkw-Staub durchsetzte Luft. Ab und zu musste ich eine kleine Steigung bewältigen und merkte dann sofort, auf welcher Höhe ich mich befand. Man fuhr hier oben eben nicht mit voller Leistung. Das war logisch, es fehlte einfach der Sauerstoff. Um gut voranzukommen, musste man einen ruhigen, gleichmäßigen Rhythmus finden.

In der ersten Nacht bekam ich erstaunlicherweise ein Quartier bei einer Bauernfamilie. In dem Speicher, der einer Abstellkammer glich, wurde alles Mögliche gelagert. Ein paar Säcke wurden beiseite geräumt und schon hatte ich Platz für Rad und Schlafsack. „Es wird sehr kalt in der Nacht", sagte mein Gastgeber mit sorgenvollem Gesicht, als er meinen Schlafsack sah. „Der ist warm genug", beruhigte ich ihn und schmiss meinen Benzinkocher an. Wie schon so oft machte dieser großen Eindruck und wurde mit ungläubigen Augen bestaunt. Als ich erklärte, dass darin Tankstellenbenzin verbrannt wurde, war man dann völlig verblüfft. Diese verwunderte Reaktion kannte ich nicht nur aus Bolivien, hatte ich doch mit meinem Kocher oft einen besseren „Küchenherd" zur Verfügung als die Frau des Hauses. Denn häufig wurde noch auf Holzfeuer gekocht oder es wurde, wie an diesem Abend, die Mahlzeit der Familie auf einem stinkenden Petroleumkocher zubereitet.

Die kommenden Nächte verbrachte ich dann in meinem Zelt. Es schien immer kälter zu werden, aber ich fuhr ja auch nach Süden. Bei dem Wort „Süden" denkt bestimmt so mancher Leser an sonniges, warmes Klima. Doch hier, auf der Südhälfte unserer „Pacha Mama" (Mutter Erde), war alles umgekehrt. Hier bedeutete Süden eher Kälte. Aber vorerst waren Nasreddin und ich noch in tropischen Gefilden unterwegs und die Sonne hatte hier am Tag richtig Power und strahlte gute Wärme ab. In den Nächten wurde es jedoch immer kälter.

Nachtlager im Schuppen einer Bauernfamilie

Durch die extrem trockene Luft fiel das Thermometer wie im freien Fall auf manchmal zehn bis zwölf Grad unter null. Da konnte mein schon sehr benutzter Schlafsack nicht immer dagegenhalten. Deshalb zog ich zum Schlafen oft alle Sachen an, die ich dabei hatte, deckte mich mit dem Seideninlett zu, legte dann den Schlafsack darauf und warf zum Schluss noch die Faltgarage des Fahrrads darüber. So hatte ich es warm genug, doch Nasreddin musste frieren.

Südlich von Oruro rollte ich auf gutem, durchgehendem Asphalt schnell weiter. Schon nach etwas mehr als hundertzwanzig Kilometern war der schöne Spaß leider aber schon wieder vorbei und es fing eine erbärmliche Sandpiste an. Doch auch hier baute man an der zukünftigen Asphaltstraße und der Untergrund war größtenteils schon fertig, so dass ich trotzdem noch recht gut vorankam. „Sie bauen also die Straße bis Uyuni aus, um die Touristen dort unproblematischer herankarren zu können", waren meine logischen Gedanken. Touristisch hin, touristisch her, auch für mich war diese Gegend ein gewolltes Pflichtprogramm, denn hier hatte die Natur etwas Einmaliges geschaffen: einen riesigen Salzsee, den Salar de Uyuni. Diese weiße Fläche von 10.000 Quadratkilometern stellt

Abendlicher Blick auf den Salar de Uyuni

die größte Salzpfanne der Erde dar und liegt 3.653 Meter über dem Meeresspiegel. Als ich an einem späten Nachmittag den Rand dieses Gebildes erreicht hatte, war ich überwältigt von der Faszination, die dieser See auf mich ausübte. Vor mir lag eine schier unendliche weiße Weite, die in der tief stehenden Sonne eine eigenartige Ruhe ausstrahlte. Auf dem Salz fuhr ich ein paar Kilometer vom Rand entfernt in Richtung Westen, dann entschied ich mich für eine unvergessliche Nacht und stellte mein Zelt mitten auf dem steinharten, weißgrauen Salz auf. Zeltheringe bekam ich hier natürlich nicht in den „Boden", aber die Nacht schien friedlich und windstill zu sein.

Kein Mensch weit und breit, war ich allein auf dem Salz, über mir die Sterne und schräg im Süden das gleichnamige Kreuz des Südens. Für die historische Seefahrt war dieses Sternbild ein Segen gewesen, denn dadurch konnte leicht der geografische Süden bestimmt werden. Absolute Ruhe umgab mich, wie in einer Wüste. Eigentlich war das hier auch eine Wüste, nur dass hier Salz statt Sand regierte. Am Morgen weckte mich die Sonne und umarmte mich mit ihren wärmenden Strahlen. Ich schmiss den Kocher an, zauberte mir eine Haferschleimsuppe mit Zucker, packte alle meine Habseligkeiten wieder ein und setzte meinen Weg fort.

Der Dampflokfriedhof in Uyuni

Am Stadtrand von Uyuni lag ein Zugfriedhof, auf dem eine ganze Ära der Fern-
verkehrsgeschichte „bestattet" lag. Nicht nur etliche Dampfloks wurden dort beigesetzt, sondern auch Güterwaggons etc. Es war schon ein eigenartiges Bild, das
sich mir da bot. Heute fahren nur noch sporadisch ein paar Güterzüge auf den
schlecht gewarteten Schienen der Altiplano. Vor mir lagen noch ein paar flache
Kilometer und eine Sandpiste, die sich in eine „Wellblechpiste" verwandelt hatte. Die motorgetriebenen Fahrzeuge, die hier über den Sand jagten, hatten eine
seltsame Formung des Untergrunds erzeugt und so reihte sich Höcker an Höcker
in kurzen Abständen von zehn bis zwanzig Zentimetern aneinander. Im Gegensatz zu den Autofahrern konnte ich hier nicht dahinjagen, sondern musste mich
geduldig fügen und stunden-, ja tagelang über diese Piste schlackern. Am Ende
war es wie mit vielen anderen Dingen: eine Kopfsache. Man musste sich auf solchen Streckenabschnitten auch ein wenig fallen lassen, das hieß, früh aufstehen,
losfahren und einfach so radeln, wie man sich fühlte, nicht überziehen, nicht auf
den Kilometerzähler starren und wenn die Sonne tief stand, sein Lager errichten,
entspannen, Kräfte für den nächsten Tag sammeln und dann weiter.
Hier oben in dieser kargen, mit wenig Regen gesegneten Ecke unserer Erde
lebten wenige Menschen. Meines Erachtens nach gab es auch hier eine mas-

sive Landflucht. Viele suchten in den großen Städten wie La Paz oder El Alto ihr Glück, packten ihre Siebensachen und zogen vom Land in die Stadt. Ich durchstreifte etliche verlassene oder fast ausgestorbene Dörfer, die eher an die Geisterstädte aus einem Wildwest-Film erinnerten. Zwischen den eingefallenen Häusern hausten meist nur noch ein paar alte Menschen, die in der Heimat zurückgeblieben waren und mit ihrem Tod die Siedlung endgültig zur Geisterstadt machen würden.

Mit der Durchquerung der Cordillera de Lipez war es dann endgültig vorbei mit „plano" (flach) und eine geneigte Ebene reihte sich an die nächste. Nachts stürmte oft ein eisig kalter Wind um mein Zelt und rüttelte mich, wollte mich nicht einschlafen lassen. Das war alles wie eine letzte Prüfung in Bolivien, doch davon ließ ich mich nicht abhalten. Zielstrebig ging es die Hügel hoch und wieder hinunter bis nach Tupiza, der letzten größeren Stadt auf dem Territorium Boliviens. Endlich hatte ich es geschafft, war wieder auf dem Asphalt und nur noch eine Tagesreise von Argentinien entfernt.

Die letzte Nacht in Bolivien schlief ich im Klassenraum einer Schule

Unterwegs mit acht Hufen

Dann folgte ein sehr windiger, ja stürmischer Grenzübertritt. Am Morgen des letzten Tages in Bolivien schlief ich in einem kleinen Dorf im Klassenzimmer einer Grundschule. Schon in der Nacht kam Wind auf, der sich am Morgen schnell zu einem Sturm ausweitete. Das war ein Winddruck, den ich nur von den Steppen Kasachstans oder der Mongolei kannte. Durch die trockene Landschaft wurden Tonnen von Sand durch die Luft transportiert. Ich fühlte mich völlig den Elementen ausgesetzt, umklammerte meinen Lenker und konzentrierte mich aufs Fahren, denn schon eine einzige seitliche Böe hätte mich von der Straße blasen können. Der Himmel war dunkelgelb vom Staub. Gegen Mittag konnte ich die Konturen einer Siedlung erkennen, es war Villazón. Ein letztes preiswertes Mittagessen fungierte sozusagen als „Henkersmahlzeit", dann ging es zum Grenzposten. Beim bolivianischen Personal kam ich schnell durch, es gab nur eine kurze Warteschlange. Die längere war dann auf argentinischer

Das erste Foto in Argentinien

Seite: Hier fand ich wieder das typische, hektische Treiben, wie ich es von etlichen Grenzen der Welt kannte. Immer wieder warf ich einen Blick auf Nasreddin und überzeugte mich, dass er noch an der Stelle wartete, an der ich ihn abgestellt hatte. Zwei Beamte versprachen mir aufzupassen, doch sie waren sehr mit den Passanten beschäftigt. Man wusste es ja nie. „Sicher ist sicher" war auch hier die Devise.

Schließlich war ich an der Reihe. Ein untersetzter Beamter sagte mir mit ernster Miene: „Als Deutscher bekommen Sie keinen Eintritt nach Argentinien! Ihr habt uns den Weltmeistertitel weggeschnappt!" Sein ernstes Gesicht verwandelte sich in ein Grinsen – es war nur ein Scherz. Erleichtert atmete ich auf, schob den roten Pass mit dem goldenen Adler darauf zu ihm, er stempelte und ich hatte neunzig Tage Zeit, im Land herumzureisen. Wieder einmal musste ich nicht wie alle anderen Papiere ausfüllen und war froh über den Besitz eines so guten Reisedokuments, das in der Rangfolge wahrscheinlich gleich nach einem Diplomatenpass kam.

Der Sturm machte natürlich nicht an der Grenze halt, sondern blies mir auch hier mit starker Kraft teilweise schräg von vorne ins Gesicht. Mit nicht einmal zehn Stundenkilometern kroch ich durch die flache Landschaft. Die Musik in meinen Ohren half, mich etwas abzulenken. In solchen Momenten dachte ich nur noch: „Hoffentlich ist dieser Tag bald um und ich finde einen Platz, der windgeschützt ist." Viel Hoffnung hatte ich allerdings nicht auf dieser baumlosen Hochebene. Dann kam das erste Dorf und mit ihm ein kleiner Laden. „Erst mal hinein und Preise checken", dachte ich. Ich stieg vom Fahrrad, nahm meine Lenkertasche ab und klopfte an die verschlossene Tür. Ein etwa elfjähriger Junge öffnete mir. Aber viel zu „checken" gab es hier nicht, weil es einfach nur sehr wenige Waren gab. Da waren Brötchen, abgepackt zu einem halben Kilo, und Wein im Karton. Das kannte ich noch aus Chile. Für relativ wenige Pesos kaufte ich einen Sack Brötchen und einen Ein-Liter-Karton Rotwein mit dem klanghaften Namen „El Toro".

Wenig später hatte ich wider Erwarten tatsächlich einen halbwegs sturmgeschützten Platz in der Nähe eines Farmhauses hinter einer Betonwand gefunden. Ich war fix und fertig. Froh, dass dieser Kampftag endlich vorbei war, baute ich mein Zelt auf der Betonfläche auf, aß ein paar frische Brötchen und trank – aus Versehen – den ganzen Karton Wein aus. Ich dachte, dass er wie bei uns zu Hause neun oder zehn Prozent Alkohol hätte, denn eine Angabe hierzu konnte ich nicht erkennen. Wenn ich ehrlich sein soll: Am Ende war ich blitzeblau,

Das Lama ist hier reichlich präsent

Stachliger Stamm

kroch mit den Kopfhörern meines MP3-Players im Ohr ins Zelt, vergrub mich im Schlafsack und war sofort weg. Über mir pfiff der eisige Sturm. Doch davon bekam ich nichts mehr mit. Erst am frühen Morgen entdeckte ich im „Klein-gedruckten" die Ursache für meinen abendlichen Ausfall: dreizehnprozentiger Rotwein und die Erschöpfung waren es, die mir einen so tiefen Schlaf ermög-licht hatten. Die Sonne kam hoch, der Sturm war weitergezogen und es wehte nicht einmal mehr ein laues Lüftchen. Unglaublich!

Weiter ging es gen Süden, in einen sonnigen und friedlichen Tag hinein. Doch die bitterkalten Nächte blieben mir treu. Ich musste, so schnell es ging, auf „Überlebenshöhe" herunterkommen, das war mir klar. Noch am selben Tag er-reichte ich nach einem sehr flachen Pass, bei dem es noch ein letztes Mal in Richtung der 4.000-Meter-Marke hinaufging, das Tal des Rio Grande, der zu dieser Jahreszeit dank des Mangels an Niederschlag eher einem Rinnsal glich. Trotz des typischen thermischen Windes, der mir moderat entgegen blies, rollte ich schnell Höhenmeter um Höhenmeter hinunter. Es wurde etwas grüner und riesige Kakteen, die denen aus Arizona im Südwesten der USA glichen, zogen an mir vorbei. An einer Stelle stand ein grünes Schild mit der Aufschrift „Tropico de Capricornio" am Wegesrand. Ich bremste und postierte Nasreddin und meine Wenigkeit vor dieser schlichten Tafel. Denn an dieser Stelle, am südlichen Som-mersonnenwendekreis, verließ ich – zumindest geografisch – die Tropen. Ein, wenn man so will, kleiner historischer Moment.

Nach zwei weiteren Nächten mit Frost war ich wieder in wärmeren Gefilden. Nur noch wenige Meter über dem Meeresspiegel wärmte sich die Luft auf sehr angenehme Werte auf. In dieser Ebene breiteten sich wieder Felder und Obst-plantagen aus. Doch die gigantische Szenerie der Anden konnte ich noch zwei weitere Tage links von mir im Dunst sehen. „Dort oben warst du für viele Wo-chen", dachte ich mit etwas Befriedigung in der Seele. Ich war ein wenig stolz, aber auch froh, dass ich diesen Streckenabschnitt ohne große Probleme gemei-stert hatte.

Die Sonne stand schon tief. Wieder ging ein schöner Tag zu Ende und ich sah je-manden mit zwei Pferden neben der Straße gemütlich und langsam dahinreiten. Als ich näherkam, erkannte ich einen Mann, der auf einem Maulesel saß. Neben ihm trabte ein schwarzes Pferd, das mit reichlich Gepäck versehen war. Schnell holte ich ihn ein und grüßte. Im Arm hielt er einen kleinen, weißen Hundewel-pen, außerdem noch einen Stock, an dem die argentinische Fahne wehte. Er grüßte zurück, stoppte sofort seine Karawane und stieg ab. Wir setzten uns erst

Julio mit Pferd und Maulesel

einmal ins Gras am Straßenrand und jeder holte etwas zu essen heraus, legte alles in die Mitte und wir pausierten gemeinsam. Seine beiden Begleiter waren an einem Baum angebunden und schienen froh über die Pause zu sein: ein Maulesel, vierzehn Jahre, und ein Pferd, acht Jahre alt. Er selbst hieß Julio, war fünfzig Jahre alt und schon seit neun Monaten unterwegs. Seine Heimatstadt war Córdoba im Nordosten Argentiniens. Von dort war er aufgebrochen, um für eine gewisse Zeit einen anderen Lebensstil auszuprobieren. Unterwegs war er nach Machu Picchu in Peru.

Wir aßen gebratenes Huhn mit Reis. „Das wurde mir heute geschenkt", berichtete er strahlend. Der kleine Hund bekam die Knochen und war beschäftigt. „Wie viele Kilometer kommst du denn so voran?", fragte er mich. „Wenn alles gut geht, so hundert bis hundertfünfzig Kilometer am Tag", antwortete ich, als wäre es das Normalste der Welt. Er schluckte: „Hundert bis hundertfünfzig Kilometer? Das ist aber viel. Bei mir sind es so zwanzig bis dreißig Kilometer, dann brauchen die Tiere eine Pause. Aber das ist ja auch egal. Unterwegs sein zählt. Eigentlich: Je langsamer, desto besser." Ich nickte und kaute weiter. Langsam fing es an, zu dämmern. Wir wollten gemeinsam lagern, das stand schon fest. Aber wo? „Ach, gleich neben der Straße. Das mache ich oft so", schlug ich vor. Ein Stückchen weiter räumten wir etwas Buschwerk zur Seite und bauten unsere Zelte auf. Ich kochte für uns einen Tee.

Julio bat mich zu sich herüber, weil er seine Taschenlampe nicht finden konnte. Wir leuchteten in sein gesamtes Gepäck, auch in die selbst genähten Packtaschen, konnten sie aber nicht finden. Dabei sah ich auch seine Ersatzteile und das Werkzeug und musste schmunzeln. Was bei mir Speichen, Naben, Bremsgummis und Bodenzüge waren, waren bei ihm Hufeisen, Hufnägel, Lederriemen, Medizin und Spritzen für das Pferd und das Maultier. Und sein Werkzeug bestand natürlich nicht aus Speichenschlüssel, Inbusschlüssel, Nietendrücker und Kurbelabzieher, sondern aus Hufhobel, Hufraspel, Hufschneidezange und einem Hammer. In seinem Zelt saßen wir noch ein Weilchen auf den Pferdedecken, der kleine weiße Welpe war schon im Reich der Träume und wir unterhielten uns noch über unsere aktuellen Abenteuer. Dann schlich ich in mein Zelt und kuschelte mich in meinen Schlafsack. Über uns wachte das Kreuz des Südens.

Fast ohne Verkehr durch Formosa

Schon sehr früh brach Julio auf, ich rollte erst etwas später durch die Ebenen von der Provinz Salta hinein in die Provinz Formosa. Hier wehte ein Wind aus dem Norden und heizte ganz schön ein. In Formosa gab es, grob gesagt, nur eine Asphaltstraße, die zur Grenze nach Paraguay führte. Rechts und links des Asphaltstreifens vegetierte nur trockener Busch vor sich hin, deshalb könnte man diese Gegend auch ruhigen Gewissens als Savanne bezeichnen.

Über die Hügel zum Atlantik

Meine letzte Nacht in der Provinz Formosa verbrachte ich unter meinem Mückennetz in der Küche der Feuerwache von Clorinda. Hier wurde mir auch eine Dusche angeboten – es war die erste Vollwäsche seit La Paz und dadurch mit vierzehn Tagen der zweite Rangplatz in puncto Nicht-Waschen. Der Rekord stammt immer noch aus dem Jahr 2003, als ich in der Mongolei glatte drei Wochen lang kein Wasser an meinen Körper lassen konnte. Aber bei minus sechzehn Grad hätte der Leser bestimmt auch keine Lust gehabt, in einen kalten Fluss zu springen. Und bei der extremen Kälte, wie ich sie ja auch nachts in den bolivianischen Höhen hatte, war es gut, wenn die Haut ein wenig fettig war. Das wärmte ungemein. Natürlich genoss ich aber das warme Wasser und die Seife auf meiner Haut an diesem Abend sehr. Ein unglaublich schönes Gefühl.

Frisch geduscht rollte ich am nächsten Morgen zur Grenze, verabschiedete mich erst einmal von Argentinien und begrüßte nach nur fünf Tagen ein neues Land: Paraguay. Der Grenzbereich in Paraguay machte einen erbärmlichen Eindruck auf mich. Schräge Gestalten wollten Geld tauschen, fragten aufdringlich, wo es hingehen sollte oder machten sich ein wenig über unser Duo lustig. Kurzum, ich fühlte mich sehr unwohl, machte mich auf alle möglichen Zwischenfälle gefasst und wollte nur schnell die 350 Kilometer hinter mich bringen und mich nach Brasilien hinein retten. Meine letzten argentinischen Pesos musste ich dann doch bei einem solchen Straßenhändler in die paraguayische Landeswährung umtauschen. Ich war mir nicht sicher, ob er mich dabei nicht ein wenig betrogen hatte. Da ich aber keine Bank ausmachen konnte, musste ich mit dem mulmigen Gefühl leben, zumal ich dann auch einen 100.000-Guarani-Schein in der Hand hielt. Aber nach weiteren Erkundigungen über den aktuellen Wechselkurs war alles wieder okay. Für einen Euro bekam ich an diesem Tag ungefähr 5.700 Guarani. Schnell holte ich den Taschenrechner aus der Lenkertasche her-

Kilometerstein in Paraguay

vor und stellte nach etwas Tippen fest, dass man mit 180 Euro hier schon zum Millionär wurde. Wahnsinn!

Die Räder rollten ein paar Kilometer von der Grenze fort und da geschah das Wunder: Die Menschen waren freundlich, alles machte einen aufgeräumten Eindruck. Ganz schnell fühlte ich mich plötzlich doch sehr wohl in Paraguay, trotz der jetzt beginnenden Hügellandschaft und des leichten Gegenwindes. Das Sahnehäubchen gab es dann am späten Nachmittag. Ein Pick-up hielt neben mir, ein Mann ließ die Scheibe herunter und fragte, wo ich herkäme. Als er mich als deutschen Langzeitreisenden ausgemacht hatte, erzählte er, dass er seine Lkw alle aus Deutschland und den Niederlanden gebraucht importierte und hier verkaufte. Er wies auf ein Gelände, das schräg neben uns auf der rechten Seite lag. Dort stand ein Haus. „In dem kannst du es dir bequem machen, dich duschen und in einem Bett schlafen", meinte er. Das ließ ich mir nicht zweimal sagen, stieg vom Rad und beendete den Tag. Auch in den anderen Nächten hatte ich nie Schwierigkeiten, zumindest für meinen Wigwam ein schönes Plätzchen zu finden. Überall stieß ich auf freundliche und hilfsbereite Leute. Es war nur

Meine Tasse wird in Paraguay repariert

schwer, sich wieder an die Hügel zu gewöhnen: In kurzen Abständen musste ich immer wieder hoch und herunter und das schlauchte, vor allem im Kopf.

Ich durchquerte Paraguay im südlichen Teil auf einer waagrecht verlaufenden Straße, um mich zielstrebig auf die berühmten Iguaçu-Wasserfälle zuzubewegen. Weiter sollte es dann ein Stück durch die Provinz Misiones im Norden Argentiniens gehen. Diese Provinz sah wie ein Finger aus, der sich zwischen Brasilien und Paraguay nach Norden streckte. Am oberen Ende dieses Fingers lagen an beziehungsweise auf der Grenze diese schönen Wasserspiele der Natur. Da es in der Nähe keine andere Möglichkeit gab, die argentinische Seite des Wasserspektakels zu erreichen, musste ich mich ungefähr zwanzig Kilometer lang durch Brasilien und, besonders mit dem Rad nervig, durch den Verkehr der Stadt Foz do Iguaçu quälen.

Noch war ich in Paraguay, näherte mich aber trotz ständigem Auf und Ab schnell der Grenze zu Brasilien. In der paraguayischen Grenzstadt Ciudad del Este (Stadt im Osten) begegnete mir das übliche Grenzgewusel. Jedermann schien hier noch ein Geschäft machen zu wollen, alle wollten etwas verkaufen, tauschen oder handeln. Ich fühlte mich hier unwohl, auch ein wenig unsicher und verließ die Stadt und das Land Paraguay in Richtung Brasilien.

Hier blieb ich nur zwei Stunden, in denen ich mich kurbelnd durch Foz do Iguaçu, eine relativ große Stadt, kämpfte. Da es sich auf der argentinischen Seite preisgünstiger leben ließ, zog ich es vor, mich für zwei Tage im kleinen Touristenort Puerto Iguaçu niederzulassen. Also wieder eine Grenze. Die Brasilianer entließen mich „in allen Ehren", doch ein Beamter der argentinischen Seite stoppte unsere kleine Karawane und ich musste mein ganzes Gepäck absatteln und aufs Band legen. Alles wurde geröntgt. Das hatte ich nicht erwartet. Ich überlegte und mir fiel ein, dass eine so aufwändige Kontrolle tatsächlich schon lange her war. Im Juli 1998 stand ich mit weichen Knien an der Grenze von Kasachstan nach China, damals noch mit meinem Rad Else. Die Chinesen durchleuchteten auch alles. Damals war das wahrscheinlich mein Glück, denn es lenkte die Aufmerksamkeit des Beamten von meinem Visumsstempel ab, den ich mit einer Rasierklinge von dreißig auf sechzig Tage verlängert hatte. Jedenfalls hielt ihn der chinesische Beamte für echt: Gute Arbeit, Tommy!

Auch jetzt hatte ich etwas zu verbergen. Zur Verteidigung im Ernstfall hatte ich verschiedene technische Hilfsmittel im Gepäck: eine Flasche Pfefferspray in normaler Größe, mein Bärenspray aus Alaska, in dem 290 Gramm Pfefferspray lagerten und das bis zu zehn Meter weit sprühte, und ein „Bear Banger" genannter Metallstift aus Kanada, der wie ein gelber Kugelschreiber aussah und auf dem eine Art Patrone aufgeschraubt war. Wenn sich ein Bär oder etwas Ähnliches auf unter sieben Meter näherte, konnte man damit losschießen. Ein Knall und eine gigantische Stichflamme waren die Folge. Außerdem hatte ich noch einen Elektroschocker im Gepäck, der mit 3.500 Volt eher zum „Nahkampf" geeignet und ein Geschenk von Romulo, meinem Freund aus Venezuela, war.

Doch alles ging durch, nichts wurde entdeckt. Ich atmete auf, packte Nasreddin, rollte nach Puerto Iguaçu hinein und mietete mich für zwei Nächte in ein preiswertes Hostel namens „Sweet" ein. Einen Tag Pause gönnte ich mir, dann rollte ich weiter. Erst besuchte ich den Iguaçu-Nationalpark, um mir dort die gigantischen Wasserfälle anzuschauen, wo sich besonders jetzt nach der Regenzeit viel Wasser in die Tiefe stürzte. Nachdem ich auch diese touristische Attraktion hinter mir gelassen hatte, holperte ich auf einer Piste in der Provinz Misiones weiter gen Südosten, Richtung brasilianischer Grenze. Eine Nacht blieb ich illegal im Dschungel des Parks, dann noch eine Nacht in Grenznähe und danach

Gigantisch – die Iguaçu-Wasserfälle

war ich wieder an der Grenze nach Brasilien. Diesmal sollte der Aufenthalt in diesem Land aber wesentlich länger dauern als nur zwei Stunden.

Die Provinz Santa Catarina im Süden Brasiliens empfing mich mit Unmengen von Steigungen – das sollte sich auch bis zur Küste nicht mehr ändern. Es gab faktisch keine gerade Stelle, Rampe reihte sich an Rampe. Die jeweiligen Abschnitte waren manchmal sechs bis acht Kilometer lang, hinunter kam ich schnell und dann hing ich wieder lange Zeit an der nächsten Steigung. Das war nervig und verkürzte mein sonst so leicht erreichtes Tagesminimum auf unter hundert Kilometer. Doch diese Provinz hier im Süden des fünftgrößten Landes der Erde sah gar nicht aus, wie man sich Südamerika vielleicht vorstellt. Vor mir lag eine aufgeräumte Kulturlandschaft und es gab viele Farmen, die auf moderne Weise mit Maschinen und Traktoren Korn und Fleisch produzierten. Dazwischen fanden sich etliche Wälder, aber auch immer wieder Berge.

Den Abschluss bildete das Vale Europeu (das Tal Europa), in dem vor allem im 19. Jahrhundert sehr viele Menschen, zum Beispiel aus Italien und Deutschland, ihr neues Zuhause gefunden hatten. Siedlungen wie Nova Trento, Vigolani oder Pomerode erinnern heute noch mit ihren Namen an diese Einwanderungsgeschichte. Der Besuch in Blumenau, benannt nach Dr. Hermann Bruno Otto Blumenau, der in Hasselfelde im Harz geboren wurde und als Gründer dieser „deutschen" Stadt galt, war wie ein Ausflug in meine Heimat. Hier gab es auch ein Oktoberfest, das dem der Münchener nachempfunden war. Es war nach dem Karneval das zweitgrößte Volksfest hier. Etliche Ecken in der Stadt erinnerten mich eher an den Harz als an Brasilien: Fachwerkhäuser, deutsche Schunkelmusik in den Kneipen der Villa Germania (Deutsches Dorf), ein aus ein paar Attrappenhäusern bestehendes, kleines deutsches „Disneyland" und unzählige Souvenirläden, die allen möglichen Plunder vom Bierkrug bis zur Lederhose feilboten.

Die erste Nacht in Blumenau verbrachte ich im Bett der Feuerwache der Stadt, durfte duschen, konnte meine Sachen nach über einem Monat endlich wieder in eine Waschmaschine stecken und wurde zum Grillabend eingeladen. Soviel Luxus auf einmal war fast wie eine Überdosis nach all den Strapazen der letzten Wochen. Am nächsten Morgen waren dann der obligatorische Gang zum Rathaus und der Stempel fürs Tagebuch an der Reihe und ich gab ein Interview für die lokale Zeitung. „Hast du schon einen Platz für die Nacht?", fragte mich der

Nicht in Bayern, sondern in Blumenau

194

Journalist. Ich verneinte. Eigentlich wollte ich heute noch aus der Stadt hinaus-
fahren, aber ich war neugierig, was sich hier ergab. „Komm um siebzehn Uhr
wieder. Wir machen dir etwas für die Nacht klar", meinte er. Nachdem ich mir
ein paar Sehenswürdigkeiten angeschaut hatte, stand ich pünktlich um fünf vor
der Eingangstür des Rathauses. „Warte, gleich kommt ein Kleinbus und bringt
dich zu unserem Obdachlosenheim", erklärte mir eine lächelnde Angestellte der
Stadt. Ich schluckte und war innerlich enttäuscht. Eigentlich hatte ich eine Pri-
vatunterkunft oder ein Hotelzimmer erwartet. „Alles Abenteuer", dachte ich und
lächelte zurück.

Mit einem weißen VW-Bus der Stadt tuckerten wir etliche Kilometer vom
Stadtzentrum weg. Dann waren wir da. Der Ort sah gepflegt aus, die „Insassen" auch. Sofort fühlte ich mich besser. Sergio, ein deutschstämmiger ehemaliger Alkoholiker, konnte seine alte Muttersprache noch sehr gut und
übersetzte für mich. Dann kamen noch ein paar Leute von den „Assemblies

Im Obdachlosenheim von Blumenau

of God", einer US-amerikanischen evangelischen Kirche, und hielten einen lauten Gottesdienst ab. Um zweiundzwanzig Uhr war schließlich Nachtruhe. Ich legte mich ins Doppelstockbett in den Schlafsaal und schlief trotz der circa zwanzig anderen Nachtgäste, die husteten, schnarchten und schnupften, gut ein.

Trotzdem war ich froh, am nächsten Morgen auf dem Rad zu sitzen und mich in Freiheit zu bewegen: vorbei an der kleinen Stadt Nova Trento, die inmitten von Weinbergen als Klein-Italien galt, und schließlich Richtung Meer, zum Atlantik, zur Insel Florianópolis. Hier wartete bei Charles hoffentlich ein Paket mit Ersatzteilen für Nasreddin. Also fuhr ich in den Süden von Florianópolis. Bald befand ich mich in Armação dos Búzios und das kleine Haus, in dem Charles mit seiner Frau lebte, war schnell gefunden. Er empfing mich, als würden wir uns schon seit Ewigkeiten kennen, dabei sahen wir uns zum ersten Mal. Charles war ein Bekannter meiner ehemaligen Freundin Caro. Sie war vor sieben Jah-

Charles mit einem seiner Bilder

ren hier auf der Insel gewesen und hatte das Paar kennengelernt, deshalb wurde auch ich eingeladen.

Charles hatte ein sehr aufregendes Leben hinter sich. Er war Seemann gewesen, hatte Kunst und Fotografie studiert, auf Ibiza als Hippie gelebt, war über den Atlantik gesegelt, hatte dann hier seine Frau kennengelernt und war deshalb geblieben. Der Achtundsiebzigjährige malte immer noch für sein Leben gern, vor allem abstrakte Bilder mit Wandfarbe auf Leinwand. Ich blieb nur ein paar Tage, ging im Haushalt und Garten zur Hand und half, die Leinwände aufzutackern und auch wieder vom Rahmen zu nehmen. Dafür schenkte mir Charles zwei Bilder, die ich zur Post brachte. Ebenfalls zur Post trug ich ein Päckchen mit Filmen, die dringend nach Deutschland zur Entwicklung mussten. Die Tage verflogen nur so und es kam die Zeit, um wieder Abschied zu nehmen. Mit neu überholtem Fahrrad, bereit für den „Sturm" auf Patagonien, trat ich in die Pedale.

Mit frisch überholtem Rad am Strand

Es war wie verhext. Auf der Insel hatte ich die ganzen zwei Wochen über Sonne satt. Zwar gab es auch ein paar Tage mit kaltem Wind, doch es war bis auf einen Tag trocken. Ich dachte schon, das wäre der Normalzustand in dieser Ecke der Erde. Charles hatte bei unserer Verabschiedung noch gesagt, es sähe nach Regen aus. Das fand ich zwar nicht, aber den Wetterprognosen eines alten Seemanns sollte man eben doch Glauben schenken. Denn tatsächlich: Kaum hatte ich Florianópolis verlassen und war auf der vierspurigen Küstenstraße BR 101 ein paar Kilometer nach Süden geradelt, fing es an, kräftig zu regnen. Und das blieb nicht bloß ein kurzer Schauer, wie ich in den nächsten zwei Wochen noch erfahren sollte.

Am Nachmittag dämmerte es ziemlich zeitig – es wurde sowieso nicht mehr richtig hell – und als der Tag sich dem Ende näherte und ich einen Platz zum Übernachten suchte, sah ich ein mit einer Mauer gesäumtes Grundstück, aus dem ein kleines, rotes Auto fuhr. Eine Mutter fuhr ihre Tochter zur Bushaltestelle. Ich zeigte ihr meinen gelben Zettel, auf dem mein alltägliches Anliegen in Portugiesisch aufgedruckt war. Zum Glück hatte ich ihn noch vor der Tour in Deutschland in Kunststoff einschweißen lassen. Sie las sich den Streifen überhaupt nicht durch, sondern kramte ein paar Münzen hervor und wollte sie mir überreichen. Als ich das Geld ablehnte und sagte, dass ich genügend Geld besäße, sah sie mich verblüfft an und fuhr erst einmal ihre Tochter zum Bus. Ich wartete, bekam ein schönes Plätzchen zum Zelten im Garten und freute mich auf die Sonne am Morgen. Doch sie kam nicht durch die Wolken hindurch. Im Gegenteil, es regnete wieder. Und das sollte die nächsten Tage bis auf wenige Stunden, an denen sich unsere Sonne blicken ließ, auch so bleiben.

Die Lufttemperaturen blieben subtropisch. Daher ließ ich mich immer nass regnen und kurbelte weiter. Ich dachte an Patagonien, wo es – bei weitaus kühleren Werten – auch reichlich Regen gab. Schnell schob ich diesen Gedanken beiseite und konzentrierte mich auf den Verkehr, den es hier auf der Hauptstraße mehr als reichlich gab.

An der Millionenstadt Porto Alegre kam ich nicht vorbei. Das zeigte mir meine Karte an. Aber es gab zwei Straßen, auf denen der Reisende dorthin gelangen konnte. Die eine war ein großer Highway, die andere eine kleine Straße, teilweise ohne Belag, dafür musste man aber wieder auf circa 900 Meter Höhe hinaufkurbeln. Ich entschied mich trotzdem für die kleine Sierra, denn der Rand des

Gebirges zeigte zum Atlantik, also nach Osten, und hier konnte man während der Fahrt Natur pur bestaunen. Etliche Canyons prägten hier die Landschaft, an den Hängen gab es noch Urwälder und auch zwei Nationalparks.

Bis Praia Grande war es noch flach, dann stand ich vor einem extrem steilen Anstieg und wusste, was mich erwartete: eine holprige Piste bergauf und damit eben auch viele Stunden des Leidens. Ehe es losging, kaufte ich noch ein paar Lebensmittel in einem Supermarkt ein. Es tröpfelte schon wieder vor sich hin. Nach den Wolken und der Windstille zu urteilen, sollte es auch nicht so bald wieder aufhören. Ich schielte zum Atlantik hinüber, wollte zurück auf die große Straße und auf flachem Asphalt durch den Regen nach Porto Alegre fahren. Doch ich hielt an meinen Plänen fest und setzte den Weg zum Nationalpark Aparados da Serra fort. Die Piste war mit Flusssteinen bestückt, das hieß für unser Duo, dass wir über die Steine holperten und rutschten. Volle Konzentration und zusätzliche Kurbelenergie verlangten mir alles ab. Es wurde neblig, ich war in den Wolken angekommen. Die Dämmerung ließ nicht lange auf sich warten.

Und es plätschert der Bach

Einen Tag und zwei Nächte Regenpause

Da begegnete mir in einer Innenkurve ein kleines Wunder: Der Urwald war hier licht und gab die Sicht auf eine flache, mit Gras bewachsene Fläche frei. Ich stoppte, schob Nasreddin schnell durch ein Loch im Gestrüpp, knüpfte meine Plane zwischen die Bäume, baute mein Zelt darunter auf und richtete mich für die Nacht ein. Aus einer wurden dann zwei Nächte. Geduldig wartete ich den Nebelregen ab. Dann, nach etlichen Tassen Tee und vielen Buchseiten, kam am zweiten Morgen sogar die Sonne hervor. „Was für ein seltener Anblick", dachte ich bei mir und freute mich auf die letzten Höhenmeter und den Itaímbezinho-Canyon.

Am Canyon angelangt, genoss ich die sonnigen Stunden an diesem Vormittag. Doch schon am Nachmittag trübte sich der Himmel wieder ein und es goss wie aus Strömen. Zum Glück war ich bei brasilianischen Gauchos (Viehzüchtern) unterm Dach einer Scheune einquartiert, wurde zum Abendessen eingeladen, sog am Mate-Tee und hoffte auf besseres Wetter. An Porto Alegre zog ich schnell vorbei. Die Stadt sollte hochkriminell sein, sagte man mir. Als ich auf der Hauptstraße am Norden der riesigen Hafenstadt vorbeiraste, bemerkte ich auch ein

Weihnachtsstern nach dem Regen

paar Elendsviertel, in denen Menschen in erbärmlichen Hütten zwischen un-
endlichen Müllbergen hausten. Das erinnerte mich spontan an die Müllsammler
von Kairo, die ich im Jahre 2006 auf dem Weg durch Afrika besuchen konnte.
Die Zeit reichte, um ein Foto zu schießen. Von der hohen Straße hatte ich einen
guten Blick in die dreckigen Höfe. Doch die Sicherheit war mir wichtiger, also
verließ ich schnell diese Zone des Unbehagens.
Brasilien war ein reiches Land und hatte vor allem wirtschaftlich in den letzten
Jahren riesige Fortschritte gemacht. Doch wenn ich das hier sah, wurden die
Nachrichten wieder ein wenig relativiert und mir wurde klar, dass der Boom
nicht jeden mitzog, sondern nach wie vor viele Millionen Menschen mit massiven Problemen aufwachsen und leben mussten, die zum Teil existenziell waren. So war zumindest mein Eindruck bei genauerem Hinsehen. Und das betraf
nicht nur die Favelas (Elendsviertel) in Porto Alegre.
In den nächsten Tagen musste ich noch einmal zwei Regentage im Wartemo-
dus verbringen, einen an der Strecke im Zelt und einen direkt an der südlichen
Grenze zu Uruguay. Hier wurde ich von einer Familie, die einen Supermarkt be-

trieb, eingeladen. Als ich meinen letzten Einkauf in Brasilien tätigte und eigentlich schon gedanklich beim Grenzübertritt nach Uruguay war, kamen wir ins Gespräch, so gut das eben ging mit meinen „zehn" Wörtern Spanisch und den „zwei" Wörtern portugiesisch. Meine Gesprächspartner waren so von meiner Tour begeistert, dass mir der Herr des Hauses beziehungsweise Geschäfts noch vier Packungen Kekse, zwei Flaschen Wein, Wurst, Reibekäse, Süßigkeiten usw. überreichte. Ich wusste gar nicht, wie ich das ganze Zeug noch verstauen sollte, hatte ich doch gerade reichlich eingekauft und die Taschen prall gefüllt. Doch irgendwie ging es dann doch. Schnell kamen wir auch aufs Wetter zu sprechen. „Es kommt Regen", versicherte man mir. „Nein, nicht schon wieder!", sagte ich und verdrehte die Augen. Da kam das wundervolle Angebot: Sie hätten da einen Raum mit Internet, Küche und Toilette. Dort blieb ich dann auch noch zwei Nächte in Brasilien.

In diesen Tagen traf ich seit Langem einmal wieder auf zwei Radreisende. Der erste war ein junger Mann Anfang zwanzig, der auf der Höhe Pelotas mit einem Schrottrad unterwegs war und nur einen kleinen, schwarzen Rucksack auf dem Rücken und höchstwahrscheinlich viel Idealismus im Kopf hatte. Als er mir berichtete, dass er gerade erst in Novo Hamburgo (Neu-Hamburg) gestartet war und noch die 3.000 Kilometer bis Santiago de Chile fahren wollte, schüttelte ich ungläubig den Kopf. Verbissen klemmte er sich an mein Hinterrad. Als ein großer Lkw mich von der Fahrbahn drängte (bewusst oder unbewusst) und neben mir nur ein Betonsockel zu sehen war, zog ich die Bremsen, um mein Leben zu retten. Mein Begleiter reagierte etwas zu hastig und überschlug sich. „Nichts passiert", rief er mir zu. Doch seine Vorderradgabel war nach hinten verbogen. Mit viel Mühe konnten wir sie notdürftig richten und es ging weiter. Doch irgendwie verloren wir uns im Verkehrsgewirr. Ehrlich gesagt, war ich irgendwie froh darüber.

An einem sanften, kleinen Hügel in Uruguay mit für mich relativ geringer Steigung, sah ich jemanden ein Motorrad schieben. Als ich näher kam, entpuppte sich der vermeintliche Motorradfahrer als Radfahrer mit vier schwarzen Packtaschen am Rad. Er schien eine Panne zu haben. Ich bot meine Hilfe an, doch an seinem Vehikel war alles in Ordnung. Nur er konnte nicht mehr, hatte einfach keine Kraft mehr, um die Anstiege zu bewältigen. Er stellte sich als André vor, war zweiundvierzig Jahre alt und wollte ebenfalls nach Santiago de Chile und dann weiter in die Atacamawüste. Wir blieben ein Team bis zur Hauptstadt Montevideo.

André hatte extrem wenig Geld und noch nicht einmal eine Isomatte. Als ich ihn über die eventuellen Spätfolgen einer fehlenden Iso-Schicht unterm Rücken in der Nacht aufklärte, sammelte er über den Tag Wellpappe und Styropor aus dem Straßengraben, um in der Nacht etwas besser zu liegen. Mein neuer Begleiter, der in São Paulo lebte und dort auch seine Tour gestartet hatte, schien fast ständig zu frieren, er fuhr mit langen Sachen, ich in kurzer Hose und T-Shirt. Wenn die Sonne herauskam, krempelte ich sogar noch Ärmel und Hosenbeine hoch, um etwas mehr Farbe zu bekommen. Doch an André würde ich nicht herankommen, er war afrikanischer Abstammung. Mindestens zweimal fragte er mich, ob ich früher Radrennen gefahren und ein ehemaliger Profi wäre. Ich verneinte schmunzelnd. Als ich am Abend meinen kleinen Benzinkocher herauskramte und Tee und Makkaroni für uns beide kochte, strahlte er und genoss die abendliche Einladung. Über einen solchen Luxus verfügte er nicht, er hatte nur eine Thermoskanne dabei, in die er sich ab und zu ein wenig warmes Wasser einfüllen ließ.

Zwei Tage war ich mit André aus Brasilien unterwegs

Uruguay ist ein Gaucho-Land, es wird dominiert von der Viehzucht. Vor allem Rinder und Schafe fühlen sich hier sehr wohl und haben das Land reich gemacht. In regelmäßigen Abständen fand man einzeln stehende Gehöfte mit viel Weideland. Da war es auch für uns nicht schwer, bei den freundlichen Menschen einen Platz für unsere Zelte zu finden. Auch hier, in diesem nur knapp über drei Millionen Einwohner zählenden Ländchen, wurden wir oft ins Haus zum Essen eingeladen. Für Vegetarier wäre Uruguay allerdings ein eher ungünstiges Land, Fleisch schien hier das Hauptnahrungsmittel zu sein.

Schon nach ein paar Tagen rollten wir an einem sonnigen Vormittag nach Montevideo ein. Mein André ging zu seinem Konsulat, da er kein Geld mehr hatte und um ein Busticket zurück nach Hause, nach Brasilien, bitten wollte. Er gab auf. Auch schien ihm das Wetter hier zu kalt zu sein. Ich hingegen fühlte mich pudelwohl und genoss das gemäßigte Klima, dachte oft an die Tage im Amazonas oder an den Norden von Bolivien, wo es für mich eindeutig zu schwül gewesen war.

Auch im Regen muss der Gaucho raus

204

Montevideo war eine kleine, relativ sichere Hauptstadt mit ungefähr 1,3 Millionen Einwohnern. Hier schob ich ein paar Tage Pause ein. Und hier war es auch am 19. September wieder einmal so weit: Wieder war ich ein Jahr näher am Sarg. In kleiner Runde und bei einer großen Flasche Bier dachte ich an das vollendete neunundvierzigste Lebensjahr, daran, dass ich vor einem Jahr zu meinem Geburtstag in Toronto geweilt hatte, daran, wie die Zeit vergangen war und dass ich mit Uruguay nun schon das 104. Land bereisen durfte. Zufrieden nahm ich noch einen großen Schluck aus dem Glas.

Zwei große Bögen

Nach den paar Tagen in Montevideo spürte ich einmal mehr, dass es mich weiterzog. In meinem Kopf waren eindeutig Patagonien und der für mich noch unbekannte Süden dieses großen Kontinents präsent. Also rollten die Räder weiter, aber nicht etwa nach Süden, sondern nach Norden! Um nach Argentinien auf dem Landweg einreisen zu können, musste man die nächste Brücke über den Rio Uruguay nehmen. Alternativ konnte man auch mit der Fähre für relativ viel Geld direkt nach Buenos Aires übersetzen. Doch das verstieß gegen meine Regeln, die mir nur in Ausnahmefällen erlaubten, auf andere Verkehrsmittel umzusteigen. Wenn ich mich beispielsweise von der Straße zu einem Ziel bewegte und genau an diesen Ausgangspunkt zurückkehren wollte, wäre durch den Wechsel auf ein anderes Verkehrsmittel meine eigentliche Reiseroute nicht unterbrochen. Das war auf dem Dempster Highway im nördlichen Kanada der Fall gewesen. Dort war ich ja bekanntlich nach Inuvik hochgeradelt und nach Dawson City zurück getrampt, um meinen Weg nach Süden mit dem Rad fortzusetzen. Eine weitere Regel, die ich mir aufgestellt hatte, war es, die längste mögliche Strecke über Land zu fahren und die kürzest mögliche Strecke auf dem oder über das Wasser zu nehmen. Der Leser wird sich jetzt bestimmt fragen: Warum ist der Meixner denn dann durch die Karibik nach Kuba und Venezuela geflogen? Das war ganz einfach. Von Santiago de Chile war ich bereits vierzehn Jahre zuvor hoch nach Alaska gefahren, damals noch mit meinem Expeditionsrad Else, das jetzt an meiner Wohnzimmerdecke hing. Deshalb konnte ich jetzt eine andere Route wählen. Und Kuba stand ganz weit oben auf der Liste der Länder, die ich noch besuchen wollte. Auch der Amazonas war Pflicht.

Aber zurück zur Tour nach Feuerland. Ich rollte bei sommerlichen Temperaturen und Sonnenschein aus der Hauptstadt Montevideo heraus. Der Verkehr war moderat und ich kam schnell vorwärts. Noch dreimal campte ich auf dem Territorium des kleinen und sympathischen Landes, bevor ich wieder in Argentinien aufschlug. Da ich alleine reiste, brauchte ich als Homo sapiens in regelmäßigen Abständen Kontakt zu anderen Mitgliedern meiner Spezies. So waren wir Menschen nun einmal. Oft schob ich mein Rad auf das Gelände einer Farm, wo die Menschen erst einmal erstaunt waren, was ich dort trieb. Doch wenn ich in meinem sehr mangelhaften Spanisch mein Anliegen dargelegt hatte, war das Eis immer schnell gebrochen und ich bekam meist ein traumhaftes Plätzchen auf gutem Rasen oder, wenn das Wetter schlecht sein sollte, auch manchmal ein Plätzchen in der Scheune zugewiesen.

Dennoch war hier immer ein gewisser Abstand spürbar. Ich hatte oft nette Gespräche und wurde zum Essen eingeladen. Aber dann wurde ich alleine gelas-

Unterwegs in den Weiten Patagoniens

sen, so dass ich in mein Zelt verschwand. Und das war nicht nur in Uruguay die Regel, sondern in ganz Südamerika. In der Ukraine, in Kasachstan oder natürlich auch in Russland tickten die Uhren ganz anders. Manchmal saß ich dort schon eine halbe Stunde nach meiner Ankunft mit den männlichen Bewohnern und auch Nachbarn nackt in der Sauna, trank anschließend noch Wodka, aß zu Abend, bekam ein Bett im Haus für die Nacht und man fragte mich, wie viele Wochen ich bleiben wollte. Aber genau diese Unterschiede machten ja unsere Welt so schön. Nicht das Gleichgeschaltete war interessant, sondern gerade die verschiedenen Kulturen, Gebräuche, Religionen und Alltagsregeln machten unseren Globus so sehenswert und einmalig. Ich hoffte, dass das auch noch lange so bleiben würde. Doch der Trend ging meiner Einschätzung nach in eine andere Richtung.

Ganz im Südwesten des Landes gab es noch ein schönes, kleines, aber auch von Touristen stark belagertes Städtchen: Colonia del Sacramento. Hier war man in

Sehr historische Straße in Colonia del Sacramento

der ältesten Stadt Uruguays und konnte noch durch historische Gassen wandeln. Gegründet wurde der Ort von den Portugiesen als wichtiger strategischer Stützpunkt im Jahre 1680. Heute gehörte die Altstadt zum Weltkulturerbe der UNESCO. Doch noch in der Stadt auf dem Weg nach draußen fing es an zu gewittern und ein fürchterlicher Starkregen unterbrach mein Vorhaben. Schnell flüchtete ich mich unter das Dach eines kleinen Kiosks, der die notwendigsten Lebensmittel anbot. Dort kaufte ich für den Abend etwas ein. Auch eine große Flasche Bier war dabei, als kleiner „Wolkenschieber". Als ich die Flasche ausgetrunken hatte, schien es tatsächlich ein wenig heller zu werden. Was so ein Bier alles bewirken konnte …

Doch als die Flüssigkeit wieder nach draußen wollte, musste ich weiter, um irgendwo an der Straße einen Busch zu finden. Ich schlich mich in meiner Regenjacke weiter, verließ den Weltkulturerbeort und war wieder auf dem Land unterwegs. Der Regen wurde schwächer und schwächer. Als ich an einem

Eine Kalorientankstelle

Feldrand mein Lager installierte, hatte sich der Regen verflüchtigt und kurz vor dem Abend kam die Sonne noch einmal durch, beleuchtete die Wolkendecke von unten und versüßte mir mit einem spektakulären Schauspiel mein Abendbrot. Die Welt war wieder in Ordnung und der kommende Tag versprach viele Sonnenstrahlen.

Jetzt erreichte ich auch die Puente Libertador General San Martin. Die Betonkonstruktion dieser Brücke überspannte den Rio Uruguay und verband die beiden Länder Uruguay und Argentinien. Von hier ab sollte es nur noch nach Süden gehen. Doch am uruguayischen Zoll wurde ich mit strengem Ton darauf hingewiesen, dass ich mit meinem Vehikel nicht über die Brücke fahren dürfte, es sei denn, ich würde auf einen Laster klettern. Selbst hinüberfahren dürfte ich jedoch nicht. Ich war enttäuscht, wollte die Beamten irgendwie überzeugen, doch sie ließen sich auf keine Diskussion ein. Ein argentinischer Lasterfahrer erbarmte sich meiner und wir hievten gemeinsam Nasreddin auf den

Mit diesem Laster überquerte ich den Rio Uruguay

Hänger, wo wir das Rad mit einem Hanfseil ein wenig festzurrten. Dann stieg ich auf den Beifahrersitz und ab ging die Fuhre nach Argentinien. Das Rad wurde abgeladen, ich bekam einen weiteren Stempel in den Pass und es ging weiter zur nächsten Stadt, die ungefähr dreißig Kilometer entfernt lag und den unaussprechlichen Namen Gualeguaychú trug.

Es war Sonntag und die Banken hatten zu, soviel stand fest. Aber ich benötigte dringend Geld, um Lebensmittel zu kaufen und hatte noch etliche Pesos aus Uruguay in der Lenkertasche, die ich umtauschen musste. In Argentinien gab es im Moment zwei unterschiedliche Kurse zum Dollar: den offiziellen, dem die Banken folgten und der etwas mehr als 1:8 betrug, und den sogenannten „Blue Dollar"-Kurs, der an bestimmten Orten der Stadt halb legal getauscht wurde. Dieser Umrechnungssatz betrug bis zu 1:15. Das wusste ich natürlich vorher und deckte mich in Bolivien und Brasilien mit Dollarnoten ein, um dann auf dem „Blauen Markt" zu tauschen. In der Stadt angekommen, erkundigte ich mich nach einer solchen Stelle, fand das beschriebene Hotel und der Besitzer, ein freundlicher älterer Herr mit einem warmen Lächeln im Gesicht, tauschte

Ein Blick zurück in die Kamera

mir mein Geld 1 : 15 um. Hochzufrieden kaufte ich im Supermarkt ein und fuhr weiter auf dem flachen Asphalt der Straße Nr. 12.

Bald schon näherte ich mich der Hauptstadt Buenos Aires. Jetzt stand die Entscheidung in meinem Kopf an: Rein oder nicht rein? Viele Menschen hatten mir gesagt, Buenos Aires wäre eine schöne Stadt. Das bezog sich aber meist auf die Rucksacktouristen, die durch den dicken Gürtel der Favelas (Elendsviertel), die die Stadt umschlossen, mit dem Bus oder der Bahn hindurchfuhren. Ich hingegen müsste mit meinem Rad dort hindurch und da wäre ein bewaffneter Überfall schon so gut wie vorprogrammiert. Aber auch in der Innenstadt waren Touristen extrem häufig Opfer von kriminellen Elementen. Selbst mein Freund Romulo aus Caracas in Venezuela, auch ein Radnomade, der im Jahre 2006 durch den Norden von Afghanistan gefahren war, hatte hier den Zug genommen, um in die Innenstadt dieses 13-Millionen-Molochs zu gelangen. Die Entscheidung stand schnell fest: Aus Sicherheitsgründen schlug ich einen zweiten Bogen um diese Metropole. In Argentinien gab es so gut wie nie eine sogenannte „Schulter aus Asphalt", also einen durchgezogenen Randstreifen, auf dem man neben der Fahrbahn auf dem

Kornspeicher in romantischer Kulisse

Asphalt rollen konnte. Das war typisch hier und gefährlich für uns Radfahrer. Immer musste man den Rückspiegel im Auge behalten und sich konzentrieren, damit die Überlebenschancen nicht allzu schlecht standen. Das war aber auch nervig und ich war am Abend vor allem im Kopf ziemlich fertig, mehr als sonst. Allerdings gehörte auch das mit zum Reisen. Wollte ich es anders, müsste ich den Elbradweg in Deutschland entlangfahren. Aber dort fehlte eben die Abenteuerkomponente.

Es ging – bei günstigem Wind und flacher Straße – gut voran mit Tagesetappen von bis zu hundertsechzig Kilometern. Auch wurden die Tage immer länger seit der Tag- und Nachtgleiche im September. Der zeitliche Stress, am Abend noch einen guten und sicheren Platz für die Nacht zu ergattern, ließ nun also nach. Dadurch konnte ich mir meine Tage flexibler einteilen und die Reise wurde erheblich leichter. Doch mit dem Vordringen in den Süden tauchten andere Probleme auf.

Bewegte Luft als Freund und Feind

Tag um Tag bewegte ich mich jetzt zielstrebig vom Osten des Landes gen Süden, Breitengrad um Breitengrad. Die Provinz Buenos Aires wartete noch mit viel Grün auf. In regelmäßigen Abständen sah ich Felder, Weiden mit Kühen und Schafen und Bauerngehöfte. Meist wehte ein moderates Lüftchen aus Nordost und half ein wenig beim Vorwärtskommen. Die Sonnentage überwogen und machten die Reisezeit sehr angenehm.

Doch schon kurz vor der Stadt Bahía Blanca stürmte es extrem heftig von der Seite. Ich flüchtete mich auf eine Farm. Vor dem Haus stand ein Auto, also musste jemand da sein. Dem war auch so. Zwei Hunde begrüßten mich freundlich, dann bekam ich die Garage als Quartier zugeteilt. „Da hast du mal wieder Glück gehabt", dachte ich, als ich das Innenzelt in der windstillen Garage aufbaute. Draußen fauchte der Wind und dann prasselten die Regentropfen aufs Dach. Und es stürmte und prasselte auch noch den ganzen nächsten Tag hindurch. Der nette Farmer ließ mein Zelt noch unterm Dach stehen und nach zwei Nächten kurbelte ich bei gemäßigtem Wind und trockenem Asphalt weiter. Die Temperaturen stiegen noch einmal auf weit über zwanzig Grad Celsius an.

Als ich den Rio Colorado – noch mit warmem Nordwind im Rücken – überquert hatte und die ersten Kilometer in der Provinz Rio Negro hinter mir hatte, wur-

So war mir auch manchmal zumute

de es kurz windstill. Das ließ nichts Gutes ahnen. Kurz darauf fauchte mir wie aus dem Nichts ein kalter Wind aus Süden ins Gesicht. Ich kurbelte bei voller Leistung, teilweise nur mit neun Stundenkilometern. So war das hier manchmal. Und es sollte noch schlimmer werden, weiter im Süden, in Patagonien. Das erreichte ich einen Tag später am Rio Negro, der hier als Tor nach Patagonien galt.

Das Grün des Nordens war schon lange verschwunden und die Pampa machte sich breit, in der ich mich noch fast bis zur südlichsten Stadt der Welt, bis Ushuaia, bewegen sollte. Die Farmstationen, die sich hier überwiegend um viele tausend Schafe kümmerten, hatten Seltenheitswert, zumindest die, die in Sichtweite der Straße lagen. Die Umzäunung rechts und links neben mir blieb mir aber treu. Die Tore waren fast immer mit einem Schloss gesichert. Da war die Platzsuche nicht so einfach. Aber irgendwie ging es immer, musste es auch, denn nachts wollte ich natürlich nicht auf der Straße herumgeistern.

Die Lebensmittelversorgungspunkte schienen sich auch immer weiter auseinander zu ziehen. Also hieß es ab jetzt, die Packtaschen so vollzupacken wie nur möglich. Man wusste ja nie, was kam. Und dann kam es ganz dick. Ich erreichte bei mäßigem Gegenwind die Stadt Trelew und kaufte kräftig ein. Dann entschied ich mich, noch ein paar Meter wettzumachen, obwohl es schon später Nachmittag war. Der Wind hatte zugelegt und schien immer stärker zu wer-

Hier wird es doch nicht etwa windig?

den. An diesem Abend hatte ich Glück, landete mit meinem Zelt neben einem Farmhaus, wurde zu gegrilltem Hammelfleisch eingeladen und schlief im Windschatten eines Baumes in einer Senke. Es war immer die Hoffnung da, dass sich der Sturm bald legte. Doch schon in der Nacht wurde mir klar, dass das diesmal nicht der Fall sein würde. Mehrmals wachte ich auf, als eine starke Böe am Zelt rüttelte. An solch stürmischen Tagen wollte ich am liebsten in der Windstille des Zeltes im warmen Schlafsack liegen bleiben und nicht zurück auf die Straße. Aber ich wusste auch, dass der nächste Supermarkt knapp vierhundert Kilometer weit entfernt war und meine Lebensmittel durch die enorme Kraftanstrengung bei Gegenwind schnell weniger wurden. Ich hatte keine Chance, ich musste los.

Doch bei Starkwind wurde erfahrungsgemäß alles schwer. Das fing schon mit dem Zeltauf- und -abbau an. Da musste man sich schon konzentrieren, sonst flog alles weg. Dann die ständigen Geräusche, oder besser: der Krach in den Ohren. Das übertrug sich bei mir auch auf die Psyche, ich wurde nervöser und innerlich unruhig. Selbst die einfachsten Dinge wurden problematisch. Wenn ich am Morgen meine Notdurft in der Natur verrichten musste, grub ich normalerweise, wenn es der Boden zuließ, mit einem kleinen Mini-Plastikspaten ein Loch. Nachdem alles getan war, versuchte ich das Papier zu falten, was aber ständig vom Sturm verhindert wurde. So passte ich mich den nordamerikanischen

Ein schöner Moment trotz Sturm

Sitten an und wurde zum Papierknüller. Dann war da noch die Sache mit dem Austreten. Bei diesem Akt hielt ich normalerweise einfach an und erledigte die Notdurft im Stehen, ohne abzusteigen. Die Packtaschen verhinderten, dass die anderen Verkehrsteilnehmer Einsicht bekamen, es ging schnell und man konnte anschließend gleich weiterfahren. Doch auch diese Methode funktionierte hier meist nicht: Der Wind drückte so stark gegen das Rad, dass ich es nur mit Mühe halten konnte und diese Art des Austretens aufgeben musste, zumindest an den stürmischen Tagen. Mit dem Rücken zum Wind hatte man gute Chancen, doch die stark bewegten Luftmassen wirkten zum Teil wie ein Zerstäuber und wurden vom eigenen Windschatten wieder angesaugt. Ich konnte mir vorstellen, dass hier Frauen im Vorteil waren mit einer wesentlich geringeren Fallhöhe.

Jedenfalls hielt diese für mich schlimme Zeit noch weitere drei Tage an. Für die zweite Nacht fand ich sogar einen Raum, in dem für mich ein Kamin angefeuert wurde und in dem ich ein wenig Ruhe vorm rauen Wetter draußen finden konnte. Immer wieder versuchte ich herauszufinden, ob denn der starke Wind hier zum Normalzustand gehörte und ob es auch die Möglichkeit eines Richtungswechsels gab. Jedes Mal kam die Antwort der Gauchos: „Hier herrscht immer starker Südwind." Meine Moral sank gegen null und ich richtete mich auf einen langen und zähen Kampf ein. Feuerland rückte in sehr, sehr weite Ferne.

Es gab auch Tage in Patagonien, an denen ich mir Ohrstöpsel in meine Lauscher steckte, um ein wenig abschalten zu können. Meine Taktik war, mich im Kopf abzulenken und an etwas anderes zu denken. Doch das half nur bedingt. Immer wieder riss der Sturm am Rad oder ließ die Jacke flattern. „Hallo, hier bin ich!", schien er mir ins Gesicht zu schreien. Was einigermaßen half, war die Musik auf meinem MP3-Player. Allerdings war nach ein paar Stunden der Akku leer und ich konnte wieder dem Wind lauschen.

Zwischen den immer weiter voneinander entfernten Supermärkten standen ab und zu noch Tankstellen mit angeschlossenen Minisupermärkten, in denen ich für relativ viel Geld immer noch etwas kaufen konnte, zum Beispiel Kekse oder auch einmal eine Tafel Schokolade. Ich kann mich noch sehr gut an einen Supermarkt erinnern, bei dessen Anblick ich mich sehnsüchtig auf den Kauf einer Cola oder eines Bieres freute. Als ich ihn dann aber fix und fertig erreichte, renovierte man gerade die Innenräume und ich hätte hier nur Benzin und Diesel erwerben können. Völlig enttäuscht knabberte ich ein paar Kekse, trank einen Schluck aus meiner Pulle und quälte mich mit sechs bis elf Stundenkilometern weiter. Das waren Momente, die ich niemandem wünschen würde. Aber auch das gehörte zu einer Reise, zumindest zu einer Reise mit dem Drahtesel. An diesem Tag rang ich der Straße ganze einundsiebzig Kilometer ab.

Immer wieder begegneten mir auch Menschen, die Mitleid hatten mit dem armen Radfahrer, der da verloren gegen den Steppenwind ankämpfte. Ein Auto hielt und man überreichte mir einen Beutel Hammelfleisch. Mehrmals hielten Pick-ups oder Lieferwagen, die unser Duo einsacken und ein paar Kilometer mitnehmen wollten. Einmal schrie ich gegen den Wind an, um dem Fahrer eines Autos mit meinem mageren Spanisch meinen Standpunkt klarzumachen: „Ein Jahr Vorbereitung, anderthalb Jahre unterwegs, Ushuaia oder Tod!" Man lächelte und fuhr weiter. Am Straßenrand fand ich eine angefangene Cola und außerdem eine fast volle Flasche Mayonnaise, die ich konsumierte. „Alles Kalorien", dachte ich. Mit etwas flauem Magen fuhr ich weiter und verdaute nur langsam die fettige Creme. Doch ich wusste nicht, ob ich es mit den Lebensmitteln, die ich transportierte, bis zur nächsten Stadt schaffen würde. Wenn die Packtaschen erst einmal leergegessen waren, war auch der „Sprit" alle und die Karawane hätte unweigerlich zum Stehen kommen müssen.

Aber dann geschah das Wunder und der Sturm wandelte sich zu moderatem Seitenwind. Ich erreichte die Ölfelder ganz im Südosten der Provinz Chubut und danach die Stadt Comodoro Rivadavia, bekam ein warmes Plätzchen bei der örtlichen Feuerwache zur Verfügung gestellt und konnte eine Dusche nehmen. Die Welt war wieder in Ordnung und die dramatischen Tage speicherte ich als gute Story ab. Ich fühlte mich wieder wohl und ein wenig Frieden zog ein in Geist, Körper und Seele.

Noch mehr Freude kam auf, als der Wind aus nördlicher Richtung blies. Einen Tag fuhr ich noch an der Atlantikküste entlang und gelangte nach gemütlichen neunzig Kilometern in die Stadt Caleta Olivia, die wie so viele Städte hier aus dem Öl gewachsen war. Für die Nacht ergatterte ich ein Bett über einer großen Turnhalle, wo normalerweise die Gästemannschaften untergebracht wurden, und hatte direkte Sicht auf den Ozean. Nachdem ich geduscht hatte, wurde mir ein wenig langweilig und ich schlich noch einmal hinunter in die große Turnhalle, wo sich mehrere Gruppen von Kindern zum Turnunterricht eingefunden hatten. Dort schaute ich dem Schauspiel zu. Aber was musste ich auch hier entdecken? Fast alle Kinder, kaum älter als zehn oder zwölf Jahre, waren extrem dick. Dieses Problem schien also nicht nur die nordamerikanischen Staaten zu betreffen. Die paar plumpen Purzelbäume, die die Kinder teilweise gelangweilt absolvierten, kamen mir wie ein Kampf gegen Windmühlen vor. Doch ich war

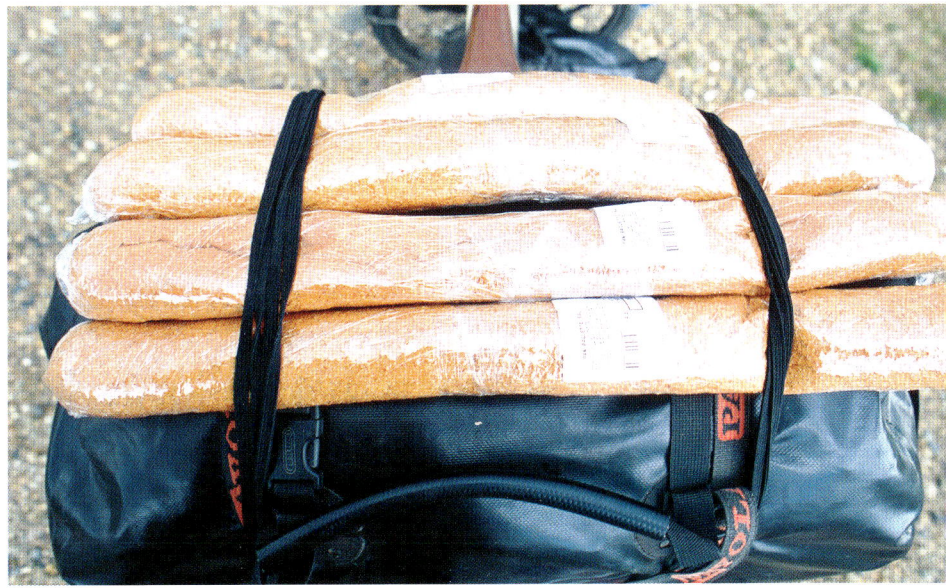

Am Brot kann's nicht liegen

zu müde, um den Gedanken an diesem Abend weiter zu verfolgen. Also ging ich zu meinem Lager zurück und schlief bald tief und fest. „Ich bewege mich jedenfalls genug und kann essen, was ich will", dachte ich noch beim Einschlafen. Am nächsten Tag traf ich auf den Argentinier Maxim, der, wenn ich das richtig verstanden hatte, als Vermessungsingenieur in Puerto Santa Cruz arbeitete und heute mit dem Fahrrad zur Arbeit kam. Die gemeinsame Tour dauerte aber nur einen Tag. Auch er schob, wie schon mein brasilianischer Begleiter in Uruguay, Anstiege hoch, die für mich einen moderaten Eindruck machten. Das schien hier in Südamerika Mode zu sein.

Die Stadt Rio Gallegos am gleichnamigen Fluss war nur noch ein paar hundert Kilometer entfernt und ich freute mich auf billigen „Treibstoff" aus dem Supermarkt. Die Stadt lag ganz im Süden der Provinz Santa Cruz. In rasanter Geschwindigkeit kam ich ihr näher, denn in diesen Tagen wurde der Sturm zu meinem Freund und blies mich mit unwahrscheinlicher Kraft vorwärts. Ohne viel Kraftanstrengung legte ich Etappen von bis zu hundertachtzig Kilometern zurück. Zwanzig Kilometer vor der Stadt fand ich dann ein schönes Räumchen bei Gauchos und bekam eine warme Dusche, eine Einladung zum Essen und führte gute Gespräche. Bevor es dunkel wurde, lief ich noch ein paar hundert Meter zu einer Stelle, die ich nicht definieren konnte, die mich aber neugierig gemacht hatte. Dabei handelte es sich um zwei Gebäude und eine große Treppe, die im Zickzack zu einem weiteren überdachten Etwas führte. Als ich diesen Ort inspizierte, konnte ich ihn als eine Art Gebetsstelle oder Straßenaltar definieren. Ich kletterte die Treppe hoch und stand vor Marien- und Gottesdarstellungen, genoss aber auch die Aussicht auf den Rio Gallegos und die Weite der argentinischen Steppe.

Straßenaltäre gab es reichlich neben dem Asphalt in Argentinien. Meist zeigten sie Gauchito Gil, der als eine Art Schutzpatron der Reisenden, besonders aber der Auto-, Bus- und Lastwagenfahrer verehrt wurde. Er war Bestandteil der Volksfrömmigkeit. Man erkannte die Stellen schon von Weitem an den roten Fahnen, die im Wind wehten. Wenn ich an einem solchen Straßenaltar hielt, um ihn anzusehen und zu fotografieren, hupten viele der Verkehrsteilnehmer beim Vorbeifahren. Erst dachte ich, dass sie mich grüßten, aber weit gefehlt! Mit der Betätigung der Hupe wurde Gauchito Gil gegrüßt, denn man erhoffte sich von ihm eine unfallfreie Reise und dass das Reiseziel unbeschwert erreicht würde. Auch ich betätigte danach beim Vorbeifahren an manchen dieser religiösen Gebilde am Rand der Straße des Abenteuers meine Klingel. Man wusste ja nie.

Visite beim Bürgermeister von Rio Gallegos, Raúl Alberto Cantín (rechts)

Mir gefällt in diesem Zusammenhang ein Ausspruch von Einstein, der, als ihn jemand auf ein Hufeisen an seiner Eingangstür ansprach, antwortete: „Ich glaube nicht daran, aber es soll trotzdem helfen."

Am Ende der Welt

In Rio Gallegos wollte ich zuerst bei der örtlichen Feuerwehr vorsprechen und dort eine Nacht verweilen. Doch es blieb bei einer zweistündigen Pause, die ich nutzte, um mir wieder die Packtaschen mit Nahrungsmitteln zu füllen und dem Rathaus einen Besuch abzustatten, um mir einen Stempel für mein Tagebuch zu holen. Wenn ich in Deutschland war, schrieb ich kein Tagebuch, aber seit der Weltreise hatte ich mir angewöhnt, jeden Tag meine Erlebnisse zu notieren, auch als eine Art der Selbstdisziplin. Gerade, wenn man alleine reiste, brauchte man ein paar Rituale oder Regeln, an denen man sich ein wenig festhalten konnte. Sonst konnte es passieren, dass man den Faden verlor. Zusätzlich zum Geschriebenen versuchte ich außerdem, die Reiseroute in meinem Tagebuch nachprüfbar zu machen durch Stempel oder zusätzlich zu illustrieren anhand kleiner Bilder, die ich aus Flyern oder Prospekten der örtlichen Touristen-Informationen ausschnitt. Der Bürgermeister hier in Rio Gallegos wollte mich sehen und lud mich kurz in sein Amtszimmer ein. Ein Foto, Händeschütteln und es ging wieder hinaus.

Die Sonne schien und ein kühler, aber nicht zu starker Seitenwind wehte aus der für hier unten fast obligatorischen Richtung: West. Irgendwie musste ich weiter und wollte meine Mission zu Ende bringen, wollte die Stadt Ushuaia erreichen. Wahrscheinlich spielte in meine jetzige Planung auch ein wenig die Angst herein, dass mir wieder ein Sturm ins Gesicht blasen und die letzten Kilometer quälend gestalten könnte. Oder war es die Angst, es könnte doch noch etwas passieren, das die Reise kurz vorm Ziel scheitern ließ? Ich weiß es nicht mehr genau. Jedenfalls kurbelte ich schnell weiter durch die typisch windige Steppe bis zur Grenze nach Chile.

Hier gab es alte Vulkane und interessante Lavafelder. „Die scheinen noch nicht vor allzu langer Zeit ausgebrochen zu sein", dachte ich beim Vorüberrollen. Die Lava war noch nicht mit viel Grün überwachsen. Auch gab es noch Fragmente

Die ersten Feuerlandberge tauchen auf

der alten Piste zu sehen, die immer wieder rechts und links des neuen Asphaltbandes auftauchte. Wie schwer musste es für die Radabenteurer gewesen sein, die hier vor Jahrzehnten durchgefahren waren. Ich dachte an die Zeit von Heinz Stücke oder Heinz Helfgen. Heinz Helfgen war Anfang der fünfziger Jahre nachweislich bis hier unten vorgedrungen und auch Heinz Stücke, der zur Zeit meiner Patagonienexpedition schon weit über siebzig war, war mit höchster Wahrscheinlichkeit mit seinem Stahlrad, das nur mit drei Gängen ausgestattet war, in den ersten Jahren seiner Lebensreise hier hindurchgekommen – auf einer Piste mit wesentlich weniger Technik, bei Sturm und fast ohne Versorgungsmöglichkeiten. Das konnte ich mir selbst kaum vorstellen.

Heinz Stücke durfte ich vor ein paar Jahren auf einem Dia-Show-Festival persönlich die Hand schütteln. Er hatte seine Tour 1962 gestartet, war vierzig Jahre lang nicht in Deutschland gewesen, hatte sein Heimatland erst 2000 wieder kurz besucht und strampelte seitdem weiter. Immer noch reiste er durch die Welt. Das ganze Leben auf einem Drahtesel, als Vollnomade sozusagen. Mittlerweile war er schon in allen Ländern der Erde gewesen. „Nur in der DDR warst du nicht", rief ich ihm über die Menschenmenge im Foyer des Kulturhauses, in dem das Festival stattfand, zu. „Da musst du mich dran erinnern!", rief er zurück. Heinz musste lachen, ich ebenfalls. „Das geht jetzt nicht mehr", dachte ich, während Heinz eine Story nach der anderen zum Besten gab. „Denn das Land, in dem ich geboren wurde, existiert schon lange nicht mehr."

Der argentinische Grenzkontrollposten tauchte in der Ferne auf. In einigen hundert Metern Entfernung konnte ich unterhalb eines Abhanges in dessen Windschatten mit Genehmigung der Behörden mein Zelt aufschlagen. In der Nacht fielen die Temperaturen auf nur vier Grad, der Wind blies sich abermals zum Sturm auf. Wieder hatte ich nicht wirklich Lust, meinen Schlafsack am Morgen zu verlassen. Doch ich quälte mich heraus, radelte zur Grenze und checkte aus Argentinien aus. Nun kamen die Chilenen dran. Vor mir wurde eine Gruppe Motorradfahrer abgefertigt, danach war ich an der Reihe. Der Beamte hielt ein Formular in die Luft, ich sollte ihm genau ein solches aushändigen. „Das habe ich nicht", sagte ich in freundlichem Ton. „Doch, so ein Formular müssen Sie haben, auch als Deutscher!", antwortete er mir. Aber als er mich als Radfahrer erkannte, war das Formular doch hinfällig: Es war eine Fahrzeugversicherung.

Weiter ging es zum nächsten Beamten, der für die Einfuhr von landwirtschaftlichen Produkten verantwortlich war. Er erkundigte sich nach den Lebensmitteln in meinen Taschen. Ich fing an, alles aus dem Kopf aufzuzählen. Dann musste ich die Taschen öffnen und er überzeugte sich, ob die Angaben des Weltenradlers der Wahrheit entsprachen. „Wenn er mir jetzt die Hälfte hier konfisziert, bin ich erledigt", dachte ich. Das wäre so, als würde ich ihm den Sprit aus seinem Tank laufen lassen und bis zur nächsten Tankstelle wäre es noch sehr weit. Doch er entfernte nur eine Knoblauchknolle, die ich am Vortag im Supermarkt von Rio Gallegos erworben hatte – alles war noch einmal gut gegangen. Wenn man als Reisender auf dem Landweg bis in den Süden Amerikas vordringen wollte, musste man für ungefähr zweihundert Kilometer durch chilenisches Territorium und dann wieder nach Argentinien zurückfahren, wo die Stadt Ushuaia auf einen wartete. Feuerland „teilten" sich sozusagen zwei Nationen. Der Sturm war mir insgesamt vier Tage treu und blies meistens von der Seite, ein paar Kilometer von vorn und teilweise auch von hinten. Dabei erreichte er Spitzengeschwindigkeiten von bis zu hundert Stundenkilometern. Wenn er von hinten schob, kam ich ganz ohne Treten bis auf vierzig Stundenkilometer, so etwas hatte ich noch nie erlebt. Meine erste Nacht in Chile verbrachte ich auf einer historischen Estancia (Landgut) namens Spring Hill. Hier hatte es einmal neunundzwanzig Häuser gegeben, davon standen nun nur noch vier Stück. In einem

Gaucho Jimmy

der leerstehenden Gebäude bezog ich Quartier, wurde von Gaucho Jimmy zum Essen eingeladen und legte einen Tag Sturmpause ein. In Chile waren hundertzwanzig Kilometer der Strecke geschottert und ohne festen Belag. Durch den Sturm, der hier von der Seite blies, rutschte ich immer wieder auf dem losen Schotter nach links ab. Dann stieg ich ab, schob Nasreddin wieder auf die rechte Seite und das Spiel fing von vorne an. Es war zum Verzweifeln, aber ich kam trotzdem relativ gut vorwärts.

Beim nächsten Grenzwechsel sprach mich in der Warteschlange eine Frau aus Sachsen an: „Bist du der Thomas Meixner?" Verdutzt drehte ich mich um. Sie legte noch einen drauf: „Ich war schon bei einem Vortrag von dir!" Ich wusste gar nicht, was ich sagen sollte. Sie leitete eine Busreisegruppe, die vor mir in der Reihe stand. Sofort war ich im Zentrum der Aufmerksamkeit und die Touristen standen um mich herum, fragten mich aus. Es war eigenartig. Danach war ich irgendwie froh, wieder draußen zu sein und alleine weiter zu radeln. Hatte ich ein wenig meiner Gesellschaftsfähigkeit durch das lange Radeln ohne Begleitung eingebüßt? Diesen Gedanken verfolgte ich nicht weiter, sondern konzentrierte mich lieber auf die Straße vor mir und auf die letzten Kilometer bis Ushuaia. Dann tauchte etwas auf, das ich schon lange nicht mehr gesehen hatte: Bäume! Ja, sogar eine geschlossene Walddecke machte sich hier im Süden Feuerlands breit. Aus ihr ragten felsige, schneebedeckte Gipfel heraus. Eine traumhafte Kulisse. Nach ein paar Anstiegen traf ich auf Sue (61) und Simon (55) aus Neuseeland, die auf einer Leitplanke sitzend ihre Pause genossen. Daneben standen zwei vollbeladene Reiseräder. Wir hielten einen kleinen Schwatz und ich trat weiter in die Pedale.

Wenig später war es dann soweit: Es kribbelte in meinem Bauch und ein Stein fiel mir vom Herzen, als ich in Ushuaia einrollte. Kurz darauf stand ich mit stolzgeschwellter Brust am Hafen vor dem Schild, auf dem „Ushuaia – Fin del Mundo" (Ushuaia – Ende der Welt) stand. Hier war mein symbolischer Endpunkt dieser Reise. Ich baute mein Stativ auf und schoss das Zielfoto. Nach all den Verlusten, nach all dem Auf und Ab hatte ich es nun endlich geschafft. Mir gingen die schweren Tage, die Quälerei, aber auch die vielen schönen Erlebnisse und Begegnungen durch den Kopf. Diese Reise konnte mir keiner mehr nehmen, höchstens „Dr. Alzheimer und der Tod", dachte ich. Ich war tief befriedigt, packte meine Fotoausrüstung zusammen und schob mein Rad ein Stückchen vom Schild weg, weil schon die nächsten Touristen auf ihr Foto vom „Ende der Welt" warteten.

Weiter nach Süden kommt man mit den Rad nicht

Der Tag war noch nicht zu Ende und ich nutzte ihn noch, um dem nahegelegenen Nationalpark Tierra del Fuego (Feuerland) einen Besuch abzustatten. Hundertvierzig Pesos musste ich an der Parkgrenze bezahlen, dafür waren hier aber auch die Zeltplätze ohne weitere finanzielle Belastung. Zwölf Kilometer weiter am Kilometerstein mit der Zahl 3.079 war dann endgültig Schluss. Hier endete die Ruta 3, die aus Buenos Aires kam. Weiter südlich kamen wir Normalreisenden nicht. Auch das war ein befriedigender Gedanke. Ganz langsam schlich ich wieder zurück. Ein paar hundert Meter weiter lag der Zeltplatz inmitten wunderbarer Natur.

Es gab nur noch ein weiteres Zelt, vor dem Jugendliche am Feuer saßen. Ich stellte mich kurz vor und baute in etwas Abstand meinen Wigwam auf. Die letzten Besucher waren mit ihren Autos auf dem Weg nach draußen. Es kehrte absolute Ruhe ein, nur unterbrochen durch die Schreie der Vögel, die auch schon langsam auf der Suche nach einem Nachtquartier waren. Nach dem Abendbrot kuschelte ich mich in meinen Schlafsack. Hinter mir lag ein schneebedeckter Berg, darüber hing der Neumond. Traumhafte Momente einer großen Reise.

Nachts klapperte es im Vorzelt. Ich schreckte hoch, war sofort hellwach, schlüpfte aus dem Schlafsack heraus und stand in wenigen Sekunden vor dem Zelt. Nichts zu sehen oder zu hören. Hatte ich vielleicht alles nur geträumt?

36.318 Kilometer von Anchorage bis Ushuaia gestrampelt

Aber nein, was musste ich feststellen? Auf dem Rasen war weißes Pulver zu sehen. Das konnte nur Milchpulver sein. Tatsächlich, die angefangene Tüte mit der Trockenmilch war weg! Doch wer war der Dieb? Ich hatte keine Ahnung und kroch wieder ins Zelt. Wenig später hörte ich wieder Geräusche vorm Zelt. Taschenlampe an, Reißverschluss auf – und in einiger Entfernung konnte ich einen Fuchs erkennen, der ganz langsam und gemütlich, scheinbar ohne Scheu, von dannen schlich.

Das wird hier nichts, überlegte ich. Der Fuchs würde nur wiederkommen, um noch weitere Leckereien zu stehlen. Schließlich räumte ich alle Lebensmittel aus den kleinen Packtaschen und aus dem Vorzelt heraus, packte sie in meine große Packtasche und schob sie ins Innenzelt ans Kopfende. Was machte man nicht alles, um ruhig schlafen zu können. Und tatsächlich ließ sich Meister Reinecke nicht wieder blicken. Den kommenden Vormittag verbrachte ich an und in meinem Lager und genoss die Stunden in schöner Natur. Dann brach ich meine Zelte ab und kurbelte ganz gemächlich wieder zur Stadt zurück, suchte mir eine preiswerte, gemütliche Herberge und freute mich auf ein paar ruhige Tage mit warmer Dusche und Bett. Für zwei Tage hielt der Winter hier noch ein wenig das Zepter in der Hand. Doch das störte mich wenig, als ich in einem gut geheizten Raum einen Tee trank und durch das Fenster auf die weiße Landschaft schaute.

Gletscher, Felsen und Touristen

Eigentlich hatte ich mit dem Erreichen der Stadt Ushuaia meine Mission erfüllt. Ich fühlte mich ehrlich erleichtert und auch ein wenig stolz, es geschafft zu haben, trotz aller Widerstände, die es auf der Reise gegeben hatte. Da waren die „Verabschiedung" meiner Freundin, an der ich viele Wochen zu kauen hatte, die Durchquerung des Amazonasgebiets, die von mir auch physisch alles abverlangte, oder der lange, stürmische Ritt auf der Ruta 3 am Atlantik entlang durch Patagonien, um nur einige Hürden zu nennen. Aber es war wie mit vielen Dingen im Leben. Wenn man nicht für etwas kämpfen musste, hatte es im Nachhinein auch keinen so großen Wert. Außerdem wandelten sich die schweren Momente, in denen man kämpfen und auch leiden musste, am Ende meist in gute und intensive Erinnerungen um. Und genau das empfand ich hier am Ende der Welt.

Doch wenn man als Reisender auf der Ruta 3 unterwegs war, verpasste man natürlich etliche Dinge, die von Mutter Natur geschaffen worden waren: Gletscher, Felsformationen, Urwälder und Seen. Solche Anblicke fand man eher in der Nähe der Anden, im Westen. Da gab es die berühmte Ruta 40, die vom Rio Gallegos hoch bis nach Salta im Norden Argentiniens gebaut worden war. Sie führte im Westen Argentiniens in Andennähe an etliche Sehenswürdigkeiten heran. Also entschied ich mich dafür, mich gemeinsam mit meinem treuen Begleiter Nasreddin auf die Kür Richtung Norden aufzumachen. Mein Plan war, diese Reise in Santiago de Chile enden zu lassen.

Ganz entspannt ließ ich die Speichenräder wieder rollen. Es war ein schöner Morgen mit wenig Wind, an dem ich mich von Ushuaia verabschiedete. Doch schon wenig später durchfuhr ich die Täler der kleinen, mit Schnee bedeckten Berge und musste wieder meine lange Winterradhose anziehen und die Hände mit dicken Winterhandschuhen vor dem eiskalten Wind schützen. Es gesellten sich noch etliche Schneeflocken dazu und ich wurde daran erinnert, dass ich eben noch immer auf Feuerland war, wo das Wetter von Haus aus eher kalt war und sich von einem Moment auf den anderen ändern konnte. „Wenn dir das Wetter nicht gefällt, dann warte noch fünf Minuten." Diesen Spruch kannte ich von meiner Fahrt zum Nordkap, als ich im Jahr 2002 durch das wettermäßig ebenfalls sehr instabile Norwegen strampelte.

An diesem ersten Tag erreichte ich ohne große Mühe und mit etwas Rückenwind das kleine Nest Tolhuin. Hier gab es eine Bäckerei, deren Bäckermeister

An kalter, aber schöner Stelle

Der Wind, der Wind

ein großes Herz für die armen Fernradtouristen hatte. Inmitten eines großen Mehllagers war ein kleiner Raum mit drei Betten eingerichtet, daneben gab es sogar eine Toilette und eine Dusche. Alles war für uns kostenfrei und nannte sich „Casa de Ciclistas" (Haus der Radfahrer). Davon gab es ein paar Stück auf der Welt. Und natürlich schlief ich eine Nacht hier.

In der Bäckerei konnte ich den Herd nutzen und mir etwas zu essen zaubern, wieder einmal Nudeln. Neben mir arbeitete eine Mitarbeiterin an der Zubereitung der hier landestypischen Empanadas (mit Fleisch, Käse oder Ähnlichem gefüllte, große Teigtaschen). Sie schob mir noch ein paar gekochte Eier und eine große, gebratene Hühnerkeule herüber. Dadurch war mein Magen komplett gefüllt. Ein schönes Gefühl. Ich saugte an meinem Mate-Tee, saß vor dem Haus und sah in die Sterne, die wie so oft wieder einmal wie Diamanten auf einem dunkelblauen Samtkissen leuchteten. Ein Hund gesellte sich noch zu mir und holte sich ein paar Streicheleinheiten ab. Der Wind legte sich ein wenig und gab dem Moment eine friedliche Atmosphäre.

In der Casa de Ciclistas in Tolhuin

Hätte ich in diesem Augenblick allerdings gedacht, dass sich der Wind nun endgültig gelegt hätte, hätte ich mich nur selbst getäuscht. Soviel wusste ich, dass ich noch einige Kämpfe mit dem luftigen Element auszustehen hatte. Doch daran dachte ich nicht, als ich wenig später im Bett lag. An den Wänden hatten sich unzählige Radreisende aus aller Welt verewigt. Ich las noch ein paar Sprüche. Doch viele schaffte ich nicht, ich wurde ins Reich der Träume gerufen.

Mein nächster Halt war in der 116.000 Einwohner zählenden Stadt Punta Arenas in Chile. Wer dorthin gelangen wollte, musste jedoch erst noch eine Prüfung bestehen. Schon vor der Grenze zu Chile begann eine hundertsechzig Kilometer lange Schotterpiste, die Richtung Westen in Küstennähe verlief, dazu kam noch ein straffer Westwind – ach, was sage ich, es war eher ein Sturm. Das Übliche eben. Ausgleichend fungierte aber die unkomplizierte und sehr gastfreundliche chilenische Bevölkerung, die hier sehr spärlich aufs Land verteilt lebte. Als ich nach einem harten Tag mein Rad völlig ausgehungert zu einer Estancia hinaufschob, wurde ich erst einmal mit einem Whiskey begrüßt, der

Windrichtungsanzeiger

sofort im Kopf seine Kreise zog. Anschließend wurden noch reichlich Fleisch, Torte und andere Köstlichkeiten dargebracht, die mich alkoholtechnisch wieder ins Lot brachten. Das Festmahl hatte auch einen Grund, denn ich platzte gerade in die Feier von Ricardo hinein, der an diesem Tag seinen achtzehnten Geburtstag zelebrierte. Dann wurde mir ein Bett zugewiesen. Am nächsten Morgen schlich ich sehr früh, noch etwas wackelig auf den Beinen, aus der Unterkunft und versuchte, die ungefähr fünfundvierzig Kilometer bis zur Fähre in Porvenir zu schaffen. Es gab nur diese eine Fähre pro Tag. Der Wettergott war heute allerdings gnädig und sendete mir nur ein kleines Lüftchen entgegen. Ich bestieg das Boot und verließ Feuerland, um mich ein paar Tage in Punta Arenas auf dem amerikanischen Festland zu erholen. Dort sendete ich auch per DHL ein letztes Päckchen mit Filmen und Videosequenzen in die heimatlichen Gefilde.

Dann konnten die Räder wieder festen Untergrund befahren. Typisch war hier unten in Chile, dass die Straßen eher aus Beton statt Asphalt gegossen waren. Dieser war aber in gutem Zustand und so gab es wenigstens mit dem Untergrund keine Schwierigkeiten. Zweieinhalb Tage später erreichte ich dann die Stadt Puerto Natales mit einem vorläufig letzten Supermarkt, in dem ich so viel einkaufte, dass ich große Mühe hatte, alles noch in die Packtaschen zu quetschen. Aber für die nächsten Tage würde kein weiterer Versorgungspunkt mit halbwegs vernünftigen Preisen meinen Weg kreuzen.

Im Gegenteil, die kommenden Tage würden sehr, sehr teuer werden. Schon am Eingang zum Nationalpark Torres del Paine wurde ich förmlich geschröpft. 18.000 (!) chilenische Pesos (25 Euro) wollte man von mir, nur um ein Stück Natur betreten zu können. Entsetzt und auch ein wenig frustriert schleuderte ich den Angestellten mit meinem sehr schlechten Spanisch entgegen: „Ich lade euch einmal nach Deutschland ein. Dort könnt ihr kostenfrei alle Nationalparks betreten! Ein Kompromiss wäre vielleicht ein Obolus von ein paar Dollar. Aber was hier abgeht, ist Abzocke!" Doch mir blieb nichts anderes übrig, ich bezahlte und kurbelte noch die sieben Kilometer bis zum Privatzeltplatz Las Torres. Hier gab es ein Stück Wiese für umgerechnet zehn Euro. Ich buchte für zwei Nächte und stellte meinen Wigwam auf. Irgendwie fühlte ich mich hier nicht so richtig wohl in dieser Schickimicki-Outdoor-Szene. Fast jeder lief hier herum wie aus dem neuesten Bergsportkatalog entstiegen. Dieser Naturlaufsteg wirkte auf mich etwas lächerlich und ich grinste oft in mich hinein.

Das Highlight in diesem Park waren eindeutig die drei Türme, die Torres del Paine, die auch die Namensgeber des Parks waren. Um sie richtig sehen zu können, musste man zeitig aufstehen und eine drei- bis vierstündige Wanderung unternehmen. Da ich ohnehin nicht schlafen konnte, zog ich mich schon kurz nach Mitternacht an, setzte meine Stirnlampe auf und marschierte noch im Regen los. Früh, zum Sonnenaufgang, hatte man an den meisten Tagen überhaupt keine Chance, die Türme zu sehen, denn im Verlauf des Vormittags zogen oft Wolken auf und hüllten diese wunderschönen Geschöpfe der Natur ein. Ich hatte Glück. Während meiner Nachtwanderung über Stock und Stein klarte es auf. Die Sterne kamen heraus und ich schöpfte Hoffnung auf eine gute Sicht.

Am Gletschersee angekommen, war es noch dunkel. Ich war viel zu zeitig da und wartete im Windschatten eines großen Felsbrockens auf das Licht. Es dämmerte nur zögerlich. Immer wieder zogen Wolken auf und verschwanden dann wieder. Auch fielen aus dem eisigen Wind immer wieder Schneeflocken heraus. Ob ich Glück hatte und die Türme zu sehen bekam? Hatte ich. Zwar leuchtete die Sonne sie nicht vollständig an, aber sie waren dennoch gut zu sehen in

Torres del Paine im Morgengrauen

ihrer wilden Schönheit und wirkten auf den Betrachter gigantisch. Jetzt tauchten auch andere Frühaufsteher auf, um diesen magischen Ort zu besuchen. Ich machte mich auf den Rückweg, vertrödelte noch den restlichen Tag auf dem Zeltplatz und radelte zum nächsten touristischen Highlight, dem riesigen Gletscher Perito Moreno.

Dieser Nationalpark lag auf argentinischer Seite. Eigentlich war der Gletscher nur etwa fünfzig Kilometer Luftlinie entfernt, doch ich brauchte auf der Straße dorthin ganze drei Tage Zeit und musste einen riesigen Bogen strampeln. Der Gletscher war Teil des Parque Nacional Los Glaciares (Gletscher-Nationalpark). Der Perito-Moreno-Gletscher war Teil des größten Gletschergebiets der südamerikanischen Anden und eine der wenigen Gletscherzungen, die nicht schrumpften, sondern wuchsen. Doch auch hier musste ich meine Parkgebühr bezahlen, machte ein paar Fotos und verschwand in Richtung Chalten-Massiv, besser bekannt als Fitz Roy. Dieses abgefahren schöne Granitmassiv gehörte auch noch

Die Morgensonne leckt am Fitz Roy

zum Gletschernationalpark. Allerdings wurde hier der Eintrittspreis auf null reduziert. Drei Tage weilte ich hier und hatte ebenfalls die Chance, den Riesenfelsen in seiner vollen Schönheit in der aufgehenden Sonne zu sehen. Tief befriedigt zog ich von dannen, weiter nach Norden, in der Hoffnung auf wärmere Temperaturen, sinkende Lebensmittelpreise und weniger Wind.

Letzte Pause im grünen Tal

Wieder zurück auf der Ruta 40, der legendären Abenteuerstraße, segelte ich förmlich mit Rückenwind vorbei am Lago Viedma (Viedma-See) bis in das kleine Nest Los Lagos. Dort tankte ich Treibstoff in Form von Lebensmitteln in einem Minisupermarkt, genehmigte mir ein Sturzbier und weiter rollten die Räder. Ich hatte für Argentinien nur eine ältere Karte, auf der noch für viele hundert Kilometer der feste Belag fehlte, sprich: Hier sollte es laut meiner Unterlagen noch eine Kiesstraße geben. Aber die Ruta 40 hatte eindeutig sehr viel von ihrem Schrecken eingebüßt. Auch in den nächsten Tagen sollte ich noch feststellen dürfen, dass hier bis auf wenige Kilometer alles asphaltiert worden war. Da blieb mir dann nur noch der Wind als echter Feind übrig. Und der sollte es mir noch einmal richtig zeigen auf dem Weg nach San Carlos de Bariloche. Ein Vorteil auf der argentinischen Seite – also westlich der Andenkette – war es, dass der Regen hier eher selten war. Man fuhr im Regenschatten der Anden und es war hier sehr trocken. Schafften es die Wolken doch einmal, das Gebirge zu überqueren, so tröpfelte es nur ein wenig vor sich hin. Das war jedenfalls meine Erfahrung auf diesem Streckenabschnitt.

Bald schon näherte ich mich dem Lago Cardiel, einem der wenigen Abschnitte, auf denen die Reifen über Kies und Sand holperten. Als ich die Estancia „La Sibiria" passiert hatte, kamen mir zwei Radfahrer entgegen und hielten an. Wie ich schon am amerikanischen Akzent erkannte, kam das Pärchen aus den USA. Sie wollten wissen: „Woher kommst du? Welche Strecke bist du gefahren? Wie viele Kilometer hast du gemacht?" usw. Diese Standardfragen hatten auch mir auf dieser Reise schon unzählige Radfahrer beantwortet. Doch die beiden waren fast ohne Gepäck unterwegs, sie hatten nur eine kleine Tasche dabei, wie ich sie bei einem Tagesausflug am Wochenende zu Hause benutzen würde. „Wir radeln in einer Gruppe von fünfunddreißig Personen. Los ging es in Quito in Ecuador und wir radeln in festgelegten Tagesetappen bis nach Feuerland herun-

Abschied vom Fitz Roy

ter", wurde mir erklärt. Ich überreichte den beiden einen meiner kleinen Aufkleber mit den Daten meiner Internetseite: „Hier, das könnt ihr den deutschen Teilnehmern geben. Da haben sie etwas zur Info." Sie steckten den Aufkleber in die Lenkertasche und verschwanden. Doch schon wenige Sekunden später tauchten schon die nächsten Abenteurer in der Ferne auf, hielten ebenfalls an und ein holländischer Teilnehmer lud mich zum Essen in die Estancia „La Sibiria" ein, die nur einen Kilometer zurücklag. Da überlegte ich nicht lange, drehte Nasreddin um hundertachtzig Grad und kurbelte zurück.

Nur wenig später saß ich in gemütlicher Runde bei gutem Essen und musste meine Geschichte zum Besten geben. „Hier ist ein echter Radfahrer", tönte es aus einer Ecke in englischer Sprache herüber. Die Teilnehmer dieser Gruppe buchten die Tour für sehr viel Geld und fuhren auf eigenen Rädern. Das Gepäck wurde von zwei ausgedienten Feuerwehrautos transportiert. Es gab drei Mahlzeiten am Tag und auch sonst schien man hier ganz gut umsorgt zu werden. Zwischen den Teilnehmern herrschte eine gute und positive Atmosphäre, das Gruppen-

Gegenverkehr aus Deutschland

feeling stimmte einfach. Das war nicht immer leicht herzustellen, das wusste ich aus eigener Erfahrung, war ich doch Mitorganisator dreier Gruppenreisen in den neunziger Jahren gewesen.

1993 hatten wir eine Reise mit acht Trabbis nach Westsibirien organisiert. Dort bauten wir ein großes Floß und waren anschließend knapp zwei Wochen auf einem Fluss unterwegs – das alles mit immerhin fünfzehn Teilnehmern. Im Jahre 1995 wurde eine Tour mit zwei allradgetriebenen DDR-Lastern (W 50 und Robur) nach Nordafrika (Marokko) auf die Beine gestellt. Hier waren dreizehn Leute mit von der Partie. Ein Jahr später gab es noch eine 2.000 Kilometer lange Fahrradreise nach Litauen mit zehn Teilnehmern. Ich muss gestehen, dass die Radtour am schwersten durchzuziehen war. Zum Gruppengeist, der ständig gepflegt werden musste, kam noch die physische Belastung der Radler. Allerdings wurde das Gepäck damals klassisch am Rad transportiert. Da wir keinen Gewinn machen mussten wie ein Wirtschaftsunternehmen, waren die Kosten auch sehr überschaubar.

Jetzt jedenfalls wurde aus der Einladung der Reisegruppe zur Suppe schließlich eine ganze Nacht, Abendessen und reichliches Frühstück inklusive. Das empfand ich als sehr großzügig. Gleichzeitig schonte es meine Energieressourcen in den Packtaschen.

Der für die Gruppe zuständige Mechaniker kam aus Peru und erzählte mir von einem sehr interessanten Gast, den er vor einiger Zeit beherbergt hatte, einem gewissen Heinz Stücke, der seit 1962 mit dem Rad unterwegs war … Als ich ihm erzählte, dass ich Heinz auch schon persönlich kennenlernen durfte und das noch mit ein paar Digitalfotos auf meinem Laptop untermalen konnte, war er kaum noch zu halten vor Begeisterung. Ein deutscher Teilnehmer spendierte mir noch ein Bier. Ein wunderschöner Abend, an dem ich auch einmal wieder meine Gesellschaftsfähigkeit testen konnte, war ich doch fast die ganze Zeit über mit mir alleine unterwegs an der Straße des Abenteuers. Es ging noch ganz gut, stellte ich fest, als ich beim Abwaschen mithalf. Spät legte ich mich in mein kleines Zelt zur Nachtruhe nieder. Morgens, pünktlich um acht Uhr, gab es dann den „Massenstart" in Richtung Süden. Ich setzte meine Tour nach Norden fort, wieder alleine.

Dann musste ich mich entscheiden, ob ich die sogenannte „Höhle der Hände" (Cueva de las Manos) ansehen wollte. Sie lag etwas ab vom Schuss an der gut asphaltierten Ruta 40. Um die steinzeitlichen Graffitis bestaunen zu können, holperte man über eine sehr schlechte Schotterpiste in hügeliger Landschaft. Ich nahm den vielen Schweiß in Kauf und schaffte irgendwie den Weg zum Weltkulturerbe. Doch was ich hier zu sehen bekam, wurde zu einem meiner persönlichen Höhepunkte in Patagonien!

Unser Duo erreichte nach achtzehn Uhr einen malerischen Canyon, in dessen Tal der reinste „Garten Eden" angesiedelt war: ein Tal mit saftig grünen Wiesen, Bäumen und wunderschönen Felsmassiven in bunten Erdfarben. Ich erwischte die letzte Führung und war der einzige, dem in diesem Moment die „Hände" gezeigt wurden. Man konnte hier über 9.000 Jahre alte Handnegative bestaunen, die durch Bespucken oder Beblasen der Wände mit Mineralfarben entstanden waren. Außerdem waren noch Tiere und mystische Gebilde auf dem harten Untergrund zu sehen. Besonders die „Hände" beeindruckten mich. Die Menschen, denen diese Hände gehörten, waren schon seit tausenden Jahren nicht mehr am Leben, nur ihre Spuren waren noch immer erhalten. An dieser Stelle bekam ich vom „Großen Geist des Universums" anschaulich die Endlichkeit aller Dinge, auch meiner selbst, aufgezeigt. Das war mehr als beeindruckend.

Graffiti aus der Steinzeit

Es war schon spät und die Ranger hier im Canyon hatten ein Herz für den armen Radler aus Deutschland: Ich konnte mein Zelt im Windschatten des Infozentrums aufbauen. Am kommenden Vormittag hinterließ ich ebenfalls meine Spur, allerdings nicht als Graffiti, sondern als Reifenspur im losen Schotter auf dem Weg zur Straße mit der Nummer 40, zurück zum Asphalt. Abends kämpfte ich mich nach einer harten Schlacht mit dem kalten Westwind nach Perito Moreno durch und suchte in der Kleinstadt, die wie eine grüne Oase in der braunen, trockenen Steppe wirkte, den städtischen Zeltplatz auf. Ich war so fertig – auch im Kopf –, dass ich hier einen Tag Pause einlegen musste, um wieder Kräfte zu sammeln für die nächsten Gefechte mit dem Wind. Dann verließ ich die südlichste Provinz Argentiniens, Santa Cruz, und kämpfte mich hinein nach Chubut.
Doch auch hier blies der verfluchte Wind mir unbarmherzig ins Gesicht. Schön wäre es, wenn er an der Grenze stehen bleiben würde. Das war aber natürlich nicht der Fall. In diesen Tagen sank mein mentales Barometer wieder auf einen Tiefpunkt. Jeden Tag Quälerei, keulen bis zum Anschlag, immer brauchte es die volle Leistung, um überhaupt vorwärts zu kommen. Ich war am Boden, wollte nur noch heraus aus Patagonien. In dieser Zeit musste ich wirklich alle Energie, auch die im Kopf, zusammennehmen. Aber irgendwie überstand ich das auch.

Schließlich erreichte ich die Berge, die unmittelbaren Ausläufer der Anden hier auf der argentinischen Seite, und kam mit dem kleinen Nest Epuyén in einem grünen Tal an, in dem sich ausgedehnte Wälder Platz verschafft hatten. Der Wind wurde hier durch Berge und Bäume ausgebremst und abgelenkt. Plötzlich fühlte ich mich, als würde ich durch Österreich radeln. Es war auch für die Seele erfrischend, hier unterwegs zu sein. Solch einen Anblick hatte ich schon seit Wochen nicht mehr genießen dürfen. Es ging zwar ein wenig hoch und wieder herunter auf der Straße nach San Carlos de Bariloche, doch das war für mich weit weniger anstrengend als der ewige Sturm auf der Brust.

Den letzten Tag vor dieser kleinen Stadt radelte ich zusammen mit Jonathan (45) aus England. Er fuhr mit Anhänger und Packtaschen, hatte also auch reichlich Gepäck und außerdem einen herrlichen Humor. Ich hätte mir gewünscht, noch ein wenig länger mit ihm reisen zu können. Zwar war er auch auf dem Weg nach Santiago, aber er hatte ein strafferes Zeitlimit. Zu Hause arbeitete er an dem europäischen Satellitennavigationsprogramm Galileo mit. Und da gab es noch etliche Satelliten, die in den Orbit mussten.

Weggefährte für einen Tag: Jonathan aus England

San Carlos de Bariloche erreichten wir ganz entspannt nach einer 50-Kilometer-Etappe an einem frühen, sonnigen Nachmittag und quartierten uns in einem Hostel ein. Mein Begleiter zog schon am übernächsten Tag weiter, ich benötigte aber eine längere Pause, das spürte ich. Wir verabschiedeten uns herzlich und ich blieb zurück in der Touristenstadt am riesigen See Nahuel Huapi, der mich unglaublich an den Genfer See in den Alpen erinnerte. Doch die im Winter von Skitouristen und im Sommer von Wanderern, Kletterern und Wassersportlern belagerte Stadt hatte auch etwas Angenehmes, den ganzen Luxus, den eben eine Stadt zu bieten hatte: warme Dusche, weiches Bett, gemütliche Bars, preiswerter Supermarkt …

Aber die Pause musste ich auch nutzen, um etwas in die Zukunft zu schauen. Schließlich näherte sich meine Zeit in Amerika langsam dem Ende und ich musste mich hier mit mir selbst auf einen Termin für den Rückflug einigen, um der Reise ihren zeitlichen Schlusspunkt zu setzen. Auf keinen Fall wollte ich noch in diesem Jahr zurück, war es doch schon Dezember und im Dezember war zumindest in Deutschland jeder mit dem heuchlerischen „Fest der Liebe"

Das Rathaus von San Carlos de Bariloche

Christoph Kolumbus im Kirchenfenster von Bariloche

beschäftigt. Also entschied ich mich für Januar. Das war zwar auch nicht gerade der beste Zeitpunkt für die Rückkehr aus dem sonnigen Süden, aber das störte mich nicht weiter. Immerhin wusste ich, dass ich in Deutschland kaum Zeit zum Atmen haben würde, weil mich dort solch ein Berg an Arbeit erwartete: von der Steuererklärung über die Vorbereitung der kommenden Vortragssaison bis hin zum Auswerten der aktuellen Reise in Buch, DVD und Vortrag. Ich wollte gar nicht daran denken, musste es aber. Zu jeder Reise gehört nun einmal auch die Rückkehr. Irgendwie war ich aber auch im Kopf durch mit Amerika, war es doch bis jetzt eine sehr erfolgreiche Tour. Ein schönes und befriedigendes Gefühl hatte ich, als ich in meiner gemütlichen Herberge saß, meinen Mate-Tee schlürfte und die letzte Pause in Argentinien in vollen Zügen genoss.

Weihnachten im Land der Vulkane

Die letzten Tage in Argentinien waren mehr als angenehm. Grüner Wald, Berge, Seen, fast fehlender Straßenverkehr, kühle Nächte, kein Regen. Doch Chile lag immer in greifbarer Nähe beziehungsweise in Sichtweite. Nur noch für ein paar

Kilometer ging es über die Steppe, noch einmal konnte ich kurz die gelbbraune Graslandschaft sehen. Trotzdem blieb die vorherrschende Farbe Grün.

Irgendwann wollte und musste ich hinüber ins andere Andenland und entschied mich für den flachen Anstieg hin zum Vulkan Lanin, der mit seinen 3.768 Metern Höhe genau auf der Grenze zwischen Argentinien und Chile stand. An meinem letzten Tag in Argentinien gab es eine letzte schwere Windprüfung. Die Natur wollte es noch einmal wissen und es kam zu einem Kräftemessen, das ich fast verloren hätte. Der Wind fauchte mir ins Gesicht. Hinzu gesellte sich noch Sand oder alte Vulkanasche, die sich, da sie besonders leicht war, spielend in die Luft erheben konnte. Es war wie in einem Sandstrahlgebläse, wie tausend kleine Nadeln stach die Asche auf mich ein und kratzte in meinen Augen. Für die letzten fünfundvierzig Kilometer bis zur Grenze fuhr ich fast den ganzen Tag mit voller Kraft.

Doch spät am Abend verwandelte sich der Sturm in ein harmloses Lüftchen. Selbst der letzte Windzug verflog noch etwas später. Ausnahmsweise campierte ich auf einem ganz offiziellen Zeltplatz, denn ich hatte noch ein paar argentinische Pesos und keine Möglichkeit, sie hier noch zu tauschen. Für mich passte es genau: Nur ein paar Münzen blieben übrig und verschwanden in die Lenkertasche für meine Sammlung zu Hause, wo bereits Münzen aus fast hundert Ländern in einem Kästchen schlummerten.

Es war auch die letzte Nacht, in der noch einmal die Temperaturen auf unter null Grad sanken. Kein Wunder, befand ich mich doch auf über 1.200 Metern über dem Meeresspiegel.

Am nächsten Morgen stieg ich beizeiten zum Sonnenaufgang aus dem Schlafsack. Keine Wolke am Himmel. Der Vulkan prangte in der rotgelben Morgensonne in seiner vollen Schönheit über einem Wald. Dann packte ich meinen Kram, holte mir zwei Stempel für meinen Pass ab und rollte durch den Villarrica-Nationalpark nach Chile hinab. Schnell hatte ich die Orte Pucón und Villarrica passiert und erreichte dann die große vierspurige Nationalstraße mit der Nummer 5. Eigentlich wollte ich auf dieser Straße direkt hoch in die Hauptstadt Santiago fahren. Aber als ich auf das große blaue Schild starrte, sah ich die Zahl 698. Das war die Kilometerangabe bis nach Santiago.

Ich hatte noch einen knappen Monat Zeit eingeplant, aber die Strecke auf dieser gut ausgebauten Straße wäre locker innerhalb von einer Woche abzufahren. Was sollte ich mit der überschüssigen Zeit anfangen? Da gab es aber noch die sogenannte Ruta del Mar (Straße des Meeres). Von ihr hatten mir etliche

Der Vulkan Lanin

Das vierte Mal gerundet habe ich in Chile

Radler berichtet, die mir in Argentinien, aber auch in Chile entgegenkamen. Also besorgte ich mir ein paar Informationen in der Touristeninformation des Städtchens Temuco und verließ die große Hauptstraße. Die Landschaft war bestimmt von riesigen Arealen mit Nutzwald, auch Felder und kleine Farmen gab es hier. Es war eigenartig. Vom ersten Tag in Chile an gab es keinen Sturm mehr. Es schien mir, als habe es der Wind auf diesen Breitengraden nur auf Argentinien abgesehen. Mir war es recht, ich hatte schon lange die Nase voll von Winden und Stürmen.

Weihnachten rückte immer näher. Das war bereits das zweite Fest auf der Strecke und natürlich auch das letzte. Wenn ich in Deutschland war, hatte dieses „Fest der Liebe" eine andere Bedeutung und man ließ sich zu Hause vom ganzen Weihnachtszirkus auch viel mehr anstecken. Doch immer wenn ich unterwegs war, sei es auf der Weltreise oder bei der Afrikadurchquerung, war ich froh, wenn alles vorüber war. Ich reiste alleine und gerade in den vom Abendland geprägten Teilen unserer Welt war Weihnachten natürlich auch ein Fest der Familie. Man hatte da immer das Gefühl, dass man stören könnte. Also richtete ich mich auf eine Nacht alleine im Schoß der Mutter Natur ein.

Die Räder rollten in ein kleines Nest namens Traiguén hinein, wo ich im örtlichen Supermarkt einkaufte. Vor dem Laden kam krächzende, laute Cumbiamusik aus einer großen Box und ein Mitarbeiter mit einem Mikrofon in der Hand spornte mit lauter, auffordernder Stimme zum Kauf an. Er schien die Massen tatsächlich in einen kleinen Kaufrausch zu versetzen. Ich verstaute meinen Kram in die Taschen und schob Nasreddin zum Plaza de Armas (Hauptplatz). Ein Schild mit dem @-Zeichen warb hier für freien Internetzugang. Dort richtete ich mir ein paar Brötchen, öffnete einen Karton Milch, kramte den Laptop aus der Vorderradpacktasche und versuchte, mich einzuloggen. Allerdings schien man ein Passwort zu benötigen. Mit meinem schlechten Spanisch versuchte ich, es einigen Passanten zu entlocken. Aber keiner konnte mir helfen. Also packte ich den Laptop wieder weg, kaute weiter auf meinem Brötchen herum und schaute mir die Kulisse an: Menschen, die vorbeiliefen, und Straßenhunde, die immer wieder versuchten, in die Reifen von vorbeifahrenden Autos zu beißen – ein „Sport", den ich bisher nur hier im südlichen Amerika gesehen hatte.

Durch eine Frauenstimme wurde ich aus meiner Lethargie gerissen. Ich drehte mich zur Seite. Vor mir stand eine Frau im mittleren Alter, mit schwarzen Haaren, nicht größer als eins siebzig. Sie fragte mich nach dem typischen Woher und Wohin und schien von meiner Fortbewegungsart sehr beeindruckt zu sein. Dann fragte sie: „Was machst du zu Weihnachten?" „Das weiß ich noch nicht. Ich will wahrscheinlich im Wald zelten", antwortete ich. Sie fragte: „Willst du nicht zu mir ins Haus kommen?" Ich dachte, ich hätte mich verhört. Da kam eine fremde Frau und wollte mich zu Weihnachten in ihr Haus bringen? Das war nicht normal. Meine Alarmglocken fingen an zu klingeln und ich versuchte, die Lage zu scannen. „Ich bin mit dem Auto da", sagte sie und wies mit der Hand auf einen riesigen Pick-up der Marke Dodge aus den USA. Ein großes Auto, ein Haus – das konnte sie nicht alleine finanzieren. Sie musste noch eine Familie haben, zumindest einen finanzkräftigen Mann oder Lebenspartner, überlegte ich. „Ich erledige noch einen Weg, dann komme ich wieder", meinte sie und verschwand. Vielleicht war das ja eine Falle und ich wurde im Haus so richtig ausgeraubt? Noch war Zeit abzuhauen. Schnell machte ich mich reisefertig, blieb dann aber doch sitzen und wartete auf Elena, so hieß sie.

Tatsächlich kam sie nach einer Viertelstunde wieder und wollte mein Rad auf die Pritsche des weißen Riesenautos laden. Nur zu gut erinnerte ich mich noch an den versuchten Überfall vor vierzehn Jahren in Ecuador, dort wollten ebenfalls drei bewaffnete Männer mein Rad auf einen weißen Pick-up laden. Deshalb verweigerte ich den „Dienst" und radelte lieber hinterher. Nach nur einigen hundert Metern waren wir da, an einem für chilenische Verhältnisse sehr großen und luxuriösen Haus. Vier Hunde begrüßten mich herzlich. Die Tür wurde von Elenas fünfzehnjähriger Tochter geöffnet. Erleichterung breitete sich in mir aus, und ich schob Nasreddin beruhigt auf den riesigen Balkon. Der Reiter konnte unter die Dusche, die Sachen rotierten in der Waschmaschine. Dann loggte ich meinen kleinen Laptop ins Netz ein, ein Mate-Tee stand auf dem Tisch. Es wurden zwei schöne Tage in der Familie. Es war zwar nicht die meine, aber sind wir nicht alle auf diesem Planeten eine große Familie?

Elenas Mann arbeitet für fünf Monate in Schweden, um sich einen gebrauchten Laster zu verdienen, damit er hier in Chile damit Geld verdienen konnte. Die wirtschaftliche Lage hier sei eben so schlecht, klagte meine Gastgeberin. „Aber wer klagt heutzutage schon nicht?", dachte ich bei mir. Da gab es in meinem Heimatland auch viel zu viele. Der Opa von Elenas Mann musste 1973 ins Exil gehen und vor dem grausamen Pinochet-Regime fliehen. Erst als dieses dunkle Kapitel der chilenischen Geschichte sich 1989 dem Ende neigte, wurde der Container gepackt und er konnte wieder zurück. Wir kommunizierten, so gut es ging, in einem Mix aus Spanisch und Englisch.

Weihnachten in Chile

Hier in Chile war das Heiligabend-Programm etwas anders, als ich es aus meiner Heimat kannte. Wurden bei uns zu Hause nach dem Abendessen, so gegen achtzehn Uhr, die Gaben verteilt, aß man hier erst um zehn Uhr abends sehr reichlich und wartete anschließend auf Couch und Sessel, bis es genau Mitternacht war. Erst dann wurde ausgepackt. Dementsprechend war ich jedenfalls erst weit nach ein Uhr in meinem Bett im Gästezimmer unterm Dach. Auch den 25. Dezember verbrachte ich noch in Traiguén, dann erst rollte ich weiter. Es gab eine herzliche Verabschiedung und ich fuhr in den sehr warmen und sonnigen Tag hinein, weiter nach Norden, und näherte mich der Pazifikküste.

Die Route hieß zwar Ruta del Mar, aber vom Meer bekam ich immer nur kleine Stücke zu sehen. Größtenteils verlief die Straße, die zwischendurch auch kurzzeitig aus Kies bestand, etwas weiter weg von Wellen und Strand. Die Anstiege waren steil und bissig, wenn auch nicht allzu lang. Eine Schinderei war es allemal. Und mit jedem Kilometer weiter nach Norden zeigte der chilenische Sommer, was er so drauf hatte. Die Temperaturen stiegen.

Zurück nach Hause

Immer weiter rollten die Räder nach Norden, immer weniger Kilometer lagen noch vor mir. Ein flaues Gefühl im Magen ließ mich erahnen, dass die Reise schon sehr bald zu Ende sein würde. Noch hatte ich drei Wochen vor mir, noch war es nicht vorbei. Unser Duo war schon fast in Valparaíso und ich fuhr in die kleine Küstenstadt Isla Negra hinein. Es war später Nachmittag. Ein Schild machte auf Haus und Museum des weltberühmten Schriftstellers Pablo Neruda aufmerksam. In der tief stehenden Sonne inspizierte ich das Anwesen des Künstlers. Das Haus und vor allem die Inneneinrichtung waren beeindruckend, alles war sehr eigenwillig eingerichtet.

Als ich wieder auf der Straße stand, war die Sonne schon am Rand des Pazifiks angekommen und ich musste mich beeilen, noch irgendwo ein sicheres Plätzchen zu ergattern. Einmal mehr war es die örtliche Feuerwehr, die mich rettete. Mein textiles Flächengebilde stellte ich im Hof hinter einem Löschfahrzeug auf. Und wie so oft in Lateinamerika gesellte sich ein Hund zu mir, in der Hoffnung auf etwas zu fressen. Ich hatte noch etwas überlagertes Brot und der Bettler freute sich über die Kalorien. Morgens erfolgte eine kurze Verabschiedung und die aus Nasreddin und mir bestehende Karawane rollte weiter.

Schon am frühen Nachmittag kam ich in der größten Hafenstadt des Landes, in Valparaíso, an, quartierte mich in ein Hostel ein und genoss in vollen Zügen diese lebendige, mit Kultur und Kleinkunst gespickte Stadt an der chilenischen Pazifikküste. Das Zentrum der Stadt gehörte zum größten Teil auch zum Weltkulturerbe und stammte aus dem 19. Jahrhundert, wobei ich feststellen musste, dass hier ein erheblicher Sanierungsbedarf bestand. Trotzdem hatte die Stadt, die sich auf etliche Hügel ausgebreitet hatte, großen Charme. In den Straßen hatten sich Künstler und Gewerbetreibende niedergelassen, man tanzte den Tango auf Plätzen im Schatten der Bäume. Vor allem an den Wochenenden trafen sich Jung und Alt, um bei einem Glas Wein zu schwatzen und den Cueca, den chilenischen Nationaltanz, zu tanzen. Es gab Weinfeste, klassische Konzerte unter freiem Himmel und eine superinteressante Kneipenszene, die zumindest in Chile ihresgleichen suchte.

Die Zeit schien immer schneller zu vergehen, egal, was ich tat. So waren die Tage in Valparaíso schnell gezählt. Ich musste weiter, ob ich wollte oder nicht. Der Flug war gebucht und die offizielle Begrüßung in Wolfen in Vorbe-

Die Altstadt von Valparaíso gehört zum Weltkulturerbe

Cueca heist der chilenische Nationaltanz

reitung. So stand ich auch in dieser Hinsicht unter Druck, was manchmal gar nicht so schlecht war. Denn so zwang ich mich sozusagen selbst zur Heimreise.

Die letzten zwei Fahrtage standen an. Richtung Norden schlich ich die Küste entlang, vorbei an der Stadt Viña del Mar mit ihren um diese Jahreszeit vollen, aber auch schönen Stränden. Dort sah ich auch eine Seelöwenkolonie. Sie schienen mit ihrer Flosse zu winken, mir eine schöne letzte Etappe nach Santiago zu wünschen. In Concón bog ich ins Landesinnere ab, folgte erst einmal einem Flusstal. Schon nach ein paar Kilometern schlug mir eine Hitze entgegen, wie ich sie von vorher am Meer nicht gewöhnt war. Hier am Pazifik kühlte das kalte Wasser die Bewohner und präsentierte ein angenehmes Klima.

Der Tag neigte sich dem Ende zu und wie an so vielen Abenden in meinem Reiseleben suchte ich einen sicheren Platz für die Nacht, meine letzte an der Straße des amerikanischen Abenteuers. Ich baute mein Zelt auf einem Hof in Hausnähe auf. Alles wurde an diesem Tag vollzogen, als wäre es ein heiliges Ritual:

Massen unter der chilenischen Sonne

Die Zeltstangen wurden in das Innenzelt gezogen, das Zelt aufgespannt, die Heringe in den Boden geschlagen, die Isomatte hineingelegt, den Schlafsack legte ich darauf, Fototaschen und Laptop platzierte ich neben dem Schlafsack in der kleinen Schlafkabine, dann stellte ich den Benzinkocher auf, suchte das Kochgeschirr heraus, füllte Wasser in den Teekessel, schnallte die Stirnlampe um den Kopf … Jeden Abend gab es das gleiche Ritual. An diesem Abend aber tat ich alles in dem vollen Bewusstsein, dass das hier das vorläufig letzte Mal war.

Glücklicherweise kam ich aber nicht dazu, melancholisch zu werden. Denn zu mir ans Nachtlager stellten sich noch Teile der Dorfjugend, fragten mich aus, machten mit ihren Handys Fotos und stellten sie wahrscheinlich gleich ins Internet, um ihren Freunden den ungewöhnlichen Mann aus Deutschland vorzustellen. Nach einem Sprung in den Swimmingpool kroch ich in meinen Schlafsack hinein, konnte lange nicht einschlafen, dachte an so manches überstandene Abenteuer, an die schönen Erlebnisse, die vielen Menschen, die ich auf der Strecke kennengelernt hatte und an die wunderbare Natur, durch die

Mein letzter Zeltplatz dieser Tour

ich strampeln durfte. Dann irgendwann schlich ich unbemerkt ins Reich der Träume hinüber, schlief tief und fest. Nasreddin, mein treuer Begleiter, stand draußen. Wahrscheinlich schaute er sich die Sterne an, sah zum letzten Mal das Kreuz des Südens, das man nur auf der Südhalbkugel zu sehen bekam.

Früh saß ich wieder vorm Zelt, kochte mir das letzte Mal meine Haferflocken, packte alles mit geübten Griffen in die Taschen und rollte nach Santiago hinein. Hier schloss sich der Kreis. Vor vierzehn Jahren war ich hier das erste Mal gewesen. Damals war ich mit dem Flugzeug aus Australien gekommen und dann weiter, hoch nach Nordamerika und nach Alaska, gefahren. Auf meiner Weltreise hatte ich damals in Indien meinen Freund German aus Santiago kennengelernt, war eine Woche bei seiner Familie in dem riesigen Haus im Stadtteil Las Condes zu Gast gewesen, hatte mich dort verwöhnen lassen und hatte danach gestärkt an Körper und Seele meine Reise fortgesetzt. Ich wurde ein Freund der Familie. Und das war ich auch jetzt noch, obwohl mein eigentlicher Freund schon im Jenseits weilte. Bei einem Gleitschirmunfall war German vor Jahren ums Leben

Endstation Plaza de Armas in Santiago

gekommen. Nun konnte ich ihn nur noch auf dem großen Zentralfriedhof besuchen. Seine Eltern waren gerade im Urlaub in Europa.

Doch eines der fünf Geschwister, Germans kleiner Bruder, stellte mir ein kleines Zimmer in seinem Appartement zur Verfügung und wir hatten eine schöne Zeit. Vom Besuch des Museums für Erinnerung und Menschenrechte über das Kunstmuseum bis zum Präsidentenpalast hatte Santiago viel zu bieten, auch wenn die Metropole an sich keine Schönheit war. Die allerletzten Tage wurden schnell zu Geschichte, mein Fahrrad war in der Box, mein Gepäck in einem großen Plastiksack verstaut. Alles war für den Rückflug nach Deutschland vorbereitet. Ein Schwager brachte mich wie selbstverständlich zum Flughafen und wartete, bis ich eingecheckt hatte. Eine letzte Umarmung, wenig später saß ich in der riesigen Maschine. Irgendein elektrisches Teil musste ausgewechselt werden, deshalb hoben wir erst zwei Stunden später ab. Unter mir huschten die Anden vorbei. Die Stewardessen verteilten das Essen. Ich war aufgeregt, schaute mir einen Blockbuster nach dem anderen auf dem kleinen Bildschirm der Lehne meines

Ein letzter Blick über die Hauptstadt Chiles

Noch einmal die Abendsonne genießen

Vordermannes an. Dann döste ich ein. In sehr unverständlichem Englisch wurde mitgeteilt, dass wir zur Landung in Madrid ansetzten. Ich schnallte mich an und wenig später setzten wir auf.

Seit Langem hatte ich das erste Mal wieder europäischen Boden unter den Füßen. Schnell ging es zum Anschlussflug nach Frankfurt am Main. Dort war allerdings nicht all mein Gepäck angekommen und ich verbrachte sieben Stunden auf dem Flughafen der deutschen Finanzmetropole. Erst dann konnte ich Nasreddin endlich wieder in Empfang nehmen, machte ihn startklar, fuhr zum Bahnhof, dann mit dem Zug durch die Nacht nach Bitterfeld. Dort angekommen, konnte ich bei einem Freund übernachten und lag endlich, nach fünfundvierzig Stunden Schlafentzug, wieder in einem Bett. An einem kalten Freitag im Januar wurde dann diese Reise „zu Grabe getragen". Ein kleiner „Trauerzug" formierte sich in Form von Freunden und Radbegeisterten in Bitterfeld auf dem

Im Zug nach Bitterfeld

Marktplatz, um den Heimkehrer auf der letzten Mikroetappe von acht Kilometern nach Wolfen zu begleiten. Schnell kam der große Schornstein der Stadtwerke näher und wir standen wenig später im Foyer der Firma unseres örtlichen Energieversorgers. Eine Pressekonferenz war für elf Uhr angesetzt. Pünktlich starteten die Medien mit ihren Fragen. Nach einer knappen Stunde war ich dann erlöst.

Die Reise, die genau hier vor über einem Jahr und acht Monaten ihren Anfang nahm, endete auch hier, mit einem Radler, unserer örtlichen Brauerei und einem Wiedersehen mit Eltern und Freunden. In diesem Moment war mir noch gar nicht bewusst, dass ich einmal mehr eine sehr erfolgreiche Reise gemeistert hatte. Trotz all der Höhen und Tiefen, die auf einer solchen Megatour unvermeidlich waren, war ich in einem Stück und gesund, an Erfahrung reicher und mit unendlich vielen Geschichten im Gepäck zu Hause angekommen.

Danksagung

Nach einer langen und spektakulären Reise durch die „Neue Welt" bleiben mir unzählige Erinnerungen im Kopf. Oft denke ich aber auch an die grenzwertigen Situationen, in denen der eine oder andere Reisende das Handtuch geworfen hätte. Ich muss ehrlich zugeben, dass ich an so manchem Tiefpunkt fast verzweifelt bin. Doch irgendwie ging es weiter und immer weiter. Und natürlich bleiben eher die vielen schönen Momente im Kopf haften und die überstandenen schlimmen Momente verwandeln sich im Nachhinein in gute Storys. Dass dieser Weg in den äußersten Süden Lateinamerikas am Ende so erfolgreich war, verdanke ich so vielen Menschen, denen ich an dieser Stelle Dank sagen möchte.

Gerade als Radfahrer kann man nicht isoliert durch die Länder ziehen. Man ist immer auf die Hilfe und die Gastfreundschaft der Menschen vor Ort angewiesen. Und davon erfuhr ich auch in Amerika reichlich.

Kartenkunde

Meine Eltern, die nicht zum ersten Mal an meinen Projekten beteiligt waren, aber den Sohn sicherlich immer mit einem ängstlichen Gefühl ziehen lassen, kümmerten sich mit sehr viel Einsatz um die Logistik. Und die war vielfältig: angefangen mit der Verwaltung meiner Finanzen über die Klärung von Versicherungsfragen bis hin zur Beschaffung von Ersatzteilen. Wichtig war natürlich auch die Archivierung der in die Heimat gesendeten Dokumentationen wie der Dia-Filme, Speicherkarten und der Texte für dieses Buch. Der Betreuung meiner Eltern verdanke ich auch, dass ich wichtigen Nachschub an den verschiedensten Punkten der Strecke vorfand.

Danke auch an meine Partner und Sponsoren, die mich immer mit gutem Material eindeckten und den offiziellen Start und den „Zieleinlauf" organisierten. Außerdem danke ich der Verwaltung der Stadt Wolfen, die mir wieder ein Empfehlungsschreiben für den Notfall ausstellte.

Ein Dankeschön gibt es auch für Georg, der sich schon seit Jahren um meine grafischen Angelegenheiten kümmert.

Darüber hinaus gibt es immer noch die kleinen Helfer im Hintergrund. Meine ehemalige Klassenlehrerin sah sich schon einmal die Buchtexte an, die ich unterwegs unter nicht immer idealen Bedingungen in mein Notebook getippt hatte. Und mein guter Freund Andreas hielt mich über die ganzen Monate in den sozialen Netzwerken präsent.

Danke auch den vielen Menschen, die meine Reise in der Zeitung und im Internet verfolgt und mir die Daumen gedrückt haben.

DANKE!

Umschlagfoto vorn: In Argentinien am südlichen Sommersonnenwendekreis
Umschlagfotos hinten: In Brasilien auf der BR 319 (oben); Kanada: Besuch von einer Fuchsdame auf
dem Dempster Highway, Powwow am Curve Lake; Bolivien: Vorsicht am Abgrund, im Basislager
von Illimani (unten v.l.)

Fotografien: © Thomas Meixner
Karte: Thomas Meixner
Kartengrundlage: http://www.d-maps.com/

Bibliografische Information der Deutschen Nationalbibliothek
Die Deutsche Nationalbibliothek registriert diese Publikation in der Deutschen Nationalbibliografie;
detaillierte bibliografische Daten im Internet unter http://d-nb.de.

2015
© mdv Mitteldeutscher Verlag GmbH, Halle (Saale)
www.mitteldeutscherverlag.de

Lektorat: Cornelia Thoellden

Gesamtherstellung: Mitteldeutscher Verlag, Halle (Saale)

ISBN 978-3-95462-531-4

Printed in the EU